Si yo tuviera que definir a Mandy (apodo del autor) en pocas palabras, yo diría que es un tipo que escribe más bien quel' carajo, así, simple y llanamente, a la cubana. Así mismo como es él personalmente.

Sin rebuscamientos, palabras altisonantes ni floreos innecesarios, la historia de sus tribulaciones en EICISOFT no tiene desperdicio, y es la mejor forma de iniciar a los neófitos en el mundo del Socialismo Real, donde lo que no está prohibido es obligatorio. Donde tratar de hacer las cosas bien puede ser considerado "diversionismo ideológico", algo así como "El Coco", a quien nadie ha visto nunca, pero todos los chicos le temen.

Que se diviertan.

Paquito D'Rivera
Compositor, músico y escritor cubano exiliado

Bill Gates comenzó su aventura empresarial en Estados Unidos desde un garaje. Mandy, (apodo del autor), junto con un pequeño grupo de gente inteligente alienados por el sistema, emprendió la suya en un almacén de viandas al que no se le encontraba cómo darle uso. Pero ese local estaba en Cuba y quien vendría a "apoyar" – en realidad a *controlar*- el proyecto de Mandy, sería *el Comandante*. Pobre tipo. No sabía que Mandy es genéticamente incontrolable.

Juan Antonio Blanco
Historiador

Si la historia de EICISOFT no fuera real, sería un tremendo argumento de novela o un espléndido relato largo. Es tan real como sólo puede serlo un buen cuento. Creo que probablemente fue bueno que el autor tomara su tiempo en madurar este escrito, pues el resultado ha sido algo más que un testimonio. No sólo considero que tiene un gran interés biográfico y sociológico, sino que es excelente literatura.

Tiene otra virtud, para mí suprema, y además típicamente cubana, que es la honda ligereza. Si algo me gusta de este escrito es cómo logra trasmutar tantas vivencias, incluso aquellas que debieron ser descorazonantes, en un cuento lleno de simpatía sin abandonar el terreno de los hechos.

Hace poco leí una línea que es lo más bello que he leído en mucho tiempo. Pertenece a un capítulo del Corán llamado Sura de la Estrella. Dice sencillamente esto: "El corazón no desmiente lo que ha visto". Aunque es una frase que me genera muchas otras asociaciones, me he acordado de ella leyendo la historia de EICISOFT.

El Peli, traductor y

EICISOFT fue un gazapo de libre empresa en el comunismo, formada por una pandilla de soñadores, que no temían al trabajo, e impulsados por un soñador mayor. Una vez comenté a un amigo, que si Mandy dice que mañana va a la luna, que al otro día se fijase en la luna y lo vería sentado allí. EICISOFT, ocupa una página de gloria en la Tecnología y la Ciencia cubana. Si esta historia se pudiera publicar en Cuba sería un patrón de estudios para ver nuestra decadencia.

Antiguo compañero del autor que vive en Cuba

Este es un libro *sui generis*: narra la mecánica de cómo un grupo élite (científicos y técnicos cibernéticos) se embarcó —en los años 80 en La Habana— en un esfuerzo creativo de iniciativa propia, cumpliendo con un llamado neuronal —no ideológico–, cómo prosperó hasta cierto punto a base de ingenio y *hardworking*, cómo obtuvo el apoyo oficial y cómo se le instaló la carcoma propia del sistema que finalmente acabó con todo. Se puede tomar como un caso de estudio, pero no fue una excepción, sino un proceso fractal que se reprodujo en el tiempo y en el espacio. De estas interioridades se sabe poco, porque a la gente le cuesta trabajo escribir sobre sus peores frustraciones.

Modesto Arocha
Editor y autor

Mandy era y es una leyenda en La Habana: el joven adolescente que hizo una modificación a los cohetes soviéticos siendo un estudiante; el genio capaz de producir y vender software a japoneses y mexicanos, y ahora se presenta como escritor con *Los robots de Fidel Castro*. Este libro está escrito con la imparcial objetividad de un científico, la abierta honestidad de un niño y el magnífico sentido del humor de un cubano.

Marlene Moleon
Editora y autora

CAM y linda
Con agradecimiento
del "advenedizo"

Mandy

LOS ROBOTS DE FIDEL CASTRO

EICISOFT, 1984

UNA HISTORIA REAL

ARMANDO RODRÍGUEZ

Publicado por Eriginal Books LLC
Miami, Florida
www.eriginalbooks.com
eriginalbooks@gmail.com

Copyright © 2011, Armando Rodríguez
Copyright © 2011, De esta edición, Eriginal Books LLC
Copyright © 2011, Diseño de Cubierta: Elena Blanco

Primera Edición: Agosto, 2011

ISBN-13: 978-1-61370-998-6
Library of Congress Control Number: 2011936566

Índice

A manera de prólogo /9

EICISOFT, 1984 /11

Creación por Generación Espontánea /13
  Mandy: el padre de la criatura /13
  Villo, Maquiavelo del socialismo /15
  Romero de Medicuba, El Decano /18
  López, el ermitaño /20
  Mabel, la secretaria estrella /22
  Carrasco, detector de talentos /24
  Marco, el Bautista /27

Período Nómada /29
  Livia Machín, la Primera Dama /29
  El simulador ferroviario /29
  Rita, Mauricio y Gilberto, los fundadores /32
  Gilbertico, el Benjamín /33
  El Compumanual /33
  Melchor Gil y Néstor del Prado, la ortodoxia /36
  Arrojas, el Sucesor /37
  Caballero y Conde, los enviados de la Academia /37
  Castro, Jafet, Homs y Lista, artillería de grueso calibre /38
  El local del Reloj Club /42
  Isabel y Cuca, las tías /44
  Rogel, Bandido A /45
  Roberto el Loco /48
  Marcos Lage, el entrepreneur /49
  Popi, el orador motivacional /50
  Baba San, nuestro hombre en Tokio/53
  El control numérico /55
  Robertico, el primer mecánico /56
  Wenceslao, el Máxilo /57
  Gómez Cabrera, el padre adoptivo /57
  Vals, el radiólogo mayor /58
  Almendral, el potentado /58
  Londres /59
  Julián, Ulises, Víctor y Alexis, más artillería pesada /61
  Juan Fernández, de 8 a 5 /65
  Peter y Mitchell, los gemelos americanos /66
  Loret de Mola, el hombre de Miret /68
  Kiki, hijo de gato /70
  Ramos y Luis Vals, los próceres /71

Encuentro con la robotica /73

    Marcelino, el ubicado /73

    Los búlgaros, los KAMunistas /74

    Sergio, el Loco /78

    Osmel, perdido en el bosque /80

    Pizarro, el Agentón /80

    Pablito y Varona, los expertos en sistemas expertos /81

    Tanilo, la luz que agonizó /83

    Plovdiv, el escenario /85

    Saltando a los Primeros Planos /89

    El Ortognatrón: Gilda y María Antonia /90

    Abel, alto contraste /91

    Abad, el conspirador /91

    Néstor Flores, el diluido /92

    Viciedo, entonces no había Google /92

    Diego, Golden Fingers /93

    Maeda y Xestek, el cliente en Japón /94

    Bencomo, el descubridor /96

    Carlos Lage, el Lage Bueno /97

    Llegó el Comandante... y mandó a hacer robots /99

    Fidel Castro, el Todo /100

    Los carros /102

    El único líder /104

    Arañaburu, el nuevo vice /106

    Camilo, el Jamaliche, Agustín y Ezequiel, los mecánicos de Robertico /107

    Fabricando el robot /109

    Labrada y Viviana, la Administración /112

    El local de El Vedado, la jaula de oro /113

    Brunet, el Subdirector /116

    Éxitos en Bulgaria /117

    El AREMC, los capitalistas del Ministerio del Interior /118

    Vicentín, ¿autosuficiente yo? El mejor /119

    La mudada /121

    EL Gallego, Paquito e Ismael, la gente del Taller /124

    EL uniforme /124

    Fernando, el Artista /125

    Hourruitiner, Cabilla /126

    Eppur si muove /126

    Gorbachov, el Perestroiko /130

    La detención de Pablito /132

    Alejandro, el vástago /134

    Los clientes de la madre patria, nostalgia colonial /138

El Principio del Fin /143

    Gustavo, el del almacén /143

    Miret: El Padrino defraudado /144

    Los Albita: frutos de las nuevas alianzas /148

    Mandy 2: otro Mandy en EICISOFT /148

    Zayas, el disidente reprimido /149

    Pancho, el sustituto de Lage el Bueno /150

    Tomás, el Negro /150

    La expulsión de Néstor Flores /151

    Arturo, el Lord /152

    Ser o no Ser /154

    Emilio Marill, más atención de la cuenta /155

    Luis Blanca, un nuevo Padrino /155

    Oscar, El Licenciado /156

    Rossbach, el Ingeniero /157

    Ignacio: el Ministro Administrador /158

    La Asamblea /159

    Gustavo Araoz, el cazador de leones /162

    Guille, el refugiado del CENSA /164

    Las papas /165

    Robaina: el creador de los "Joven Club" /168

Toccata in Fuga /169

    Matoses, el Malo /171

    Venero: tecnólogo de la Contrainteligencia /173

    La muerte de Caballero /175

    Mata, el empresario comunista /176

    La fuga de Marco /177

    La fuga de Julián /179

    Ulises se va /179

    Pablito se va /180

    Osmel sin regresar /180

    Labrada se va /181

    Esther, aliada de las postrimerías /182

    Arturo, el Balsero /183

    Guille se va /184

    El fallecimiento de Ramos /185

    Juan Carlos y Mario Iván, tropas frescas /186

    La fuga de Mandy /186

    La delación /194

    EICISOFT se convierte en su caricatura para morir larga y penosamente /195

    El nuevo director /196

    El chivo de las parabólicas /197

    El desenlace /199

Dónde están ahora /203

Cuentos de Fugas 221
Ni me busquen, porque no me van a encontrar /223
Si me buscaban... me iban a encontrar /233
Carta personal de Julián Pérez a Roberto Martínez Brunet /233
Complemento a esta historia por parte de Roberto Martínez Brunet /235
Complemento a esta Historia por Parte de Mandy /238
La Pelota de Juan Fernández /241
La Aventura del Río Grande /245
Mabel, la que se quedó y aguantó /280

Historias asociadas /293
Mis graduaciones /295
El Cochinito Cortés /301
El Aparato /304
La corchea con puntillo /314
Puede Venir de Sport /319
Fulontu Desku /322
El Castor y los salmones /326
Las ilusiones perdidas /330
Encuentros /350
Tributo /353
Catarsis /356

Glosario /361

Acerca del autor /371

A MANERA DE PRÓLOGO

La creación de EICISOFT, que bastante más tarde se convertiría en el Centro Nacional de Robótica y Software, no tiene un momento en el tiempo que pueda determinarse con certeza. Algunos toman como fecha de nacimiento el año 1981, cuando llegaron las dos primeras microcomputadoras de Japón en las que se desarrolló aquella aplicación inicial para el control de embarques de MEDICUBA. Otros antiguos miembros la postergan hasta el año 1982 en que fuimos ya cinco con un local. La alta nomenclatura del *Big Brother* nos empieza a tener en cuenta en 1984. En cualquier caso, para mí, en algún día del año 2006 o el 2007 se cumplieron 25 años del comienzo de EICISOFT. Me ha tomado todo este tiempo apagar la pasión lo suficiente para entender que fue lo que pasó. Si bien el tiempo borra mucho elemento anecdótico, es a esta distancia que se hace posible una mejor caracterización de los personajes en su contexto y lo que me permite explicarme cómo es que pudo surgir y por qué es que no pudo durar.

La discursiva comunista acostumbra a poner la "necesidad histórica" por encima del papel de los personajes que la protagonizan y con esto, reafirmar su fe en el materialismo histórico marxista. Éste enseña que una vez creadas las condiciones objetivas, los personajes necesarios surgen para producir el cambio cualitativo. Yo no creo esto, pienso que las condiciones se crean muchas veces sin que pase nada. Es sólo la rara coincidencia de personajes en posiciones, tiempo y espacio lo que realmente completa el contexto. En consecuencia con esta convicción, la redacción de la historia central se hará en primera persona y se narrará a través de los personajes que en ella intervinieron. Asociados a esta historia central hay otros cuentos y ensayos que pueden leerse tanto al momento de ser referidos como después.

EICISOFT, 1984

Creación por Generación Espontánea

Mandy: el padre de la criatura

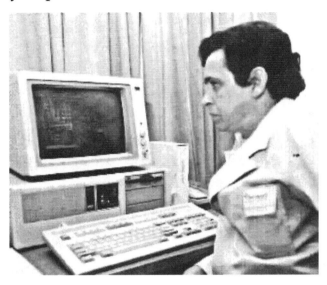

Lo de "padre" no tiene ese sentido de "El Padre de la Patria" o "Padre de la Radio" como se ha denominado a muchos próceres, sino más bien con el imberbe que preñó a la novia experimentando con el sexo. Mi nombre, de acuerdo al registro civil y fe de bautismo, es Armando Rodríguez Rivero, pero alguien alguna vez, creo que fue mi tía Magda Rivero, me puso el "Mandy" que me acompañó durante los 47 años que viví en Cuba, incluyendo lugares no propios para los sobrenombres, como lo son el ejército y el profesorado universitario. Mandy llegó a ser el nombre por el que se me conocía a cualquier nivel de gobierno y el que se usaba hasta para presentarme en entrevistas televisivas. Llegué a pensar que ese apodo me acompañaría hasta la muerte, pero ya en los Estados Unidos, donde, de la misma forma que los *Joseph's* son *Joe's*; *los Richard's*, *Dick's* y los *James*, *Jimmy's*, las *Amanda's* son *Mandy's*, así que por discordancia de género, el apodo ha ido cayendo en desuso.

Después de impartir las asignaturas de Electrónica y Electromagnetismo por diez años, en 1981, a Mandy terminan por botarlo de la Universidad por falta de confiabilidad política. Lo curioso es que no tuviera la agudeza de percibir la maldad intrínseca del sistema, todo lo contrario, creía en *aquello*[1] y la emprendía con todo lo que fuera contrario a los ideales de libertad y justicia que creía que la Revolución representaba. Estaba en contra de la asistencia obligatoria a clases, veía que la libertad y la responsabilidad individual iban juntas, sin darme cuenta que al combatir la asistencia obligatoria estaba yendo contra el sistema mismo. Rechazaba el promocionismo[2], lo veía como un vicio y como tal lo combatía; no me percataba que estaba también en la naturaleza del sistema diluir la individualidad en el colectivo. Pensaba que la ciencia estaba por encima de la política y que los mejores libros, los mejores cursos, los mejores métodos docentes, eran aquellos que enseñaban a pensar de manera crítica, a imaginar y a crear. Consecuente con mis ideas, defendía los cursos de Berkeley, los del PSSC (*Physical Science Study Comitee*) y las *Lectures in Physics* de Richard Feynman.

Mientras mi simpatía por Richard Feynman se transparentaba en mis conferencias, su electrodinámica cuántica, que le valió el Nobel, estaba excluida del currículo en la Universidad de la Habana. Todo lo que yo defendía y lo que me simpatizaba tenía una cosa imperdonable en común: no sólo era capitalista, sino americano. Si a todo eso le sumamos que mi

---

[1] **Aquello**: Cubanismo del exilio cubano para referirse al régimen de Fidel Castro.
[2] **Promocionismo**: Tendencia académica que, con el propósito de ofrecer mejores porcientos de promoción, examina por debajo del estándar y/o aprueba alumnos que debieron haber suspendido.

padre vivía en los Estados Unidos y que me había ido a ver a Suecia durante mis estudios allá, y que la Seguridad del Estado conocía de ese prohibido encuentro que inútilmente insistía en negar,[3] hay que llegar a la conclusión de que mi expulsión de la Universidad,[4] aún con el atenuante de mis servicios en la Campaña de Alfabetización y las Tropas Coheteriles Antiaéreas era, como bien les gusta decir a los comunistas, una "necesidad histórica".

Bueno, para ser exactos, no llegaron a aplicarme ninguna de aquellas terribles resoluciones, después de la cuales al sancionado le quedaban pocas opciones laborales dentro de aquel engendro socialista llamado el "calificador de cargos"[5]. Simplemente, me dieron a escoger entre irme para "la microbrigada"[6] por un tiempo indefinido o simplemente abandonar mi cátedra. Nunca he tenido tendencias suicidas personales o profesionales por lo que la decisión fue obvia.

Villo, Maquiavelo del socialismo

Mis seis años de servicio en las tropas coheteriles me procuraron un buen prestigio técnico y éste había llegado, a través de algunos de mis compañeros de armas, a un polémico personaje conocido por Villo. A la sazón, Antonio Evidio

---

[3] Ver *Tributo*.
[4] Ver *Mis graduaciones*.
[5] **Calificador de Cargos**: Documento normativo de plazas y salarios que pretende listar y normar la remuneración a todas las posibles ocupaciones en un país socialista.
[6] **Microbrigada**: Colectivo de constructores improvisados. Idea de Fidel Castro consistente en obligar al desposeído de casa a construírsela él mismo y a pagar las herramientas y materiales construyendo para otros.

Díaz González, alias *Villo*, estaba al frente de la Dirección de Instrumentación Electrónica (DIE) del Centro Nacional de Investigaciones Científicas (CNIC). Lo de polémico era porque Villo combinaba virtudes como la inteligencia y la valentía con los métodos de dirección menos ortodoxos. Esto hacía que, a modo de chiste, se le declinara el apodo al de "Villano". A Villo lo movían objetivos nobles, enmarcados en una visión patriótica de desarrollo tecnológico. Para lograrlos empleaba magistralmente lo que en inglés se conoce como "leverage", esto resulta menos sórdido que emplear términos en español como chantaje, intriga, etc. Tampoco se detenía Villo en recompensar materialmente, por "debajo de la mesa", a quien le servía en sus empeños; sus altos ideales justificaban moralmente esas acciones.

En el contexto cubano -y cito a Raúl Roa-, lo único que no te puede pasar es "caer *pesao*" y Villo tenía la virtud de caerle bien hasta aquellos que lo consideraban un bandido. Villo, a diferencia del dirigente típico del socialismo cubano, mostraba un gran respeto por el talento técnico y comprendía que éste no solía acompañarse de una gran docilidad ante los lineamientos del Partido; fue esa característica la que hizo que me ofreciera trabajo en el DIE. En cambio, Villo parecía considerar que el talento era necesario sólo para la técnica, ya que el personal administrativo con que se rodeaba solía estar desprovisto totalmente del mismo.

Villo era un maestro en eso de "darle la vuelta" al socialismo. Él sabía que un "botao" de la Universidad no iba a pasar por el finísimo filtro político del CNIC, por lo que usó el subterfugio de emplearme por la EDAI[7], una empresa del Ministerio del Azúcar que recibía muchos servicios del DIE. Su influencia sobre aquella empresa emanaba, no sólo de los mencionados servicios, sino de su estrecha relación con su

---

[7] **EDAI**: Empresa del Ministerio del Azúcar que desarrollaba soluciones electrónicas para resolver problemas en los centrales azucareros.

compañero de estudios de ingeniería y, a la sazón, Ministro del Azúcar, Marcos Lage, otro personaje al que haré debida referencia más adelante.

Esto último y la habilidad de Villo, me salvaron de que me botaran por motivos políticos una segunda vez. Resulta, que a las pocas semanas de trabajar para Villo en el DIE, se produce una asamblea para elegir los "trabajadores de avanzada"[8]. Al candidato que llevaba el núcleo del Partido, le salió la contrapropuesta de un técnico conocido por "El Moro", la que rápidamente ganó *momentum*. Cuando la mesa se percató de que su candidato perdía sin remedio, sacó el argumento de que "El Moro" no calificaba por un tecnicismo que no puedo ya recordar por intrascendente. En eso, me acordé de haber leído en un periódico *Trabajadores* que andaba por encima de las mesas en el laboratorio, algo que exactamente contradecía aquel argumento. Salí de la asamblea y regresé con el periódico en la mano, de ahí mismo pedí la palabra y leí el fragmento. Desde la mesa, me preguntan desafiantes: "¿Y qué periódico es ese?". "Pues es el órgano oficial de la CTC (Central de Trabajadores de Cuba), que es la que orienta estas asambleas, según tengo entendido". Aquello les viró la asamblea de cabeza y "El Moro" salió por aclamación. El Partido, con su habitual arrogancia, no podía tolerar que se le ridiculizara y quería sangre. Comenté con Villo que yo conocía al esbirro mayor de aquella mesa del Instituto de la Habana y que era un "flojón", de esos que se había "rajado"

---

[8] **Trabajadores de avanzada:** Periódicamente, en todos los centros de trabajo, la "Sección Sindical" tiene por norma celebrar asambleas para elegir al trabajador que más se haya destacado en el desempeño de sus labores. No hay que confundir las asambleas de "avanzada" con las de "ejemplares" que son menos frecuentes y convocadas por el Partido Comunista para elegir la "cantera" de donde seleccionará sus futuros miembros. Ser trabajador de "Avanzada" es un paso muy conveniente para ser elegido "Ejemplar" y de ahí escalar hacia la nomenclatura. Cuando el Partido se propone traer a las "filas" a alguien, presiona a las asambleas para que sea elegido de "avanzada".

en la escuela militar del quinto distrito cuando el llamado a los cohetes en el 1963. Ese dato, ahora en poder de Villo, le era suficiente para neutralizar aquella intriga. Cuando lo vinieron a ver para que me botara, Villo les entró con otro tecnicismo, que con fina ironía les recordaba el reciente ridículo: arguyó que no podía botar del DIE[9] a quien no era de la plantilla DIE sino de la EDAI[10], y bajito, al oído del esbirro mayor, le recomendó que mejor le valía no revolver más el excremento, pues pudiera salir el hedor de su patética actuación en 1963.

Romero de Medicuba, el Decano

Villo me dio la oportunidad de destacarme como diseñador electrónico y la aproveché. Utilizó esos logros para procurar que se me permitiera volver a viajar y me envió en 1981, con la empresa de comercio exterior Medicuba, a una exposición de equipamiento médico en Riazán, cerca de Moscú. Allí se llevó, entre otros productos relativos a la medicina, un equipo de soldadura por puntos para ortodoncia que yo había diseñado. Este viaje tuvo una gran importancia, porque fue allí que pude intimar con otro personaje que tuvo mucho que ver con el surgimiento de EICISOFT: Orlando Romero, director de Medicuba.

Había conocido a Romero durante mi estancia en Suecia entre 1973 y 1974. Fue por aquella época que asumió la dirección de Medicuba teniendo poco más de treinta años. Ya cuando Riazán, Romero era el decano de los directores de empresas del Ministerio de Comercio Exterior. Esas posiciones eran muy codiciadas; las posibilidades de malversación y aprovechamiento eran enormes comparadas con cualquier otro

---

[9] **DIE:** Dirección de Instrumentación Electrónica del CNIC (Centro Nacional de Investigaciones Científicas)
[10] **EDAI:** Empresa del Ministerio del Azúcar que desarrollaba soluciones electrónicas para resolver problemas en los centrales azucareros.

puesto de similar responsabilidad. Precisamente por esto, era que esos directores estaban bajo el más severo y minucioso de los escrutinios. Además de cuidarse de no tener deslices reales, debían defenderse contra las intrigas de todo tipo por parte del ejército de oportunistas que les envidiaban sus puestos.

Romero era, al contrario de Villo, todo austeridad en lo personal. Cualquiera de sus subordinados se beneficiaba más que él desde posiciones con oportunidades mucho más limitadas. Él se complacía en permitirlo dentro de ciertos límites, lo que le procuraba un fuerte apoyo desde abajo. Contrario también al típico criollo que solía ser notoriamente promiscuo, Romero no se tomaba libertades sexuales, ni dentro, ni fuera de Cuba, pero sí tomaba nota de las libertades que el resto se tomaba. Le sabía a todo el mundo, pero nadie le sabía nada a él, no por gusto era "el Decano".

Mientras yo me adentraba en los intríngulis de circuitería crecientemente digital de la época, a los altos niveles se movían las piezas. Marcos Lage abandonaba el Ministerio del Azúcar y se convertía en el Ministro de la Industria Sidero Mecánica[11]. Marcos Lage reclutó a Villo del DIE para crear la Empresa de Instrumentación y Control Industrial (EICI), y Villo se llevó con él a una selección del DIE atendiendo a uno de dos criterios: resultados técnicos o incondicionalidad. Con los incondicionales formó su acostumbradamente mediocre *staff* de dirección y con los técnicos formó varios grupitos, uno de ellos alrededor del Ingeniero José Ramón López, o simplemente López.

---

[11] **SIME:** Ministerio de la Industria Sidero-Mecánica que durante el período cubierto por esta historia incluyó también la industria electrónica.

López, el ermitaño

Agudo, rebelde y talentoso, hubiera sido una buena selección para iniciar el *think tank* al estilo Hewlett-Packard o MIT[12] con que soñaba Villo, de no ser porque su desencanto con el sistema lo hacía tender al aislamiento. López había apoyado con entusiasmo a la Revolución en su época de estudiante; tengo entendido que llegó a ser un alto jefe de las milicias universitarias, pero desilusionado con el rumbo que habían tomado las cosas, terminó alejándose de la ingeniería y refugiándose en el estudio de la fisiología. Con ese conocimiento de las ciencias y la matemática que normalmente les falta a los médicos, López impresionaba con su dominio del tema, pero no se integraba a ningún equipo de trabajo.

Me había ganado la estimación de López desde 1981, cuando obtuve el primer lugar en el concurso de "Ideas Prácticas" cuyo jurado él había presidido. El concurso lo había auspiciado la revista *Juventud Técnica* que él asesoraba regularmente y de la que había sido su primer director. El premio en metálico fue ridículo, consistente con la política imperante contraria a los estímulos materiales, pero me hizo merecer la admiración de la bella Mabel Longres, que fungía entonces como secretaria de la dirección de la revista y que, después de no poca persistencia por mi parte, terminó aceptándome.

A instancias de Villo, López acepta dirigir ese grupo, pero con la condición de hacerlo desde su casa. El grupo de López no tuvo nunca más de dos personas: Humberto Lista, talentosísimo ingeniero que vino también del DIE, y yo. López tenía muchas ideas de equipos sencillos relativos a preparación física y la nutrición. Yo le implementé uno de ellos con tecnología digital, el *Saltímetro*, equipo que medía la altura del un salto por el tiempo que se estaba en el aire. Este trabajo me procuró mi

---

[12] **MIT**: Massachusetts Institute of Technology

primer encuentro con Fidel Castro. Marcos Lage seleccionó el *Saltímetro* para figurar entre un grupo de equipos relativos al tema de la salud que se expondrían en el Consejo de Estado y habiendo sido baloncestista en su juventud, Fidel no pudo sustraerse a la tentación de probar el *Saltímetro* que yo exhibía. Al terminar, los expositores fuimos invitados a un brindis en el que aparte de manjares y licores finos, se nos brindó nada menos que una copita de leche de Ubre Blanca. Esta supervaca era la noticia del momento. Se sugería por la prensa radial y escrita, que era la culminación de los largos esfuerzos en el tema de la genética ganadera del máximo líder. Lo que más me impresionó de aquel primer encuentro fue que las enormes diferencias jerárquicas entre técnicos como yo, directores como Villo y Ministros como Lage, se hacían despreciables ante la presencia de Fidel Castro.

Villo le pasó varias tareas a ese grupo de López, una de las cuales fue la de crear una valla lumínica con movimiento, como las que había antes de la Revolución anunciando diversos productos y marcas comerciales. La idea era ver si la electrónica podía reemplazar los complicados engendros electromecánicos que se usaban para las mismas en la década de los 50. En aquella época, las ideas se me ocurrían a tropel y no sólo ideé una solución usando memorias programables del tipo PROM (Programable Read Only Memory), sino que la implementé en un modelo miniatura.

Cuando Villo me llevó con mi valla en miniatura a una oficina del DOR[13] en el edificio del Comité Central, enseguida compraron la idea y ofrecieron financiar una en grande para la celebración del Congreso de la Federación Sindical Mundial de 1982 a celebrarse en La Habana. Esto preparó el escenario de manera que, cuando apareció un entrenamiento en Japón para

---

[13] **DOR**: Dirección de Orientación Revolucionaria

producir autoclaves Sakura en Cuba, fuera yo la opción que mataba dos pájaros de un tiro.

Pero así y todo, no era fácil convencer a la Seguridad del Estado para que dejara salir, nada menos que a Japón, a un "botao" de la Universidad por falta de confiabilidad política. Lo que pienso terminó de convencer al "Aparato"[14] fue Mabel, la que según López había sido el verdadero premio de aquel concurso.

Mabel, la secretaria estrella

Nos conocimos en 1981 y hacía muy poco me había casado. Mabel, no es que fuera simplemente bonita, era impresionante. Con su aire señorial, elegancia en sus ademanes y voz melodiosa, a nadie le pasaba inadvertida. Villo era capaz de echarle mano a cualquier argumento con tal de ganar sus casos. Me llegaron rumores que para convencer al "Aparato" de que no desertaría en Japón, refiriéndose a Mabel, les dijo: "Mira...nadie deja 'eso' por detrás" y ese fue el puntillazo convincente con que terminó la discusión.

Mabel fue la secretaria que me envidiarían ministros y vices. Recuerdo que una vez Díaz Lugo, el director de cuadros[15] de las EICI, me preguntó quién iba de secretaria para allá (estaba a punto de recomendarme a alguien) y le dije que pensaba traer a Mabel. "Quizás tú la conozcas, era de la Básica", y me dice: "¿Mabel Longres? ¿la de la Eléctrica?". Le contesté: "esa misma...". Díaz Lugo continúa: "eso no se te va a dar, ¿tú crees que esa va a venir a trabajar a ese cuchitril tuyo?". Fue entonces que le informé que contaba con la ventaja de haberme casado con ella.... "Bueno, únicamente así", me respondió con sorpresa. En otra ocasión, al entonces Vice Ministro Ignacio González Planas le traté de vender la idea de que pusiera una PC como la mía en su oficina y así podría llevar el control de las producciones en ella y me dijo: "Está muy bien, me mandas pa'cá esa computadora y a Mabel y problema resuelto". Si podía dedicarle tiempo a los proyectos técnicos era debido a que Mabel lograba despachar con todos los viceministros y era tan eficiente que a veces llamaban a mi oficina y ni siquiera pedían hablar conmigo.

Regresando a la historia, ese viaje a Japón resultó algo más que el entrenamiento en Sakura y la compra de las componentes para la valla. Tal como había hecho en Riazán con Romero, participé junto con Villo en las negociaciones de las autoclaves en calidad de asesor técnico. Las microcomputadoras recién salían al mercado y me tenían totalmente maravillado. En un *impasse* de la negociación, le sugerí a Villo pedir, en lugar de rebaja, la regalía de microcomputadoras. La propuesta se concretó con dos de mesa de la firma NEC, así como algunas (no recuerdo cuántas) calculadoras programables portátiles de

---

[15] **Director de cuadros**: En todos los centros de trabajo existía un departamento de "cuadros" encargado de llevar los oscuros expedientes de aquellos con algún cargo de dirección o simplemente de alguna importancia táctico-técnica.

Sharp y regresamos para Cuba con aquellas micro de 8 bits y 32 K de memoria, que serían de las primeras que entraran al país.

Carrasco, detector de talentos

 Cuba, a diferencia de la URSS, no había estado completamente de espaldas al desarrollo de la computación. A finales de los 60, José Luis Carrasco, compañero mío de la vieja guardia de las tropas coheteriles, logra el apoyo necesario para crear lo que se llamó el Centro de Investigación Digital (CID). Allí logró reunir a un grupo de brillantes ingenieros que llegaron a diseñar, construir y hasta fabricar mini computadoras. Estas se llamaron las CID-101, 201…etc. y estuvieron inspiradas en las de la línea PDP de la *Digital Equipment*. Sin dudas un logro extraordinario, nada así se había logrado en el campo socialista.

En los años 80, aquel CID[16] había devenido en el ICID, Instituto Central de Investigación Digital, que pertenecía a lo que era un organismo conocido como el INSAC, pero llamado oficialmente Instituto Nacional de Sistemas Automatizados y Técnicas de Computación. Con la pérdida de la espontaneidad, perdió también creatividad y por último, perdió a Carrasco que se fue con Marcos Lage para el SIME en calidad de asesor. El CID fue un destello de progreso, pero el INSAC enseguida se convirtió en impedimento al desarrollo.

En 1980, el INSAC administraba la producción de computadoras CID y las distribuía de acuerdo a lo que dictara

---

[16] **CID**: Centro de Investigación Digital. Operaba bajo la Facultad de Tecnología de la Universidad de la Habana

JUCEPLAN[17]. El INSAC también era el organismo encargado de regular la importación de cualquier cosa que tuviera la más remota relación con la computación. Contrario a la época de Carrasco cuando el CID, el INSAC se alineó al subdesarrollo digital del campo socialista. Con la creación del INSAC, el CID terminó su ciclo de nacimiento, esplendor y decadencia.

Cualquier institución que justificara su necesidad de algún medio de cómputo, aún contando con presupuesto en moneda libremente convertible, debía adquirirlo a través del INSAC. Éste lo pondría en una lista de espera para una CID o le ofrecería la adquisición de algún producto del campo socialista; ninguna empresa de Comercio Exterior estaba autorizada a adquirirlo directamente, mucho menos en el área capitalista.

Había una sola excepción a esa regla: MEDICUBA. Recién comenzaba la onda aquella de convertir a Cuba en una potencia médica y por eso Romero disfrutaba de carta blanca. Fue esta carta blanca la que le permitió traer las mencionadas microcomputadoras, ya que figuraban como parte de una transacción de autoclaves.

En el larguísimo vuelo que me traía de regreso a Cuba, logré desarrollar en una de las mencionadas calculadoras programables portátiles de Sharp, un juego de cubilete. Era una versión muy mejorada de aquel que hacía unos años había desarrollado en una calculadora programable de Texas Instruments. Puede parecer un hecho trivial, pero mucha gente que después decidió a favor de invertir en el tema de las micro, las conocieron por ese jueguito.

Ya en Cuba, el grupito de López empezó, desde la misma oficina de Villo en la EICI[18], a jugar con aquellas

---

[17] **JUCEPLAN**: Junta Central de Planificación
[18] **EICI**: Empresa de Instrumentación y Control Industrial

microcomputadoras NEC[19] que sólo contaban con un BASIC residente como sistema operativo. Mi juego consistió en desarrollar una rudimentaria base de datos que inmediatamente encontró aplicación en un control de embarques para Medicuba, lo que hizo que terminara trabajando en el edificio de esa empresa. Eso de que con unos pocos golpes de tecla se pudiera averiguar qué cosa venía, en qué barco y cuándo llegaba, no sólo impresionó a Romero, que estaba deseoso por aplaudir lo que viniera de sus nuevos protegidos, sino que empezó a mostrarlo a su círculo de influencia, círculo éste que era, a su vez, muy influyente también.

Por otro lado, la valla lumínica también había resultado un éxito, los del DOR lamentaron tenerla que quitar después de terminar el congreso, pero el resultado me dio credibilidad. Aquella valla, que se montó en el edificio de la escuela de odontología, que quedaba en la misma intersección de la Avenida de los Presidentes, la Calzada de Rancho Boyeros y Carlos III, me anunció más a mí que al tal Congreso Sindical y me resultó un magnífico aval para vender los proyectos que crearon a EICISOFT.

La aplicación de Medicuba se iba complicando y Mariana Badell, una amiga cuyo juicio yo apreciaba, me habló de un ingeniero brillantísimo que estaba en crisis donde trabajaba. Más adelante, se haría patente que la relación entre "brillante" con "en crisis" no constituía excepción, ni coincidencia aleatoria, sino una regla. Convencí a Villo de que lo empleara en la EICI para que me ayudara con lo de Medicuba y así entró en la escena Marco Antonio Pérez López.

---

[19]**NEC:** Nipon Electric Company. Era a la sazón la mayor productora de computadoras personales para el mercado japonés.

Marco, el Bautista

No exageraba Mariana en su recomendación. Marco no sólo podía pensar a velocidad relampagueante, sino que podía teclear a esa misma velocidad. Era un completo, se expresaba a la perfección de manera oral o escrita, podía hablar inglés fluidamente y tenía una sólida cultura técnica. ¡Qué crimen tener a un tipo como ese burocrateando en algo tan inútil como el CECE! [20]

Cuando uno encendía aquellas computadoras de NEC, no era este nombre el que aparecía en pantalla, sino el de Microsoft. El Basic residente se presentaba con el nombre de la compañía que lo desarrolló. Yo estaba habituado a ser el tipo de las ideas, pero con Marco allí, tenía que andar rápido para poner una. Fue a Marco al que se le ocurrió lo de que nuestro programa de control de embarques se presentara con EICISOFT, en el mismo estilo de la presentación del Basic. Después que Romero le mostrara su sistema de control de embarques a ministros y directores, estos lo volvían a llamar para preguntarles donde es que estaba el EICISOFT ése.

El papel del lenguaje en la teoría del conocimiento es un viejo tema de discusión filosófica. ¿Qué viene primero, el objeto o el concepto con la palabra que lo representa? ¿El huevo o la gallina? A la distancia de hoy, ese hecho aparentemente intrascendente, de que detrás de aquel trabajo abstracto hubiera un nombre, un vocablo que resumiera aquella capacidad de resolver problemas, determinó su creación. EICISOFT creó a EICISOFT.

---

[20] **CECE:** Comité Estatal para la Colaboración Económica.

Período Nómada

Livia Machín, la Primera Dama

Livia Machín estaba casada con Marcos Lage y trabajaba para el Ministerio de Transporte en el departamento de ferrocarriles. Fue por esa conexión que empezamos a colaborar con ella en el desarrollo de programas de apoyo a la cuestión ferroviaria. Al principio, la cosa era pasar a las microcomputadoras lo que ya se lograba hacer en mini computadoras o *main frames*, pero a las que había poco o ningún acceso. Una de las aplicaciones que recuerdo, era para resolver el problema de que conocidos los destinos de cada uno de los carros de un tren, se pudiera determinar en qué orden debían quedar éstos a fin minimizar el número de maniobras totales en un viaje. Marco y yo comenzamos a compartir el tiempo entre la computadora en Medicuba y la que operábamos en el local de Ferrocarriles.

El simulador ferroviario

La responsabilidad de Livia tenía que ver, principalmente, con la preparación del personal ferroviario. Un problema que tenía atención prioritaria en ese tiempo era la del entrenamiento de maquinistas y operadores de vías. La prioridad se debía al incremento preocupante de los accidentes ferroviarios. Marcos Lage, que ya había alcanzado notoriedad siendo Ministro del Azúcar por introducir las computadoras CID para automatizar procesos en los centrales azucareros, cocina con Villo la idea de utilizar las microcomputadoras en un simulador para el entrenamiento de ese personal.

Impuesto de la idea, elaboré un proyecto de simulador ferroviario basado en trencitos eléctricos de hobby. En pocas palabras, el proyecto contemplaba un sistema completo de trenes con intercambio de vías similar al real, donde se entrenarían los operadores. Los trencitos tendrían además un control de velocidad individual, gobernados por señales que se sumarían a la alimentación que también se enviaba por la vía. Esta técnica permitiría mover los trenes a velocidades individualmente controlables, aún estando en la misma línea. Por último, para el entrenamiento de maquinistas, el proyecto contemplaba que una de las locomotoras llevara abordo una mini cámara de video que trasmitiría su señal a una cabina de locomotora donde se proyectaría la imagen de la vía en el parabrisas.

Defendí el osado proyecto ante Guillermo García, entonces Ministro del Transporte, y su corte de asesores. Aquello era un espectáculo deprimente: el "Comandante de la Revolución" Guillermo García, no recuerdo que lograra hilvanar un par de frases coherentes. Sin embargo, advertía como uno de sus asesores, cual Platón ante un monólogo Socrático, tomaba nota de cuanto decía. Salí de aquella reunión con la sensación de que a nadie le había interesado el proyecto; que nadie había entendido media palabra de mi disertación y que aquella corte de asesores no me había acogido con simpatía alguna. Cuál no sería mi sorpresa cuando, a los pocos días, me informaron que se había aprobado el presupuesto solicitado para el proyecto.

Además del dinero para el Simulador Ferroviario, Romero había recogido también otra buena cantidad entre ministros y directores de diversos organismos como fruto de su trabajo promocional. Se imponía una nueva misión a Japón y, aunque estaba la compra de las componentes para el tren, esta vez el plato fuerte era la adquisición de microcomputadoras.

Para hablar de política económica en el socialismo cubano hay que especificar la época, ya que ésta no se distingue por su coherencia. Cada cierto tiempo, Fidel Castro reconoce errores en esta política, sustituye a los dirigentes supuestamente responsables de los desatinos por otros, que ahora espera interpreten correctamente sus "infalibles" orientaciones. Defenestrado Humberto Pérez al fracasar en que la contabilidad sustituyera a los "podridos" mecanismos capitalistas, la ideología oficial regresaba a aquel "sistema presupuestario de financiamiento" propugnado por ese "gran economista" que fue el Che Guevara, en oposición a la tesis de la autogestión de empresas del socialismo europeo. Esta vía, aunque espontánea y natural para el crecimiento de empresas exitosas, era calificada de concesión ideológica al capitalismo por el PCC (Partido Comunista Cubano). Si bien el sistema presupuestario no funcionó en Cuba, la autogestión empresarial tampoco le funcionó bien a los socialistas europeos: el socialismo aplasta a los empresarios.

Yendo al tema que nos ocupa, en el socialismo cubano de aquel momento (temprano en 1983), la sola mención del término "ganancia" era algo sacrílego. Era por eso, que los mencionados dineros iban contra una oferta basada en las facturas de la antes mencionada operación con la Sakura y ¡ni un centavo más! Cuando regreso a Japón, descubro con total agrado que, sin romper ninguna regulación, podía comprar bastante más que lo pedido con el dinero asignado. ¡Las computadoras se abarataban a gran velocidad! En sólo unos meses, ya había nuevos modelos con más prestaciones y que costaban menos. En ese viaje compré unas 20 computadoras, de las que sólo tenía que entregar unas 15. El truco contable era tan simple, que cualquiera que se lo propusiera podía descubrirlo; hubiera bastado con pedir las facturas. Curiosamente, nadie lo hizo. En el fondo, ministros y directores, supuestamente muy comunistas, sabían que si levantaban esa paloma, las computadoras se acabarían junto con el incentivo.

Se imponía la necesidad de un local donde poder empezar a desarrollar lo del tren y al menos almacenar transitoriamente lo que se había comprado. Para esto, Villo desalojó a un grupo de unos cinco dibujantes que trabajaba en una cómoda oficina de la fábrica de Instrumentos Médicos, cuyo frente de cristales daba a la Calzada de Rancho Boyeros, y los mandó a otro local algo más al Sur, cerca de un conocido "night club" llamado Reloj Club.

Rita, Mauricio y Gilberto, los fundadores

 También se imponía aumentar la "plantilla" de EICISOFT, que sólo contaba con dos puestos. Lo de plantilla está entrecomillado ya que EICISOFT no podía tenerla por su existencia ser tan virtual como sus productos y esas comillas persistirían por 5 años más hasta la visita de Fidel Castro. No obstante, en el intervalo de unos días logré reclutar a dos ingenieros, un técnico y una persona para lo administrativo que cobrarían por la EICI. La ingeniera Rita Rodríguez Urquiza quería escapar de la planta telefónica del Vedado y había pasado por donde Villo buscando una alternativa laboral. Un poco antes del viaje, la entrevisté, a falta de otro local, en el Coppelita de Malecón (lugar donde se vendían helados). Y después del viaje, supe por alguien de la EICI, que un ingeniero y un técnico que trabajaban juntos en una empresa del Ministerio de la Industria Básica se encontraban en crisis allí. Eran el ingeniero Mauricio Hernández y el técnico Gilberto García, que después de una escaramuza con dicha empresa, pasaron a integrar el grupo. En aquella época, cualquier traslado de un centro de trabajo para otro, implicaba algún tipo de enfrentamiento; era como si los trabajadores pertenecieran a una gleba medieval. Tan era así que se usaba el término "liberar" para la acción de conceder un traslado. Aunque existía, al menos conceptualmente, lo de pedir la baja de alguna plantilla, las consecuencias de perder lo que se denominaba el "vínculo laboral" eran graves, ya que entonces resultaba problemático para otro centro aceptar a un trabajador que no viniera por traslado. Esta sutil represión, no sólo obligaba a los trabajadores a tolerar abusos y arbitrariedades por parte de las administraciones, sino que garantizaba que el socialismo no tuviera desempleo.

Gilbertico, el Benjamín

En el caso de Gilberto y Mauricio, por ser gente con preparación y experiencia, pudiera pensarse que fuera ésta la causa de la resistencia de su antiguo empleador a un traslado, pero no; se trataba de ese sentimiento de propiedad por parte de las administraciones sobre sus trabajadores. Digo esto porque cosa de un año después habría que librar otra batalla, esa vez con el  director de la fábrica de muebles clínicos, para que "liberaran" a Gilbertico, el hijo de Gilberto, que no tenía aún los veinte años de edad y ninguno de enseñanza técnica o universitaria, para que viniera a trabajar con nosotros.

Por último, la administrativa fue Mabel Longres. Haberme casado con ella me dio la influencia necesaria para convencerla de que dejara de ser la secretaria del director de la revista *Juventud Técnica* y pasara a trabajar con un grupito nómada de abstracta existencia. Villo me aconsejó en contra de que trabajara con mi esposa. En ese aspecto Villo era de los típicos, pero le reiteré que yo no tenía problema con eso; al final no se negó.

El Compumanual

El grupo de seis comenzó a trabajar en el local de la fábrica de Instrumen-tos Médicos que Villo nos había dado. Rita, Mauricio y Gilberto en el control de velocidad para los trencitos, Mabel localizando el conte-nedor que traía las computadoras que andaba perdido, mientras Marco y

"Conozco muchos buenos software hechos en nuestro país, pero que no cuentan con la documentación necesaria ni la presentación que lleva cualquier producto en el mercado internacional", dice Armando Rodríguez.

yo trabajábamos en el *Compumanual*. Aquellas computadoras que comprábamos en el mercado interno japonés, traían sus manuales en perfecto japonés. Se requería de nuestra tenacidad demencial para descubrir sus prestaciones y descifrar como era que se operaban y programaban. Para que aquellas computadoras pudieran ser explotadas por personas en su sano juicio, habría que proveerlas de un manual en español. Se nos ocurrió hacer un programa que permitiera navegar de un tema a otro en cualquier orden (como los *Help* de hoy en día, que entonces no existían) y así enseñar a usar las computadoras mejor que con un libro. Esto obviaba la necesidad de recursos de impresión y hasta resultaba más coherente con nuestra actividad. Contando con Marco, que aparte de ayudarme a redactar y tener excelente ortografía era capaz de escribir una página en unos segundos, en pocos días se terminó el *Compumanual*, con la firma, claro está, de EICISOFT.

Roberto García, años después, comentaría sobre el *Compumanual*:

> *¡Ah, el Compumanual de Marco...! Para mi es una de las primeras maravillas de la computación que conocí. Gracias a él aprendimos unos cuantos en la CUJAE, Ciudad Universitaria José Antonio Echeverría. Era como la Biblia, un libro secreto que casi nadie tenía y que al tenerlo te hacía dueño del universo. Yo lo conservo en papel. Logré imprimirlo completo en la CUJAE a escondidas pues estaba prohibido al principio. Pienso que ese Compumanual hizo famosos a Marco y a EICISOFT en Cuba pues todo el que utilizara una NEC, tenía que usar el Compumanual. Me inclino ante esa obra de arte.*

Por su lado, Mabel logró encontrar el contenedor perdido en un lote destinado a contenedores vacíos. Pesaba tan poco que los del puerto pensaron que había llegado vacío y actuaron en consecuencia con esa "brillante" conclusión. Los seis abordamos un camión de la fábrica y salimos al rescate de nuestra preciada mercancía. Abrimos contenedor tras contenedor de aquella lista de los llegados de Japón, hasta que, al fin, encontramos intacto lo que temíamos pudiera haber sido vandalizado por encontrarse en un lote sin custodia.

Mauricio solía elogiar el cuidado que ponía Gilberto con los delicados mecanismos de aquellos pequeños modelos de locomotora. Ya desde aquella temprana época se cultivó elogiarnos los unos a los otros y a Gilberto se le empezó a llamar *Golden Fingers*.

Además del *Compumanual* y el proyecto de los trenes, Villo compró sin resistencia la idea de no distribuir de inmediato las recién rescatadas computadoras, sino crear un aula donde entrenar, además de sus futuros operadores, a personal técnico de otras empresas y organismos interesados. El aula funcionó diariamente alrededor de un mes, por ella desfilaron montones de dirigentes traídos por Villo y Romero. Lo de EICISOFT se regaba de manera incontrolable.

Melchor Gil y Néstor del Prado, la ortodoxia

Melchor Gil

Melchor Gil y Néstor del Prado, presidente y vicepresidente del INSAC, siempre cordiales, nos dispensaban un trato entre lo arrogante y lo paternal. Pero temíamos que de un momento a otro sacaran las banderas rojas y se lanzaran a hacer valer sus prerrogativas de organismo rector. Durante un tiempo subestimaron el peligro que representábamos para su autoridad y sólo saltaron cuando el llamado "Frente de Proyectos"[21] les pidió que lo quitaran de la lista de las CID, en las que hacía tiempo figuraban, pues se proponían adquirir microcomputadoras a través de EICISOFT.

El incidente disparó la alarma a su presidencia, que envió una comitiva, con Néstor del Prado al frente, a las oficinas de Romero en Medicuba con el fin de recordarle el papel rector que, en lo referente a la importación de medios de cómputo, les había conferido por el Consejo de Estado. Engañados quizá por la humildad de Romero, lo subestimaron también, no tenían idea de los puntos que calzaba el personaje al que se proponían intimidar. Éste les contestó, que se había limitado a cumplir con encargos de algunos Ministros, que procedió a enumerarles y los instó a que llevarán su caso ante los enumerados. Otra cosa que podían hacer, con vista a que esa situación no se repitiera, era plantearlo en la próxima reunión del Consejo de Ministros, pero les advirtió que ese no era buen lugar para que se hiciera patente la insuficiencia de su

---

[21] **Frente de Proyectos**: El régimen de Fidel Castro no ha dejado nunca de estar en pie de guerra, por eso usa la terminología militar para casi todo. En la época de esta historia eso de los "Frentes" para designar esfuerzos de desarrollo en distintos sectores, el de "Proyectos" se refería a aquellos proyectos de ingeniería civil.

gestión. Insuficiencia ésta que se había evidenciado, precisamente con esos encargos que estaban allí protestando. Sobra decir que más nunca se atrevieron con Romero, ni llevaron nada al consejo de Ministros. Habían perdido la rectoría sin decreto que la derogara, a partir de ese momento la importación de microcomputadoras se multiplicaría exponencialmente.

Arrojas, el Sucesor

Sin darse cuenta del cambio cualitativo que se había operado, el INSAC quiso reeditar la hazaña de Carrasco con las primeras CID y dio a su sucesor, Fernando Arrojas, la tarea de diseñar una microcomputadora con idea de recuperar el control perdido. Calcularon que una vez que existiera una microcomputadora cubana, podrían obligar a todos a comprarla. Un par de años después, harían el ridículo de presentarse con un burdo cajón metálico al que llamaron "computadora profesional" (consideraban el término "computadora personal" un concepto capitalista, cosa de las sociedades de consumo), con prestaciones paleolíticas cuyo costo de producción superaba con creces la más cara de las ofertas internacionales en materia de microcomputadoras. Estuvieron produciendo aquellas mini computadoras CID301 uno o dos años después que la demanda dejó de existir. ¡La JUCEPLAN era así de ágil! Persistían en producir aquel esperpento aún cuando ya hacía rato su poder de cómputo había sido superado por las microcomputadoras a precios ridículamente menores. Llegó el momento en que no encontraban ni a quien regalárselas.

Caballero y Conde, los enviados de la Academia

Villo había insistido en *desviar* algo del dinero de las microcomputadoras para comprar un robot de hobby que acababa de salir al mercado en Japón. Era el HERO1 y tenía el aspecto de R2-D2 de la Guerra de las Galaxias. Yo debo confesar que no le vi demasiada perspectiva a aquello, pero tampoco argumenté en su contra. Era el primer robot que entraba en Cuba, no obstante, ya en la Academia de Ciencias existía un grupo de Robótica entonces dirigido por Sergio Suárez, compañero mío de cuando los cohetes. La llegada del HERO-1 despertó inmediatamente el interés de ese grupo y enviaron a Juan Caballero y a Ernesto Conde a trabajar a EICISOFT. El curso de computadoras, el *Compumanual,* el control de embarques de Medicuba y ahora el HERO, habían convertido aquel local en un parque temático que era visitado a diario por los personajes más influyentes de la época. Conde y Caballero, sobre todo este último, se integraron al grupo con un fuerte enlace y no limitaron sus actividades al robot sino que "metían la cuchara" en todos los demás platos.

Castro, Jafet, Homs y Lista, artillería de grueso calibre

Livia Machín apoyó el proyecto del tren enviándonos a un excelente técnico de electrónica llamado Jorge Castro. Castro, como se le decía en EICISOFT, era de los denominados "repatriados". Estos eran, los que residiendo en Estados Unidos al triunfo de la Revolución, regresaron a vivir a Cuba. Curiosamente, estos repatriados, que escogieron regresar por convicciones patriótico-políticas, padecieron siempre de la desconfianza del Partido. El Partido, siempre sabio, estimaba que alguien con semejante punto de comparación no era de fiar.

Los planes y proyectos se multiplicaban por lo que me permitieron aumentar la plantilla. Ya EICISOFT comenzaba a ser conocido y gente de puntería en crisis, empezaban a verlo como tabla de salvación. Así EICISOFT logró atraer a su órbita artillería de grueso calibre con Jafet Enríquez y Roberto Homs.

Jafet no sólo era famoso por haberse destacado como un matemático brillante en la Universidad de la Habana, sino por haber sido un real líder entre los estudiantes. En Cuba alguien que muestre liderazgo, sin ajustarse al estrechísimo patrón del machazo comunista cubano, ése que "sale al paso"[22] con la última consigna, que no persuade sino intimida, ése que presume de tener "extracción" proletaria, puede resultar percibido por el Partido como una amenaza, aún cuando el mencionado liderazgo haya sido en apoyo a la Revolución. Sin que hubiera una explicación oficial, Jafet fue segregado de la educación y las ciencias.

Homs ya era un experto en electrónica cuando entró a Física, en la Universidad de La Habana, pues hacía años que era radio amateur. Recuerdo que eso molestaba bastante a algunos profesores, que habiéndose graduado en la URSS, regresaron para tomar el poder administrativo y político de la escuela de Física. "Ése cree saber mucho" decían, como previendo que entraría en dificultades cuando arreciara el rigor matemático.

---

[22] **Salir al paso:** Frase de la jerga del Partido para significar el deber de todo militante de intervenir ante cualquier crítica a la Revolución. Cualquiera que se atreva a disentir tiene debe ser inmediatamente aplastado, de lo contrario el militante puede ser acusado de "falta de combatividad".

¡Pobres diablos!, Homs podía darles vueltas en el rigor, la matemática y la estructura. Aparte de no haberse hecho demasiado simpático por saber más que sus profesores, Homs presentaba la grave debilidad de no negar sus creencias religiosas. En aquel tiempo la religión no era algo a utilizar, como lo fue después, sino algo a combatir. Si bien no recuerdo que llegara a expulsarse a nadie por ser religioso, al que hubiera reconocido ser creyente, no se le ofrecía una posición docente. A Homs se le relegaba a un grupo ermitaño de la Academia de Ciencia donde no pudiera "desviar" a otros jóvenes. Marco caracteriza a Homs de la siguiente forma:

> *Roberto Homs. "El gordo" Homs. Físico. El único aparte de Mandy que llegó al grupo con un título científico. El único que conocía y aplicaba la metodología científica para su trabajo. El único que había programado en ensamblador antes de entrar al grupo. Otro programador increíble, en este caso no sólo por su productividad y eficiencia, sino por la altísima calidad de su código y el exquisito rigor de sus diseños. De hecho, fue el primero que descubrió (y reportó a Microsoft) un bug imperdonable en el mecanismo del garbage collector de MS BASIC. Su frase favorita: "Estructura, estructura y más estructura, aunque no funcione", frase cuya importancia sólo varios años después de oírsela decir por primera vez comprendí en su totalidad. Con una habilidad nata para dirigir un proyecto, dividirlo y repartir trabajos y responsabilidades, creó un sistema increíble para transmisión multiplexada de datos por una línea de télex que le ahorró muchos miles de dólares a Cuba y fue homologado por la British Telecom de Gran Bretaña. No sé qué haya sido de la vida de Homs.*

El ingeniero Lista pertenecía al grupo de López o sea, que ya figuraba en la plantilla de la EICI y aunque orbitaba a EICISOFT, no podía decirse aún que perteneciera. Esto respondía a que, aparte de tener cosas pendientes con López, de venir para EICISOFT, el grupo de López dejaría de existir, rompiendo el esquema que Villo había diseñado. Había otro impedimento, algo más subjetivo, pero no de menos peso. Lista era de una graduación anterior a la mía, pero posterior a la de Villo y López, de modo que le era natural aceptar la autoridad de estos, pero no la mía. No obstante, debo aclarar que mi liderazgo no emanaba de poseer uno de esos caracteres que impone respeto, yo era el jefe porque una serie de aciertos habían convencido tanto a jefes como subordinados y hasta a mí mismo, de que de yo sabía lo que había que hacer y cómo. Además, para mi sorpresa, resulté un buen vendedor de ideas, no sólo a clientes y superiores, sino que lograba dirigir más por motivación que por autoridad. Lista, vino a trabajar al EICISOFT que yo dirigía, pero no dejó de verme nunca como un *junior*. Así caracteriza Marco a Lista:

Lista. Ingeniero en electrónica con una mente brillantísima y un modo nada ortodoxo de enfrentar los problemas, le entraba lo mismo al hardware que al software. Capaz de inventar algoritmos ingeniosísimos que sólo a él podían ocurrírsele. Por ejemplo, cuando estábamos trabajando en el diseño de un control numérico para un robot (que posteriormente ganó Medalla de Oro en la Feria Internacional de Plovdiv). Lista diseñó el núcleo del software del controlador. Este núcleo corría en lazo cerrado y servía la vez como base de tiempo de todo el sistema, por lo cual, no podía tener JMPs (instrucciones de salto). Lista inventó una manera de ejecutar decisiones en ensamblador sin utilizar instrucciones de salto de forma que siempre se ejecutara el mismo número de instrucciones y no se alterara la base de tiempo. Aún no sé cómo lo hizo. ¿El defecto de Lista? Demasiado franco para la Cuba revolucionaria. Le decía a cualquiera, sin importar que fuera su jefe o el jefe de su jefe, exactamente lo que pensaba. Le mentaba la madre a quien le dijera una estupidez, sin pensarlo dos veces. Sigue, por desgracia, en Cuba.

El caso de Lista ponía de manifiesto la injusticia del igualitarismo comunista. Lista no sólo venía a trabajar a EICISOFT, venía a vivir a EICISOFT. Lista no tenía casa. Aún peor de que su condición de gran ingeniero no le hubiera hecho merecedor de una casa en aquel sistema, era que jamás le harían merecer una. Para poder tener casa, o bien se tenía que ir durante años a trabajar como peón de la construcción a la microbrigada, sin garantía de que se le asignara una, o tenía casarse con alguien que tuviera casa, y así lo había hecho ya varias veces.

El local del Reloj Club

La fábrica de Instrumentos Médicos reclamaba su local para usarlo de área administrativa y como además éste ya se nos hacía pequeño, Villo nos mudó para aquel local de Reloj Club adonde había enviado antes a aquellos dibujantes desalojados. La edificación en cuestión era de una planta, nunca pude descifrar cual fue el propósito original de su construcción: si fue para vivienda, para almacén, 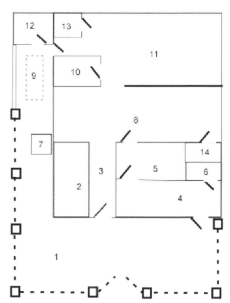 quizás para algún negocio antes de la revolución. Sí supe que una de sus últimas funciones, antes de pasar a la égida del SIME, fue la de acopio de viandas. La palabra que mejor describe al edificio es la de adefesio, pero cuando lo miro hoy, tengo que admitir que fue allí donde hicimos las mejores cosas.

El local lo ocupaban en su mayor parte los mencionados dibujantes (ver plano, 4, 5, 8 y 11) y un pequeño cuarto a la entrada (2) lo habitaba el que, a falta de nombre oficial, era llamado el "Grupo de Delio", por ser dirigido por Delio García, uno de los que vino con Villo del DIE. Este grupito se dedicaba a reparar equipos electrónicos diversos, muchos de los cuales eran de propiedad personal de dirigentes, en otras palabras, favores con los que Villo afianzaba la influencia de que gozaba. Los dibujantes, a los que no podíamos de ninguna forma resultar simpáticos, eran de nuevo desalojados de las habitaciones grandes del fondo y comprimidos en las pequeñas que había al frente (4 y 5).

No puedo recordar exactamente qué tiempo duró aquella disposición inicial, pero el empuje del aquel naciente EICISOFT no demoró en desalojar de nuevo a aquellos desdichados dibujantes que aún no vislumbraban que el oficio de la regla y el compás ya tenía sus días contados. En breve, el área 4 se convirtió en mi oficina y la 5 en la de Mabel. El grupo de Delio, que además de él, tenía tres miembros: "El Moro" (el del cuento de la asamblea de los trabajadores de avanzada), Francisco Pizarro y Sergio Pérez, ocuparía el pequeño cuarto a la entrada hasta que el grupo desapareció en 1986 y pasó a ser el Departamento de Reparación de Computadoras de EICISOFT. En el salón 8 se construyó una mesa enorme para el sistema ferroviario miniatura y los puestos de trabajo de software se dispusieron alrededor de su periferia, mientras que los que trabajaban hardware se instalaron en la habitación 11. Del Departamento de Ferrocarriles, como estaba previsto en el proyecto, no demoró en llegar la cabina de una locomotora (área 7). El almacén de componentes electrónicas se ubicó en el cuarto 10. Lo que se indica como 1 en el plano era donde se parqueaban los vehículos; las áreas 6, 13 y 14 eran baños; 12 era una minúscula cocina y en 9 había la mesa donde nos reuníamos a comer, lo que en esta última se pudiera preparar y era donde se formaba la "timba de dominó" como sobremesa.

Los antiguos ocupantes del local comían en el comedor de una empresa cercana con la que el SIME había coordinado ese servicio y nosotros, recién llegados, hicimos lo mismo. Aparte de la pérdida de tiempo que aquello constituía, yo veía que comer en otro lado nos restaba personalidad: para ser una "entidad" teníamos que tener nuestro propio comedor. Eso en Cuba tenía cierta connotación. Pedí a Villo nos enviara apoyo administrativo y algunas vituallas de la EICI. Ese soporte, mas otro tanto que lográbamos "resolver" por el barrio en lo que les dio por llamar "mercado paralelo", y que Mabel añadió la tarea de cocinar a sus ya numerosas y disímiles funciones, lograron que se pudiera almorzar en EICISOFT.

Este hecho, que pudiera parecer intrascendente, condujo a la consolidación de EICISOFT como entidad y a un aumento natural de su plantilla, Villo nos envió a un muchacho llamado René para que nos ayudara en lo que allá se le llamaba "administración", que no consistía en administrar nada realmente, sino en practicar ese oficio de conseguir cosas que en Cuba había adquirido categoría de arte. René era un muchacho inmaduro que jugaba a posar como dirigente y se la pasaba a bordo de un carro Volga alquilado por la EICI. No dominaba el mencionado arte, pero su papá era administrador de una instancia importante de la Academia de Ciencias y muchas cosas las conseguía haciendo uso de esa influencia paterna. La consecuencia más positiva del paso de René por EICISOFT fue haber traído a Isabel y Cuca.

Isabel y Cuca, las tías

Isabel Rodríguez a la que desde muy temprano se le empezó a llamar "Mamá", y Cuca, de la que sólo puedo recordar ese nombre, ya que nunca se le llamó por otro, constituían una versión femenina de la típica pareja de *El Gallego* y *El Negrito* del teatro vernáculo. Isabel y Cuca llegaron para quedarse y fueron para siempre las encargadas de la cocina de EICISOFT. Con esta adición al *team*, no sólo logramos tener un comedor, sino que adquirimos fama de que allí se comía bien y eso contribuía a la imagen de prosperidad que ayudaba a promovernos.

Le había dado a René la tarea de recoger a algunos *eicisoftianos* en su viaje hacia EICISOFT por la mañana, pero eso no le cuadraba con la imagen dirigente/chofer de su pretendido rol y un día se atrevió a negarse a hacerlo, lo que me obligó a sustituirlo al precio de perder las influencias de su padre.

A René le sucedió un hombre de unos 50 años, de aspecto respetable y hablar serio y pausado, sucumbió a la tentación de golpear la caja chica, nutrida por las contribuciones de las "poninas"[23] que se hacían entre los *eicisoftianos* para la compra de comida en el mercado paralelo. Tener ese dinero a la mano fue más de lo que su honor pudo resistir. La falta de un contador le permitió golpear aquella caja chica durante algunos meses sin que nos percatáramos de la fechoría, hasta que la suspicacia femenina de Rita y un somero recuento contable de Mabel dieron al traste con el desfalco.

El "respetable" fue reemplazado por "Mora", éste llegó diciendo que tenía muchos contactos y que hasta nos resolvería carne de chivo para el comedor. Delio, animado por semejante ofrecimiento y para no quedarse detrás en eso de los contactos, ofreció conseguir conejos. Al pasar el tiempo y no consumarse ninguna de las mencionadas ofertas, alguien se bajó con el chiste sobre un choque en la Calzada de Rancho Boyeros: los chivos de Mora se habían proyectado contra los conejos de Delio. Mora, aparte de mostrar una incompetencia manifiesta en el mencionado arte de "resolver", tuvo además la torpeza de propasarse con Cuca y también fue sustituido, esta vez por Rogel Lima, cuyo origen se me pierde en las tinieblas de la memoria.

Rogel, Bandido A

Cuando entra Rogel Lima, la identidad de EICISOFT se continuaba consolidando con la asignación de un transporte. El

---

[23] **Ponina:** Colecta. Viene de una acepción cubana a algunas conjugaciones del verbo poner. "Ponerse con algo" significa contribuir a una colecta o "ponina"

SIME nos había asignado un panelito[24] Moskvich, de un color amarillo canario muy parecido al carro, también Moskvich, que recién me habían vendido a mí. Antes de que Rogel se hiciera cargo de aquel panelito, éste ya había pasado por las irresponsables manos de "Tronquito", que fungió durante breve tiempo como chofer del mismo. A "Tronquito" se le permitía llevarse el panelito para la casa con el fin de que, por la mañana, recogiera a un grupo de eicisoftianos evitándoles así el martirio de la guagua. Por más que se le advirtió que no circulara de noche, persistió hasta volcarlo en lo que fue la última de sus repetidas correrías noctámbulas.

Rogel sí que era un maestro en el arte de "resolver". Sus métodos, nada ortodoxos, hacían que, parodiando al Calificador de Cargos, calificara holgadamente en la categoría de "bandido A". Por ejemplo, Rogel se apostaba con el panelito en la Calzada de Rancho Boyeros y esperaba a que pasara un camión con viandas para lanzarse a su persecución, se le pegaba lo suficiente como para hacerle una oferta por la ventanilla a su chofer: "veinte pesos por un par de racimos de plátanos, caballo, no tienes problema, nadie los ha contado". El camión arrimaba, la transacción se consumaba y ahí venía la pregunta: "¿y cuando te toca cargar otra vez?". Así, con ese y otros métodos similarmente ajenos a la legalidad y/o moral socialista, Rogel mantenía aquel comedor como uno de los mejor surtidos, sin que EICISOFT tuviera asignación oficial alguna.

EICISOFT no tenía usuarios, como corresponde a una empresa socialista: tenía clientes y los hacía sentir como tales. Les mostraba documentos promocionales bien impresos, se les hacía una oferta por escrito y hasta un estimado de tiempo de entrega. Por otro lado, contar con buena comida en el comedor era más importante de lo que pueda parecer, porque invitaba a los clientes a almorzar una comida bien preparada y con esto, no

---

[24] **Panel o panelito:** Vehículo cerrado para el transporte de carga ligera. En inglés se denomina "van"

sólo me anotaba los puntos que estas atenciones generan, sino que salían convencidos de que, a pesar de lo feo de la edificación y del sabor a capitalismo que aquello dejaba, EICISOFT contaba con un gran apoyo logístico "de arriba", lo que les hacía sentir que no había riesgo en poner sus asignaciones en nuestras manos.

Las asignaciones en moneda libremente convertible, a las que he estado haciendo referencia, fueron las que tuvieron Ministros y Jefes de organismos hasta eso de 1987, en que ya todos los recursos convertibles terminaron centralizados. De estos dineros fue que se nutrió EICISOFT en sus albores. Sólo aquellos con poder de decisión o influencia sobre estas asignaciones podían ser clientes. No siempre me estaba claro quién tenía realmente ese poder y quién no, por lo que, ante la duda, el "comercial" siempre había que pasarlo.

A cada rato llegaba algún personaje que cuando veía mi cotización en dólares, entonaba "La Internacional" y protestaba que no encontraba bien plantear transacciones en otra cosa que no fuera en pesos cubanos. Les contestaba que la moneda nacional era para las asignaciones planificadas, pero que cuando había que remediar imprevistos era necesario un "atajo" y eso era lo que le estaba brindando. A todos ellos les tenía que explicar que la asignación que sus organismos tenían en moneda convertible[25] respondía precisamente a esas mismas razones; yo sólo le estaba facilitando invertir esa asignación. Ya tenía pre-elaborados esos y otros muchos argumentos que, por mantenerse dentro de los estrechos marcos del oficialismo cubano, resultaban muy persuasivos. El detalle es que

---

[25] **Moneda convertible**: Divisas; moneda de libre cambio; de área dólar; Moneda fuerte; Típico proceder de los regímenes comunistas era el de crear una moneda sin respaldo internacional, sólo válida para la circulación interna en el país. Esto iba acompañado de una tasa de cambio arbitraria y de la ilegalización de sacar esa moneda del país. Se utilizan estos términos para distinguir el dinero real, del socialista.

necesitaban lo que yo estaba ofertando y en el fondo querían que los convenciera de que mis ofertas estaban dentro de los cánones establecidos. Querían oír mis argumentos, no para rebatirlos, sino para repetirlos.

Roberto el Loco

La señal de video de la camarita que iría a bordo de la mini locomotora del simulador ferroviario había que hacerla llegar de alguna manera a la cabina donde se entrenarían los maquinistas. La idea original era enviarla por los mismos rieles, pero las ligeras intermitencias del contacto de estos con las rueditas eliminaban esa variante como solución; había que enviarla por aire y para ello había que implementar un transmisorcito para la banda de televisión. En la escuálida plantilla de EICISOFT no figuraba nadie con esa experticia.

Cualquier intento de coordinar una cooperación con este fin hubiera levantado una paloma que podía congelar el Proyecto del Tren para siempre. Eso de trasmitir algo por radio era "tabú". De implementarlo calladamente, sin duda que pasaría inadvertido, pero hacerlo formalmente implicaría permisos especiales que nunca serían otorgados debido a la siempre subyacente paranoia con la CIA y la contrarrevolución. La providencia quiso que me llegara el dato que Roberto el Loco buscaba trasladarse. Conocía a Roberto el Loco de mis tiempos en la Escuela Militar Técnica de Odessa en Ucrania, también conocido por "el Bullo" en el último "Hueco" (unidad de cohetes) en que estuve y que había devenido en experto ingeniero de equipos de radio-frecuencia.

Con Roberto el Loco mataba dos pájaros de un tiro; no sólo resolvía el mencionado problema técnico, sino que era también militante del Partido. EICISOFT necesitaba tener algún militante antes de que le mandaran un "Comisario Político". Sabía, tanto por convicción como por experiencia, que podía confiar en aquellos que compartieron el Hueco conmigo, esos a los que la adversidad promovió de compañeros a cómplices. ¿Qué mejor comisario que un cómplice de Hueco?

Roberto el Loco se trasladó para EICISOFT y nos resolvió lo del transmisorcito. Por cierto que se le fue un poco la mano en eso de la potencia. Nos llegó que se comentaba en el barrio que había un nuevo canal de televisión, pero que siempre ponían la misma película... sí una de un tren. Lamentablemente el Bullo no se quedó con nosotros, por un lado no se veía en el horizonte ninguna nueva tarea en radio frecuencia y por otro, tampoco veía que en aquel cuchitril fuera a resolver ninguno de sus apremiantes problemas de transporte o vivienda.

Marcos Lage, el *entrepreneur*

Debo admitir que una buena parte de los clientes que pasaron por la oficina de EICISOFT ya venían casi persuadidos por Marcos Lage, el Ministro del SIME (Ministerio de la Industria Sidero-Mecánica) y a éste, no tuve yo que convencerlo de casi nada. Él fue siempre un convencido de que el futuro estaba en las computadoras. De hecho, el CID comienza en la Universidad de La Habana cuando Marcos Lage era Vicerrector de Investigaciones. Después, cuando fue Ministro del Azúcar, introdujo esas computadoras en la automatización de los centrales azucareros, de manera que con su apoyo a EICISOFT, sólo estaba siendo consecuente.

De su propia asignación en moneda convertible le encargó a Villo que comprara computadoras portátiles Sharp para sus viceministros, como aquellas en que yo había programado el Cubilete y que Villo le había mostrado. Cuando éstas llegaron, organizó un curso que tuve que impartir y donde participó él mismo. El curso consistía en dos clases por semana y se daban en el salón de reuniones donde se celebraban los consejos de dirección.

No creo que Marcos Lage aspirara a que sus viceministros aprendieran a programar. Pienso que se había percatado de que yo lograba motivar y que podía trasmitirle a aquella tropa de recios mecánicos, el potencial de las microcomputadoras. Además, enfrentar una tarea de programación, por simple que ésta fuera, les hacía entender el nivel de dificultad que implicaba y les haría respetar el oficio, y especialmente al que les impartía el curso, con lo que me estaba consiguiendo el apoyo de su gabinete. No me limité a impartir los rudimentos del Basic, dibujando en aquel ploteador en colores que traían las mencionadas máquinas, especulaba no sólo sobre el futuro del dibujo técnico, sino que les sugería que pensaran lo que pasaría si cambiaban la plumilla por una cuchilla en una fresadora o un torno. Con ejemplos sencillos, introduje el concepto de base de datos y recuerdo que hasta vaticiné que las máquinas de escribir tenían sus días contados.

Popi, el orador motivacional

En el marco de aquel curso, invité al muy ilustre profesor titular de la CUJAE, Dr. Jesús Olivera, que aún siendo muy respetado, era conocido de todos por Popi. Lo invité a que diera una conferencia sobre las perspectivas de las microcomputadoras. Nunca fue Popi un gran programador, su verdadero talento estaba en la adquisición de información. Popi se bebía toda la literatura técnica que lograba adquirir y de ésta, era capaz de extraer la esencia que después sabía exponer de manera brillante a los auditorios más diversos. Fue Popi el que nos había introducido al CP/M[26], primer sistema operativo para microcomputadoras, cuando todavía estábamos en la oficina de Villo y al gestor de base de datos dBase II[27] cuando Instrumentos

---

[26] **CP/M**: Sistema operativo para computadoras personales desarrollado por la firma *Digital Research*. Fue el antecesor del MSDOS de Microsoft.
[27] **dBase II**: Los dBase I, II o III fueron los primeros gestores de Base de Datos para computadoras personales. Fueron desarrollados por *Ashton Tate*, una firma de Pasadena California que ya hace algún tiempo dejó de existir.

Médicos. Ese aporte le mereció que EICISOFT le prestara una computadora para que se la llevara a su casa, lo cual era un privilegio impensable para aquella época. Eso explica que Popi aceptara mi invitación y diera a mis importantes alumnos una conferencia magistral sobre qué podía esperarse que fueran capaces de hacer las microcomputadoras en un futuro cercano. Entre los participantes al curso, estaba Alba Campos, directora de SAD (Sistemas Automatizados de Dirección). Esta dirección existía desde que Lester Rodríguez, en los orígenes del Ministerio, contaba con una mini computadora CID 201. Lo de las microcomputadoras era tan revolucionario, que lo que allí se impartió no parecía tener nada que ver con su experiencia en SAD. No sé si Alba se percató de que las microcomputadoras eran el fin de su mundo SAD a corto plazo y que EICISOFT llegaba para quedarse, relegando su papel a un plano muy secundario. Sin embargo, debo admitir que al contrario de su centro rector, el INSAC, nunca me combatió y siempre tuvimos las mejores relaciones.

Como si el éxito del curso hubiera sido poco, tenía de mi parte a Carrasco, que traía la leyenda de haber fundado el Centro de Investigación Digital (CID), donde se desarrolló la primera computadora cubana, y que como ya se dijo, era entonces asesor de Lage. El gran talento de Carrasco consistía en captar la esencia del talento de los demás. Recuerdo que alcancé a oír un Lage impresionado con la conferencia de Popi y sugirió sumarlo a EICISOFT, a lo que Carrasco discrepó diciéndole: "cuando quieras *comunicar* algo busca a Popi, pero si quieres *hacer* algo, quédate con Mandy".

Ese curso y una pequeña aplicación, al estilo de la del control de embarques de Medicuba, que empezó a funcionar en la oficina del Ministro, me abrieron las puertas de aquel Ministerio. Dirigiendo lo que no era más que una guerrilla, allí me recibían como no se hacía con los directores de las empresas más importantes. La familiaridad con cualquiera de los Vice era tal, que me recibían de sólo asomar la cabeza por su oficina y tomaba café en el comedor del Ministro donde las cocineras me malcriaban como abuelas. Sin embargo, todas estas prerrogativas eran indirectas. Acontecimientos que iban a ocurrir en 1987 demostrarían que el apoyo de Marcos Lage a mi persona era sólo una consecuencia de su apoyo irrestricto a Villo.

La mención en el curso de "aulas de computadoras" fue probablemente un reiterado tema de tertulia de sus influyentes participantes, pues era como ciencia ficción para aquella época. Es también probable que de esa forma, estas ideas llegaran a alguien con control sobre el presupuesto para el primer IPVCE (Instituto Preuniversitario Vocacional de Ciencias Exactas) nombrado "Mártires de Humboldt 7". La orientación era que ese centro de estudios debía tener lo último en todo, ¡pues claro! que tuviera también su aula de computación. La matrícula de un IPVCE sería selectiva, sólo podrían estudiar allí alumnos con buenas notas en las ciencias exactas y, por supuesto, sin "problemas ideológicos". Estos serían formados en el concepto del "Hombre Integral". El edificio de la escuela se erigió en el campo, no muy lejos de La Habana, cerca de San Antonio de los Baños. Para este proyecto, compramos en Japón como una docena de micro computadoras NEC y las instalamos en un aula, con sus impresoras y hasta ploteadores. Impartimos un primer curso y entrenamos a sus profesores. Recuerdo que participé en algunos de sus consejos de dirección, donde inútilmente abogué por un poco de tiempo libre para aquellos pobres alumnos, que abatidos por aquel absurdo horario de actividades se dormían frente a las computadoras. En dicho horario estaban contemplados de forma obligatoria: el trabajo matinal agrícola, las clases de las asignaturas, deportes, auto estudio, círculos literarios, de música y artes plásticas. ¡Ah, y no podía faltar!, la preparación ideológica junto con las reuniones y asambleas de las organizaciones políticas y estudiantiles. Era una implementación práctica del poético concepto de la "jaula de oro". En el curso del año siguiente, supimos que fue matriculado allí el benjamín de los hijos del Comandante, Alexis Castro, lo que explicaba el "oro" de la jaula.

Baba San, nuestro hombre en Tokio

 La demanda hizo que los viajes a Japón multiplicaran su frecuencia y fui tres veces entre 1983 y 1984. Los viajes a Japón constituían verdaderas escuelas, no sólo regresaba con parafernalia de último minuto, sino con conocimientos que sólo podían obtenerse por experiencia directa. Pero para obtener tanto cosas como conocimientos, no bastaba con ir a Japón con dinero, eso lo habían hecho otros antes que yo, sin obtener resultados ni siquiera cercanos. Era necesario tener contactos y el contacto clave para EICISOFT fue Taminori Baba, el presidente de Kyodo Trading.

El comercio exterior de Japón nunca se realiza directamente con los fabricantes, sino a través de unas empresas llamadas "Tradings". Había varios tradings que se especializaban en comerciar con el campo socialista, como era, entre otros, Mutsumi Trading con las que la Oficina Comercial de Cuba hacía muchos negocios. Kyodo Trading se especializaba en cuestiones técnicas y había sido fundado con capital proveniente un Miembro de la "Dieta" o Parlamento Japonés llamado Utsunomiya, con la idea de ofrecerle una alternativa comercial al gobierno cubano ante el embargo de Estados Unidos. Taminori Baba era hombre de confianza de Utsunomiya y lo nombró presidente de esa compañía.

Baba San, así era como le llamábamos, que quiere decir Señor Baba. En Japón el título no se antepone al nombre, sino que lo sucede; San es Señor o Señora, no hay diferencia. En Japón yo era Mandy San y en Cuba, Baba llamaba a mi esposa Mabel San. Es Villo quien me presenta a Baba en el primer viaje, pero mi inglés, más fluido que el del resto de los cubanos con que Baba tuvo contacto, y mi trato también más personal que la media, me procuró no sólo comunicarme técnicamente de manera efectiva, sino lograr la amistad de Baba. Esta amistad se empezó a forjar desde el primer viaje y llegó al nivel de compartir con su familia en Tokyo y él compartir con la mía en Cuba.

Baba San era un hombre de muchísimas relaciones, me presentó a ejecutivos de NEC, presidentes de importantísimas firmas, me llevó a exposiciones y congresos técnicos y hasta llegué a ser invitado en una comida con el gran Utsunomiya. Baba no sólo sabía con quien podía adquirirse cualquier cosa, sino que pagaba en efectivo por delante para cobrar más tarde de una carta de crédito, lo que me permitía traer todas aquellas novedades en el equipaje sin tener que esperar por mecanismos comerciales mucho más lentos. Era además un profundo conocedor de los mecanismos de comercio exterior de Japón. Yo llegué allá sin saber a derechas lo que era un cheque y con él aprendí lo que era una carta de crédito irrevocable contra documentos de embarque; cuándo se podía calificar de confirmada y cuándo no; qué era el seguro del comercio exterior, quién lo otorgaba, las tendencias en las razones de cambio del Yen con el dólar y muchísimas cosas que me permitían manejármelas en la Oficina Comercial de Cuba como un "experto", y de regreso en Cuba lograba, con esa verborrea, impresionar también a mis clientes, quienes salían convencidos de que EICISOFT era una seria empresa de comercio exterior. [28].

Por mi parte, para su oficina en Tokyo, le hice en dBase II una aplicación para ayudarlo a emitir sus cotizaciones, facturas y otros documentos. Además, en Cuba lo introduje a Marcos Lage, a Romero y otros muchos personajes que aumentaron el volumen de sus negocios. Era una simbiosis altamente productiva.

Fue en una exposición que me llevó Baba San que vi aquel primer digitalizador de video que regresó conmigo en ese

---

[28] Ver *Fulontu Desku*.

segundo viaje, sería en la segunda mitad de 1983. Ese equipo nos inició en el procesamiento de imágenes que generaría, tanto los productos médicos de imagenología (*Ortognatrón*, *Digimag* y *DigiPat*), como los de visión para robots y máquinas herramientas.

No demoramos mucho en empezar a editar imágenes con filtros de forma y luminancia, tampoco en lograr salvarlas a disco e imprimir imágenes en aquellas impresoras de pines. Empezamos a llevar un álbum de los clientes que nos visitaban y todos se llevaban como souvenir de la visita una foto impresa en papel. EICISOFT estaba despertando el interés de la prensa y no me refiero al periodismo técnico sensacionalista de Alexis Schlachter, que ya era nuestro habitual visitante, sino de la no especializada revista *Bohemia* que nos publicó un artículo sobre "La Muerte de La Máquina de Escribir" que se imprimió directo de una computadora sin pasar por el proceso tradicional de imprenta.

El Control Numérico

El "cerebro" del mando para tornos CNC (Control Numérico por Computadora).

En 1984 Marcos Lage quería encaminar a EICISOFT en la línea temática del SIME. Con ese propósito, compró un tornito de entrenamiento CNC (*Computer Numeric Control*) a una firma austriaca llamada EMCO y me envió al remoto poblado de Hallein, en la frontera alpina austriaco-alemana, a recibir un entrenamiento. No se equivocó Marcos Lage; aquel tornito fue la inspiración de muchos proyectos en el tema de máquinas herramientas que terminaría envolviéndonos en la robótica.

Con relativa facilidad nos convertimos en programadores de CNC y añadimos a los souvenirs del parque temático, los batecitos de aluminio y las copitas de latón hechos en el tornito.

Observamos con cierto disgusto que los maquinados no tenían un buen terminado en las superficies donde el carro tenía que moverse simultáneamente en los dos ejes, eso se debía a que tenía un algoritmo de interpolación muy primitivo. Tratándose de un torno de entrenamiento y de costo muy inferior al de máquinas herramientas CNC para uso verdaderamente industrial, esto era algo en general aceptable... pero no para la tropa de EICISOFT. Homs le desarrolló un control en Forth (un lenguaje de computadora muy reciente) que no sólo mejoró muchísimo el terminado de las superficies, sino que ahora permitía programarlo directamente desde las NEC. Además se le adaptó el sintetizador de voz del robot HERO-1 para que el torno hablando pudiera explicar lo que hacía, pedir cambios de cuchilla y otras operaciones manuales.

Robertico, el primer mecánico

 En la CUJAE, Gilberto se tropezó con Roberto García. Éste estaba desarrollando un programa para la NEC al que se le suministraba un dibujo de un perfil y elaboraba el programa CNC para tornearlo y además simulaba gráficamente el corte. A decir del mismo:

Recuerdo que en una visita que hiciera Gilberto a la CUJAE vio mi simulador de torno CNC en maquina NEC que se presentó con Vicentín en una Feria de Envases y Embalajes y luego en la primera ExpoSIME, eso fue sobre el 1985 y 1986. Por ese entonces, a EICISOFT el SIME le dio la tarea del CAD-CAM y Gilberto habló conmigo para que me trasladara para allá, cosa que no sucedió hasta septiembre de 1988.

Robertico comenzó a colaborar con nosotros desde temprano en 1986 siendo aún profesor de la CUJAE, pero no figuró en la plantilla de EICISOFT hasta que oficialmente no tuvo una, o sea, dos años más tarde.

Esto que trajo Robertico se combinó con lo del procesamiento de imágenes y la cosa llegó a que la cámara captaba un perfil dibujado, la computadora elaboraba el programa CNC para ese perfil y con la misma este se convertía, como por arte de magia en una pieza de metal. Nada impedía que la cámara captara el perfil de una pieza torneada y lo copiara en otra, o sea que también era un torno copiador. Con esto se le cayó la quijada al piso a más de un mecánico del SIME. Pero además, en una exposición donde se mostraban estos logros, se le encendió el bombillo a un cirujano maxilofacial que asoció los perfiles a tornear con los perfiles humanos.

Wenceslao, el Máxilo

 El Doctor Wenceslao Martínez, jefe del Departamento de Cirugía Maxilofacial del Hospital Centro Habana "Hermanos Ameijeiras", fue a ver a su jefe para comentar de su hallazgo y coordinar un proyecto de cooperación. La idea era poder predecir cuál sería el efecto de una operación sobre de un rostro, en otras palabras obtener una imagen postoperatoria antes de la cirugía.

Gómez Cabrera, el padre adoptivo

El Doctor Raúl Gómez Cabrera tenía en Cuba la influencia y el poder de un Ministro, su apoyo fue uno de los pilares más importantes en el auge de EICISOFT. Pues el jefe de Wenceslao resultó no ser otro que Gómez Cabrera, al que Villo conocía y ya había llevado a ver la escuelita de microcomputadoras de EICISOFT cuando éste aún estaba en Instrumentos Médicos. Fue quizá este antecedente el que le facilitó a Wenceslao vender la idea.

Así nació el proyecto *Ortognatrón*, que se adelantaría unos cuantos años a productos comerciales con similares prestaciones que no empezaron salir sino hasta los 90. Marco tomó lo que yo había adelantado en el tema y se verticalizó en el procesamiento de imágenes.

Gómez Cabrera no tardó en vislumbrar la aplicación que esto podría tener en radiología, ya que el hospital contaba con un *Somatom*, el producto de la Siemens para Tomografía Axial Computadorizada (TAC). Fue entonces cuando envió a su radiólogo estrella y jefe del departamento, Dr. Orlando Vals, a entrevistarse conmigo en EICISOFT.

Gómez Cabrera adoptó a EICISOFT de manera tal, que en ese hospital teníamos las prerrogativas de cualquier miembro de su *staff* médico y no pocas veces hasta participé en sus consejos de dirección.

Vals, el radiólogo mayor

Hombre hiperactivo, todo entusiasmo y trabajador incansable. Vals subió la parada y nos ofreció una oficina en el quinto piso del hospital donde radicaba su departamento. Inmediatamente pudimos aplicar las técnicas de pseudocolor que habíamos desarrollado al análisis de las radiografías. Tampoco nos demoró demasiado igualar las capacidades de procesamiento del *Somatom* y en breve ya lográbamos analizar sus imágenes no comprimidas.

Almendral, el potentado

Wilfrido Almendral era el director de una empresa de comercio exterior de Cuba que operaba desde Londres llamada ETCO. Volviendo un poco atrás, durante mi segundo viaje a Japón, Villo, que había regresado a Cuba hacía unos días, desvía mi regreso para que pasara por Londres a entrevistarme con Almendral. Había sabido que tenía interés en desarrollar un sistema de comunicaciones para una línea dedicada de telex. A pesar de la pobre velocidad de las trasmisiones por telex, Almendral había observado que las líneas dedicadas pasaban la mayor parte del tiempo en silencio, pero si se quería tener otro telex, necesitaría pagar por otra línea. Se le ocurrió, sin tener una idea de su complejidad técnica, que podía implementarse una solución para que varias terminales compartieran la misma línea. Pienso que fue Villo quien le sugirió la solución de utilizar microcomputadoras como terminales de telex, pero realmente no participé en la génesis de la idea.

Almendral ostentaba una de esas posiciones que le permitía disponer de recursos impensables para el cubano normal, pero al contrario de Romero, disponía de ellos como hijo de millonario. Este personaje gustaba de hacerle saber de sus prerrogativas a quien tenía que tratarlo. No obstante, a pesar de aquella prepotencia que me chocaba, reconocí que el proyecto que proponía era una buena idea.

Londres

El proyecto lo empecé con Marco, quien dirigió las acciones para lograr la primera tarjeta de expansión para una microcomputadora. Esta tarjeta tendría un I8251[29] de Intel para controlar la trasmisión en serie que simularía el telex. ¡Toda una aventura para la época! Marco fue el primero en ir a Londres a cuenta de este proyecto. La parte de software del proyecto la estaba haciendo yo, pero no demoró en pasar a Homs por

---

[29] **I8251 Universal Serial Asynchronous Receiver/Transmitter:** Circuito integrado de la serie 82 de la firma INTEL, periféricos de microprocesadores. Los primeros microprocesadores fueron de la serie 80, como el 8008, el famoso 8080, 8085, el 8086 ya de 16 bits.

superioridad manifiesta, ya que tenía gran experiencia en el tema de las comunicaciones.

Homs era capaz de concebir una estructura gigantesca en su mente con una claridad tal que le permitía repartir tareas, aparentemente inconexas, a un grupo de colaboradores y al final encajaban perfectamente para formar un producto. Tenía además la habilidad de explicar lo que había que hacer con la misma claridad con que lograba concebir dicha estructura. Esto le permitía llevar adelante un proyecto con un personal desprovisto de especial talento o experiencia.

Homs logró tan temprano como 1984, desarrollar el mencionado sistema de comunicaciones para la empresa ETCO. Este tenía protocolo propio, con paquetes que se enrutaban automáticamente, muy al estilo de como hoy funciona la Internet. De haber estado en los Estados Unidos, Homs hubiera inventado la Internet ese año o quizá antes. Todo lo hizo con un *team* formado por estudiantes (Vicente Contreras, Hugo Triff e Isabel Hadad). Aquellos estudiantes lo idolatraban y se sentían cómodos trabajando en ese sistema perfectamente estructurado que Homs lograba organizar. De la misma forma que algunos caracteres se ajustaban a ese estilo, otros de naturaleza más independiente no podían, como fue el caso Alexis del que hablaré más adelante. Mi estilo de dirección, que se aplicaba al resto de los proyectos en EICISOFT, no se parecía al de Homs. Mis directivas dejaban un enorme margen a la creatividad y eso permitía que gente muy creativa pudiera trabajar mancomunadamente y a gusto. Cierto es que no se lograban eficiencias "homsianas", el desarrollo era algo caótico y los resultados que se obtenían podían diferir bastante de las ideas originales, sin por ello dejar de ser extraordinarios y sorprendentes.

Cuando Homs finalmente se fue de EICISOFT en 1986, los miembros de su *team* no se sentían cómodos trabajando sin la sabia tutela de su maestro y fueron abandonando EICISOFT poco a poco.

Debo admitir no obstante, que si bien mi filosofía de dirección resultó exitosa, no puedo jactarme de haberla elegido, ya que no hubo tal elección, dirigir como Homs, no es cuestión de querer, sino de poder.

Julián, Ulises, Víctor y Alexis, más artillería pesada

El número de proyectos se multiplicaba y la plantilla virtual de EICISOFT pedía gente. Las ideas llovían sin que existiera la capacidad para implementarlas. Fue Jafet quien me propuso a Julián. Sin nunca haber sido formalmente presentados, de mis tiempos de profesor en Física en la Universidad de la Habana, conocía de un matemático con fama de genio al que llamaban "el Lechón" y éste no era otro que el mismo Julián Pérez Ruiz de Ugarrio que me estaban proponiendo. Aún con esa fama, por todas las razones incorrectas, no había sido seleccionado para quedarse de profesor en la Universidad y languidecía de aburrimiento en el llamado Instituto Nacional de la Demanda Interna. Al decir de él mismo, aquello de la "demanda interna" era como una especie de chiste. "¿Demanda en un país sin oferta?".

A continuación otra de las brillantes caracterizaciones de Marco:

Julián Pérez, Licenciado en Matemática pura. Julián llegó con nosotros prácticamente sin saber programar y en poquísimo tiempo se hizo un maestro (no, EL maestro) del ensamblador. Trabajé hombro con hombro (literalmente, pues lo hacíamos en la misma máquina) con Julián durante varios años. Cuántas veces, después de hacer una rutina en ensamblador y haberla afinado durante horas para lograr recortarla a 18 instrucciones, se la enseñaba orgullosamente a Julián para mostrarle lo compacta que había quedado. Él la miraba y decía: "sí, te quedó bien, está bonita" y al día siguiente venía y me decía: "Fíjate, eso que me enseñaste ayer estaba bien, pero estuve pensando en casa y fíjate, me di cuenta que el tercer bit de CX no lo estabas usando, así que metí esto aquí, y esto aquí y esto aquí... y obtuve esto" y me enseñaba una rutina que hacía lo mismo (o más) que la mía en 6 instrucciones. Vive en Madrid desde 1992.

Otra anécdota de Julián, contada por Jafet Enríquez (también *softweriano* insigne, que trabajó con nosotros mucho tiempo, y que fue profesor de Julián en la Universidad):

Cuando Julián era estudiante, llegó un día una maestra francesa de la Sorbona, a dar una conferencia magistral sobre la demostración de un oscuro teorema en la Facultad de Matemáticas de la Universidad de La Habana Cuando termina, viene la obligada pregunta de: "¿Hay preguntas?". Julián, en medio de aquel auditorio al que la conferencista había dejado como pescados en tarima, levanta la mano y con timidez dice: "quizá es que no he entendido bien, pero me parece como si hubiera un error en esa demostración". La profesora francesa, con cierta ironía, pregunta: "¿Un error?" y Julián con la misma timidez le responde: "es que me parece hay algo ahí que no está bien." La profesora lo mira de arriba abajo (bajito, gordito, con barba sin rasurar de tres días y una mirada mansa tras unos lentes de miope) y, en el mismo tono irónico le pide: "Pudiera indicarnos en el pizarrón lo que Ud. le parece que está mal". Julián se levanta y punto por punto, demuestra, que en efecto, la demostración estaba mal. ¡Ah!, ¿el defecto de Julián? Era demasiado inteligente y demasiado modesto. Además no le gustaba bañarse ni cambiarse de ropa. Y durante mucho tiempo no tuvo novia, así que algunos sospechaban que era maricón. Suficiente para no poder salir adelante en Cuba.

 De Ulises Castillo sí tenía información de primera mano: había sido de mis alumnos predilectos en la Escuela de Física de la Universidad de la Habana. Aunque se desenvolvía entonces como profesor de física en la CUJAE y los mayores salarios se pagaban en la educación superior, estaba allí bajo la inquisidora mirilla del Partido. Esto fue por no haber participado en uno de aquellos tristemente célebres actos de repudio. Se trataba de un repudio contra un compañero suyo que fue uno de los que se atrevieron a irse del país cuando lo del Mariel en el 1980. Mi invitación a unirse a las huestes de EICISOFT resultó una oferta que no podía rechazar.

Los padres, tanto de Víctor Padrón como de Alexis Rodríguez, eran funcionarios del SIME y consideraban a EICISOFT como un centro muy prometedor, por lo que hicieron valer sus influencias a favor de sus hijos. Padrón padre habló con Villo y Alexis padre conmigo y así tanto Víctor como Alexis hijos fueron puestos a prueba, pues sólo hasta ahí llegaba la influencia. En EICISOFT estaba ausente ese  paternalismo socialista reinante en el resto del país y se quedaba trabajando allí sólo el que demostraba tener el calibre necesario. Tanto Víctor como Alexis pasaron sus pruebas de fuego; reproduzco a continuación cómo recuerda Alexis aquel período de prueba:

Yo entré a EICISOFT por así decirlo 'recomendado', sin haber tocado nunca en mi vida un ordenador y recuerdo que me pusieron a prueba (Jafet) durante un mes, tenía que aprender BASIC y ASSEMBLER y ser capaz de hacer un programa desde cero o me iba al carajo como los otros que entraron en aquellos años. Esa era la condición y el reto que me puso Mandy y lo logré, en gran parte porque había un ambiente magnífico de trabajo donde se  *promovían las buenas ideas, por muy locas que fueran y porque el conocimiento fluía libremente, independientemente de que fueras un matemático como Julián y Jafet o físicos como Mandy y Homs o ingenieros como Rita, Lista y Marco o analfabetos técnicos como yo.*

Con pruebas y todo, ya en la segunda mitad del 1985, vi que esto de los parientes de personajes influyentes se iba a convertir en un problema, EICISOFT había costado demasiados favores y no podía permitir que la gratitud lo echara a perder. Se me ocurrió entonces la idea de lo que bauticé con el rimbombante nombre de "Comisión de Ingreso a EICISOFT", que se abreviaría como "La Comisión" y que a todos decía que me la habían "bajado" sin especificar de dónde. Julián fue el presidente de la Comisión mientras duró, que fue hasta que Julián escapara en 1992.

Sin embargo, no todo el que logró entrar a EICISOFT se quiso quedar, nunca entendí bien por qué Mauricio, a quien mucho estimaba, quiso trasladarse. Hoy sospecho que fueron desavenencias con Gilberto, quien era su técnico en el MINBAS (Ministerio de la Industria Básica). Conseguir gente de puntería se convirtió en tarea permanente.

Juan Fernández, de 8 a 5

En el acto del 1 de Mayo, en 1985, me encontré con mi antiguo alumno Juan Fernández. El encuentro me recordó aquel examen de electromagnetismo a libro abierto en que el alumno podía escoger libremente el tema que quería que se le examinara. Me gustaban esos experimentos docentes, solía decir que no  me interesaba tanto cuanto sabían, como lo que eran capaces hacer con lo que supieran. Juan Fernández había sido el único que se atrevió a seleccionar el tema de la teoría de la relatividad y lo expuso brillantemente.

Por otra parte, recordaba también que había sido un alumno problemático por aquello del ajedrez. Juan Fernández era Maestro Internacional de Ajedrez y se la pasaba en torneos, así perdió uno o más años para terminar la carrera de física. Le hice la oferta de ir a trabajar a EICISOFT con la condición de que terminara con el ajedrez, la propuesta lo sedujo al punto, que no sólo abandonó su salario de profesor asistente en la CUJAE, sino que me prometió dejar el ajedrez.

Al igual que Castro, Juan Fernández había cometido el "pecado original": había nacido en Chicago. Por esa razón el Partido y Juventud Comunistas en la Universidad le tenían la ya mencionada y consabida desconfianza. Adquirirlo no aliviaba el costo político de EICISOFT que, al "robarse el show", ya se había hecho de no pocos enemigos que solían calificarlo de "antro de gusanos y maricones". Abundando sobre eso de "maricones": en Cuba, el enemigo es siempre, además de todo lo que se le quiera acusar... maricón.

Juan Fernández no puede decirse que haya sido nunca vicioso del trabajo al estilo *eicisofttiano*. Esto no le impedía aportar buenas ideas y obtener resultados. Era hombre de trabajar de 8 a 5, sus ademanes, atuendo y estilo daban aire de flema inglesa. Por eso, cuando lo envié a Inglaterra en la segunda misión a ETCO, pensé que estaría en su hábitat, pero me equivocaba. Almendral, acostumbrado quizá a la dedicación casi esclava de Marco, le chocaba el estricto horario de Juan y cuando le señaló a este su inconformidad en ese estilo suyo de gran señor, Juan Fernández me comunicó, usando ya el EICItelex, su deseo de abandonar la misión con estas memorables palabras: "Sácame de aquí antes que le tenga que pasar la mano a este comemierda". Aunque reconocía que el uso del calificativo se justificaba, esa naturaleza capitalista mía, me hacía ver que los clientes eran, primero que todo, clientes y que por tanto, la misión había fracasado. Juan Fernández no demoró en lavar esa mancha al lograr introducir exitosamente el lenguaje C en EICISOFT. Cuando se le dio la tarea, no sólo se estudió el lenguaje, sino que hizo una extensa evaluación de las herramientas disponibles en el mercado de 1985.

Peter y Mitchell, los gemelos americanos

Peter y Mitchell dirigían, desde su creación en 1981, el departamento de Neurología en el CNIC. Eran gemelos o "jimaguas", como se dice en Cuba, y como Juan Fernández y Castro, padecían también el "pecado original". No obstante, contrario a Juan, a Castro y al común de los pecadores originales, estos gozaban de la total confianza del Partido. Se exceptuaban por ser hijos de Raúl Valdés Vivó, miembro de su Comité Central. Esa confianza les permitía hacer uso de sus pasaportes de Estados Unidos para viajar a esa y otras partes del mundo, con el fin de adquirir lo necesario para sus investigaciones neurológicas. Los gemelos se habían repartido la dirección de aquel grupo de forma que la parte propiamente médica era de Mitchell, que se decía iba a cazar monos a no sé cual isla para sus experimentos. Mientras que la parte técnica, era el territorio de Peter, que viajaba a Estados Unidos a comprar equipamiento. Hay que reconocer que se trataba de una bien depositada confianza: años después,

Mitchell demostraría su incondicionalidad al Máximo Líder, cuando al ser escogido para leer el "Compromiso de los Científicos Cubanos", lo hizo vibrantemente en la correspondiente asamblea de "reafirmación revolucionaria". Estas fueron asambleas a las que se citó por gremios después de la caída del campo socialista. Se leía un sumiso documento que después era aprobado por "unanimidad" sin votación.

EICISOFT gozó siempre del inmerecido crédito de haber sido el que trajo las primeras microcomputadoras a Cuba. Realmente trajimos las NEC un año después de que Peter trajera sus Apples. El crédito verdadero, es el de haberlas introducido en la vida económica del país, ya que las NEC se trajeron con la idea, no sólo de usarlas en proyectos internos, sino de distribuirlas.

El grupo de Peter también se nos adelantó en lo de las imágenes del *Somatom*: cuando empezamos nosotros con el *Digimag* para Vals, ya ellos habían logrado leer los discos con las imágenes no comprimidas del *Somatom*. Aunque este formato no permitía tantas imágenes por disco como el formato comprimido propietario de Siemens, la tarea de descifrar el formato Siemens les pareció tan inalcanzable que ni siquiera lo intentaron. Hay que reconocer que esto tampoco resultaba demasiado impedimento para sus investigaciones. En cambio, nuestros intereses no eran investigativos sino asistenciales. Queríamos desarrollar una estación de diagnóstico: el *Digimag*, en que pudieran estudiarse los casos, liberando así al *Somatom* para procesar más pacientes. Para que nuestro *Digimag* fuera realmente útil como estación de diagnóstico, tenía que poder leer los discos en ese formato comprimido que la Siemens celosamente guardaba como secreto industrial. De resultar exitoso el proyecto, la tarea de diagnosticar podría descentralizarse y devolver los pacientes de otros hospitales acompañados de un disco de cinco pulgadas para un *Digimag* con la tomografía completa, en vez de con un negativo de fotografía con una imagen seleccionada post diagnóstico.

Fue entonces que nos dimos a aquella tarea, digna de Sherlock Holmes, de descifrar el formato de la Siemens. Esto fue la vivencia personal que más me ha ilustrado en el sutil concepto de la sinergia. Las mentes de todos en EICISOFT parecían haber caído en resonancia coherente. Uno descubría una cosa, todos acudían a ver qué era; se discutía, con la misma otro gritaba de otro hallazgo y en unos días, aquello que parecía indescifrable cedió ante la sinergia de aquel grupo.

Los celos profesionales que abundaban como la verdolaga en medios como la universidad y los centros de investigación, por algún raro motivo, no existían en EICISOFT, donde unos a otros se elogiaban al punto que se bromeaba con aquello de que todos allí pertenecíamos al SEMAB (Sociedad de Elogios Mutuos y Auto Bombo): que lo difícil podíamos tenerlo para hoy, lo imposible... bueno, ya eso tendría que ser para mañana. El saludo oficial de EICISOFT era ALOPETAC, contraía la oración: "Aprovecho La Oportunidad para hacerle Patente El Testimonio de mi más Alta Consideración" y así unos a otros se exageraban sus proezas. Era la primera vez que trabajaba en tan buen ambiente.

Loret de Mola, el hombre de Miret

El SIME se adentraba en cuestiones ya no tan sideromecánicas y más electrónicas, como lo eran las fábricas de televisores de Santiago de las Vegas, la de semiconductores de Pinar del Rio, la de radios en Santa Clara y la de cables de San José de las Lajas, que se habían ido incorporando al ministerio y ahora EICISOFT. Se imponía ya un vice ministerio con esa especialidad, fue así que apareció en la escena para cubrir esa posición un ingeniero eléctrico llamado Gustavo Loret de Mola. No podía entender que Lage escogiera a este personaje tan ajeno a su carácter por encima de, por ejemplo Carrasco o el mismo Villo, pero éste era hombre del Comandante de la Revolución Pedro Miret, que se había convertido en la persona de la ciencia y la técnica en el Buró Político del Partido. Loret, era así como se le abreviaba el nombre, venía con Miret desde aquello de los cohetes tierra-mar en 1963.

De a poco, sólo cuando la vida me fue acercando a los niveles ministeriales, fue que pude entender bien como era la mecánica del sistema en que vivía. Pues resulta que un ministro no estaba en la libertad de nombrar a sus viceministros, como yo lo había estado de escoger a los *eicisoftianos*, mucho menos destituir a ninguno de ellos. Los Vice eran escogidos por el Buró Político sin que el ministro pudiera siquiera proponer candidatos. En el caso concreto del SIME, Marcos Lage no había escogido a su gabinete: éste se le había impuesto. Los Vice debían obedecerlo administrativamente, pero le debían el puesto, no a él, sino a alguien en el Buró Político, que era, en un final, al que verdaderamente debían lealtad. El papel de los Vice, más que apoyar a su Ministro, era el de vigilarlo. Si añadimos a ésta fórmula, que el Buró Político estaba formado por un grupo de allegados al "Máximo" cuyo factor común era tener cero capacidad de liderazgo por mediocridad política o demencia senil, resultaba el diseño perfecto para la perpetuación de Fidel Castro, ya que garantizaba que nadie, sino él, pudiera ser líder de nada. Ahora entendía, por qué era que no bastaba con el favor de Marcos Lage, sino que tenía que ganarme a los vice uno por uno.

Pues era ahora Loret el viceministro que nos atendería. Esto me llenó de terror puesto que había tenido un amargo episodio con el personaje cuando aún estando en las TCAA[30] en 1966, a éste poco le faltó para hacerme arrestar por violación del conducto reglamentario. Afortunadamente, Loret no me conectó con aquel incidente, sino hasta que yo mismo se lo recordé años después y, ya a esas alturas, terminó excusándose conmigo por lo que llamó "exabrupto juvenil". No se acordaba de mí, pero sí que se la tenía bien guardada a Modesto (el Ciego) Arocha y

---

[30] **TCAA**: Tropas Coheteriles Antiaéreas

cuando le propuse ingresar a su hijo Armín (Kiki) Arocha a la plantilla de EICISOFT, estalló en iracunda diatriba. Acusaba a Arocha de haberse valido de la influencia de ser el líder político del grupo de estudiantes de ingeniería que se incorporó a las Tropas Coheteriles, para instigarlo a abandonar dichas tropas. En descargo de Arocha, le contesté que el mayor culpable de aquel éxodo había sido el propio mando de la Defensa Antiaérea, que contrario al de la Marina con el grupo de él, se la pasó humillando y maltratando a aquel grupo de las TCAA al que yo también había pertenecido. Al ver que Loret no cedía en su posición respecto a Arocha padre y que aquello, más que una opinión, era odio visceral, me concentré en el caso de Arocha hijo. Utilizando la reducción al absurdo le pregunté: "¿Hasta qué generación es que está establecido que los descendientes carguen con las culpas de sus ancestros?", apelé entonces al argumento de la Brigada Antonio Maceo, formada por hijos de desafectos que habían abandonado el país en los 60 y que eran ahora objeto de elogio oficial. Así fue como entró Kiki a EICISOFT.

Kiki, hijo de gato...

 Siempre he creído que la inteligencia tiene una fuerte correlación genética y conociendo lo brillante del padre, me atreví a apostar por el hijo, sin que éste trajera leyenda como Jafet, Homs, Lista o Julián o que fuera siquiera graduado universitario... y gané. Kiki, no tardó en convertirse en uno de los pilares de EICISOFT; no sólo era brillante, sino incansable. En aquella época jugaba la segunda base de los Industriales un pelotero llamado Rey Vicente Anglada que era considerado una estrella en esa posición. Tanto era así que se convirtió en costumbre lo de elogiar a alguien muy completo con aquello de que "cubría más que Anglada". Pues Kiki cubría más que Anglada: montaba circuitos, reparaba, diseñaba y hasta podía programar, y en todo

lo que hacía iba ese toque de creatividad que lo hacía brillar aún en aquella liga que ya quemaba la película.

No era yo un director natural, puede decirse que dirigía para defender el oasis que, sin saber muy bien como, había creado. Realmente me gustaba más el trabajo técnico que el de dirección. Me esforzaba en mantenerme como director, más que nada para que no dirigiera otro que echara a perder aquello. Nunca dejé de dedicar, al menos la mitad de mi tiempo a trabajar directamente en los proyectos, lo que no pocas veces mis jefes me criticaron. Esto hacía que no ejerciera gran control sobre lo que hacía el resto de EICISOFT. Si bien todos allí trabajaban mucho, hacían muchas veces lo que les daba la gana sin que mediara aprobación o siquiera conocimiento por mi parte. Pero ya había leído sobre los "skunks" en una copia del libro *Pasión por la Excelencia* de Austin y Peters, que habiendo entrado al país para los ojos exclusivos de los viceministros de la Industria Básica, ya circulaba clandestinamente de manera más amplia. En ese libro aprendí que había adivinado, casi en un 90%, el método de dirección más efectivo para la creatividad. Un ejemplo que recuerdo de esto: me llegó a extrañar el ver a Kiki con Lista trabajando afanosamente en un programa, ya que no recordaba haberle dado a Kiki ninguna tarea de software. Pues resultó que trabajaban en un Juego de Billar. Al descubrir aquello, lejos de sancionarlos por indisciplina, como lo hubiera hecho un "dirigente" de verdad, no sólo oficialicé el proyecto "Chicago", sino que me sumé yo y además otros que también se motivaron con aquel desafío. El Chicago se difundió por todas las computadoras NEC del país afianzando el prestigio del centro y fue uno de los programas que nos abrirían las puertas al mercado japonés.

Ramos y Luis Vals, los próceres

Si algo me llenó alguna vez de orgullo fue cuando Orlando Ramos, al que no pocos le decían el padre de la computación en Cuba, el diseñador de las primeras CID, se personó en mi oficina pues quería familiarizarse con nuestro trabajo. Quería aprender de aquella nueva técnica de las microcomputadoras con nosotros. Cuanta grandeza había en la humildad de aquel personaje, que totalmente desprovisto del más remoto vestigio de arrogancia venía ante un joven advenedizo a la industria a simplemente... aprender. Por supuesto, que le hice saber que nos honraría que participara en el proyecto que él quisiera y hasta me atrevía a ofrecerle que se uniera a nosotros. Estuvo tentado a hacerlo, pero eso hubiera sido casi un insulto irreparable para con el INSAC y él mismo desistió pero sin dejar de venir regularmente por EICISOFT. Más adelante, Luis Vals, el que desarrollo el software para aquella CID, haría lo mismo, con similar orgullo por nuestra parte.[31]

Aunque la mayor parte de los ingresos de personal a EICISOFT eran eventos fortuitos, hubo excepciones. El socialismo establece el "derecho al trabajo", de manera que el gobierno está obligado a buscarle ubicación a todo estudiante que se gradúe en algún centro de trabajo. Esto de la ubicación se hacía a criterio de la burocracia del Ministerio del Trabajo, resultando muy frecuentemente que tanto el número de graduados, como las especialidades estudiadas, tuvieran poco o nada que ver con la demanda laboral de los centros a donde eran ubicados. Tanto Villo como el Ministro reconocían que el éxito de EICISOFT radicaba en la selección de su gente y se nos exceptuaba de este mecanismo absurdo de la economía planificada. Si bien nunca nos ubicaron a nadie, a cada rato nos enviaban, a modo de prueba, algún "ubicado" que les llegara a nivel de empresa o Ministerio.

---

[31] Ver la anécdota *Una corchea con puntillo* que bien caracteriza a estos personajes que no se deben olvidar.

Encuentro con la Robótica

Colectivo de trabajadores de EICISOFT que laboró en la reelectronización de un torno CNC alemán; al fondo, los "nervios" y la "médula espinal" del complejo sistema.

Marcelino, el ubicado

Así me llegó un buen día de 1985 Marcelino Gutiérrez, que venía graduado de Ingeniería Electrónica de la URSS. Venir graduado en Electrónica de "allá" no representaba una credencial demasiado reputable, ya que sus cursos universitarios estaban aún más atrasados que su ya bien atrasada industria electrónica. No obstante, durante su período de prueba, Marcelino encajó en el grupo. Sus deficiencias técnicas las compensaba con vergüenza y esfuerzo personal. Además, por mi amarga experiencia en la Universidad, ya sabía que en el medio cubano no se podía vivir de espaldas al mundo socialista sin que se nos empezara a acusar de desviados políticos, algún negocio había que iniciar con alguna entidad de ese mundo y Marcelino podía jugar un papel importante en eso.

Aunque esto jamás se pudo hablar de manera explícita, pienso que tanto Villo como Lage veían la relación con el Campo Socialista como un mal necesario y cuando llegó del CAME (Consejo de Ayuda Mutua Económica) la "invitación" a participar en su recién creada Interrobot, ésta bajó como papa caliente hasta caer en mis manos. Aunque se engolaba la voz para hablar de su importancia, no creo que nadie esperara resultado alguno de aquella reunión. Al contrario de las misiones a Japón donde me llovían los encargos e instrucciones, de aquella sólo se me dijo que era "exploratoria". Fue Marcelino el que me acompañó a Budapest para aquella primera participación en Interrobot de 1986.

Los búlgaros, los KAMunistas

Budapest resultó más agradable de lo que yo esperaba. El socialismo húngaro admitía bastante actividad económica privada, lo que hacía que se viera la abundancia y diversidad en la oferta minorista que en Cuba había desaparecido desde la Ofensiva Revolucionaria de 1968. ¿La reunión? ésta fue mucho más aburrida de lo que esperaba; su idioma oficial era el ruso y estaba presidida permanentemente por la delegación de la URSS, así era todo en el CAME. Se repartieron gruesos documentos en ruso que describían proyectos conjuntos y la reunión consistía en revisar las cifras asociadas a los mismos, aquello me resultaba vomitivo. Marcelino hacía como que me traducía, pero realmente comentábamos sobre la inutilidad de la reunión. Sin embargo, si bien la reunión como tal para nada sirvió, uno de sus recesos fue altamente productivo. Fue el que siguió a mi intervención, donde expliqué nuestros proyectos en CNC con el tornito y aquello de la cámara que permitía pasar directo del plano a la pieza o copiar un perfil. Se me acercó uno de los participantes, que se identificó como Valko Mitev, el Director del complejo industrial KAM de Plovdiv, Bulgaria. Lo acompañaba un personaje que se presentó como "Yuri" que le traducía del búlgaro a un perfecto "cubano". Yuri pasó muchísimos años en Cuba y sin dificultad alguna nos pudo explicar que KAM fabricaba robots para montaje industrial, que su mecánica era buena pero los controles eran "mierda", que estaban pensando en importar unos de Alemania Federal y que quizá le pudiéramos poner a esos la "visión" que le habíamos puesto al tornito para la próxima Feria de Plovdiv en el verano de 1987. Haciendo gala de una osadía rayana en la demencia y sabiendo que lo de las imágenes no podía salir del ambiente NEC, le dije estaba seguro de que en EICISOFT podíamos hacer, no sólo la parte de visión, sino el control completo con aquellas NEC de 16 bits, ¡en esos mismos seis o siete meses! Mi demencia resultó contagiosa y tanta hubo en mi propuesta como en su aceptación. En contraste y casi en protesta por el papeleo inútil de aquella reunión, nuestro protocolo consistió en una carta de intención que se redactó en español sobre unas servilletas que intercambiamos con nuestras firmas.

No regresé directo a La Habana como Marcelino, sino que fui a encontrarme con Villo en Vitoria, país Vasco, pues la EICI estaba iniciando negocios de máquinas herramientas con una compañía pequeña de allí, cuyo nombre no puedo recordar, pero que estaba relacionada con otras mayores como Lealde y Fagor. Mi presencia allí no tenía objetivos demasiado definidos, era una mezcla de asesoría, estudio y exploración. La visita fue interesante; nos dio la oportunidad de ver, por ejemplo, una fábrica robotizada de la Mercedes Benz que fabricaba allí paneles (vans). También, en instalaciones de esa firma cuyo nombre no recuerdo, pude ver tornos CNC fabricando balas de cañón. Se trataba de un encargo para Irán, me explicaron a *sotto voce*, pero esas mismas se la hemos vendido a Irak, me decían, jactándose de su picardía, por aquello de estar vendiendo armas a ambas partes del conflicto. Fueron pródigos en atenciones y nos tenían gran simpatía política por representar, de cierta forma, al gobierno de Fidel Castro. Estos vascos iban más allá del antiamericanismo típico en España, ya que, no sé si sólo simpatizaban o es que pertenecían a la organización terrorista ETA. Ya en los últimos días allí nos llevaron a una venta (una casa que funciona como pequeño restaurante) en las afueras de Vitoria, donde se daban cita personas que vitoreaban la voladura en 1974 del entonces primer ministro Luis Carrero Blanco y cantaban a coro canciones en éuscaro con loas a la ETA. Hasta hubo que participar en un brindis que maldecía a Estados Unidos y exaltaba a Castro, pero también a ETA. Sobre la "exploración", esta arrojó que no podríamos ser otra cosa que clientes, ya que para esos vascos éramos en un final "gente de las indias", que a lo más que se podía aspirar era a que usáramos sistemas que prepararían para nosotros al estilo "llave en mano". Hasta cierto punto, me alegré de no tener que seguir ningún proyecto que me obligara a compartir tiempo y/o espacio con estos atorrantes.

De regreso en Cuba, nadie podía creer que de aquella reunión, Interrobot, pudiera haber salido algún resultado concreto y hubo sorpresa cuando, al mes de aquello, llegó un embarque procedente de Plovdiv con un robot tipo SCARA. ¿Cómo organizar a un *team* para acometer semejante proyecto? no tenía la menor idea, pero ni falta que hizo. El *team* del robot se auto-organizó y cada uno de los participantes, que no recuerdo siquiera haber escogido, fue encontrando su lugar en el proyecto. El robot traía su armario de control, que supuestamente debía servirnos de guía para el desarrollo del nuestro, pero el piquete de EICISOFT estaba aún más loco que su jefe. Arrinconaron aquel armario hacia una esquina y como hormigas se le entró a aquel proyecto, unos diseñaban tarjetas para leer los *encoders*, otros las de potencia para mover los motores y así nos repartimos los algoritmos de los servocontroles, el coordinador de movimientos en tres dimensiones, el intérprete del lenguaje de programación y el tema de la visión, que fue el inició todo esto. Pienso que terminé dirigiendo el proyecto sólo porque la tarea en la que mejor encajé fue, aparte de la visión, la de diseñar el lenguaje de programación y escribir su intérprete, y siendo éste el módulo de más alto nivel en software, lo era también en la jerarquía del proyecto.

Ni el HERO-1, ni el tornito EMCO constituían para esto antecedente alguno, ahora sí que se trataba de un robot de verdad y a cada paso nos sorprendíamos de las maravillas técnicas de ese mundo al que nos asomábamos; los motores con súper imanes de tierras raras, los husillos de bolas sin juego, los *encoders*, los *resolvers*... Recuerdo que en la documentación había algo que Marcelino traducía del ruso sin más como "reductor de onda"... ¿qué rayos era eso a lo que se hacía referencia como algo tan obvio que no requería de mayor explicación? En los planos mecánicos, la proyección en planta aparecía como un círculo y en elevación como una caja, pensábamos que se trataba de el bloque esquemático de un mecanismo altamente complejo que se mostraba así por simplicidad o quizá por ser "secreto". Cansados de especular sobre la misteriosa componente, nos atrevimos a desarmar una de las articulaciones para desentrañar el misterio del "reductor de onda", cuál no sería nuestra sorpresa al descubrir que dentro de aquellos dos cilindros que encajaban uno dentro del otro como una caja de sombrero con su tapa y que pensábamos ocultaba complicados sistemas de ejes y piñones planetarios, había un ejecito con dos patines. A los pocos días, tras intensas búsquedas bibliográficas sobre la mecánica y el control de robots, apareció la teoría detrás de los *Harmonic Gears* o los *Strain Wave Reducers*. Era Lista el único que había estudiado la teoría del control automático, pero no demoró mucho en que ya se oyera discutir en círculos más amplios sobre los PID (controles Proporcionales-Integro-Diferenciales) y algoritmos adaptativos como si se tratara de viejos expertos en el tema.

Una muestra de lo rápido que se asimilaba la robótica en EICISOFT fue aquello del "multiplicador". La exactitud en el posicionamiento de la herramienta de un robot está limitada, entre otras cosas, por la resolución de sus sensores de posición. En el caso del SCARA búlgaro, estos eran *encoders* ópticos del tipo relativo con unas mil marcas por vuelta.

En EICISOFT nada con tornillos quedaba sin desarmar y aquellos *encoders* no fueron una excepción. Una idea por aquí y otra por allá, hasta que se terminó cambiando el pequeñísimo circuito que tenían adentro, por uno que, basado en la detección de fase, podía multiplicar hasta por ocho su resolución original. Esto era el "multiplicador".

Los búlgaros, estaban desarrollando un tipo de robot al que llamaban *Direct Drive*, que al no tener reductores requerían *encoders* con una mayor resolución. Conociendo de nuestro invento, nos mandaron un ejemplar de *encoder* de alta resolución, que una firma de Alemania Federal acababa de sacar al mercado, para ver si podíamos aumentarla aún más. Cuan sorprendidos quedamos todos cuando, al abrir aquel *encoder* de alta resolución, nos encontramos con que no íbamos a poder introducir nuestra modificación porque ésta estaba ya introducida... ¡la tal alta resolución la lograban haciendo lo mismo que nosotros!

Por un lado, el "multiplicador" que creíamos haber inventado, no sólo estaba patentado, sino producido, catalogado y distribuido, pero por otro, aún cuando no pudimos esta vez *darle alante* al mercado, tampoco estuvimos tan lejos.

Sergio, el Loco

Sergio Pérez o Sergio el Loco, pertenecía al llamado Grupo de Delio y desde allí, a solicitud mía, con Villo y con el fin de ofrecer este servicio a nuestra creciente clientela, se especializó en la ciencia oculta de arreglar computadoras. A decir de Kiki, cuya primera asignación fue la de trabajar con Sergio, éste había desarrollado una intuición para este trabajo que no dejaba de sorprenderlo. Cuenta que Sergio ponía la punta del osciloscopio en alguna línea del "bus" de datos o direcciones, donde lo único que se deja ver es una parte de las señales de todas las componentes mezcladas y le decía..."mira", señalando lo que para ojos normales era puro ruido: "ahí está el problema" y con la misma le iba arriba una de las muchas pastillas de memoria de aquellas tarjetas madres. "¿Y por qué esa?" preguntaba Kiki tratando de encontrar alguna lógica en aquello. "Las de un gris más claro están hechas en Malasia, mientras que las más oscuritas en Japón, peso a peseta que es la de Malasia". Y así arreglaba Sergio las computadoras NEC sin que Kiki o ningún otro pudiera llegar a entender como lo lograba.

Me acuerdo que, como fui profesor de electrónica, nunca perdía la maña de enseñar a usar correctamente el osciloscopio, y cuando veía a Sergio queriendo ver señales de decenas de MHz sin usar conexión de tierra de la punta, esa que siempre estaba perdida o rota, sino un simple caimán al chasis. Le explicaba que de esa manera se colaban 60Hz residuales de las fugas del transformador y hasta la onda de Radio Progreso y cuando le mostré la limpieza de la señal cuando se hacían las cosas bien, me dijo: "sí, se ve muy bonito, pero es que ya sé lo que tengo que ver con churre y todo". Aunque me parecía imposible sacar nada de aquellos churros, él sí podía. Él le ponía mentalmente un filtro a aquella sucia señal y veía lo que tenía que ver, lo que quizá no viera yo ni con la limpieza de la mía.

El resto del Grupo de Delio hacía ya meses que centraba su atención en las antenas parabólicas y lograba captar la señal de varios satélites de donde pirateaban películas que se grababan y Villo distribuía sin que supiera ni me interesara saber a quién. Esta actividad tenía cierto velo de misterio. El 26 Abril de 1986 ocurre el desastre nuclear de Chernobyl y Delio capta un noticiero de Estados Unidos donde se estaba dando esa noticia de última hora, da la voz y todos en EICISOFT pudimos ver y oír la información de primera mano. La noticia se empezó a regar y los que pudieron, acudieron a aquel local para ser testigos de lo mismo. Al otro día, el periódico *Granma*, informa del suceso en una pequeña nota en que calificaba, lo que ya sabíamos había sido un desastre, como un incidente menor. A todo el que pudo ver la noticia en el sistema de Delio, le quedó claro que el *Granma* era un órgano desinformativo. A los pocos días se bajó la antena y se disolvió el Grupo de Delio. Lo único positivo de todo esto, es que el local de Delio y Sergio pasaron a EICISOFT.

Osmel, perdido en el bosque

Un poco de suerte es siempre bienvenida y en medio de aquella febril actividad robótica, apareció en la puerta de EICISOFT, perdido mientras buscaba otra dirección, Osmel Torres, un ingeniero en control automático. "¿Y qué es esto aquí?" pude oír cuando preguntó y alguien que salía por la puerta le contesta: "EICISOFT". Con cara de asombro y admiración exclamó: "¡¿Esto es EICISOFT?!". Aquello me resultó simpático y halagador, por lo que lo invité a pasar para mostrarle lo que estábamos haciendo. La cara de Osmel era la de "Alicia en el País de las Maravillas". Ante aquella obvia manifestación de motivación y siendo sus comentarios inteligentes e informados, le pregunté que si, de aprobarlo la Comisión, vendría a trabajar con nosotros. Dando un salto dijo que sí y en unos días ya Osmel se había sumado al equipo del SCARA.

Pizarro, el Agentón

Desaparecido el Grupo de Delio, sus miembros flotaban dentro de la EICI y al fin acepté asimilar a Pizarro. Conocía a Francisco Pizarro de hacía tiempo, de la Escuela de Física en 1970. Yo me graduaba y él trabajaba allí de laborante. En una oportunidad me acusó de mentiroso públicamente, desmintiendo una historia que hice una vez ante un grupo de estudiantes y trabajadores, de haber visto tubos de pantalla Dumont americanos en equipamiento de radar soviético cuando en 1963 estudiaba en la Escuela Militar Técnica de Odessa. Basaba su desmentido, en que José García Cajigas, un compañero mío de las TCAA y vecino de él, decía no recordar aquello. No sé si Cajigas, que había devenido en un muy serio oficial de las FAR, en verdad no recordaba o prefirió no recordar algo que era políticamente incorrecto. Estimaba Pizarro, no sin tener alguna razón, que con eso adulaba a la dirigento-militancia[32] de la Universidad. La vida dio una de esas impredecibles vueltas y nos volvimos a encontrar años después en la EICI. Pizarro jamás volvió a mencionar el episodio, pensó quizá que yo lo había olvidado. Yo tampoco se lo recordé nunca, me limité a no bajar la guardia en su proximidad y esto anulaba su utilidad como informante o agente de la Seguridad del Estado. No me cabía duda que Pizarro estaba en ésa, sus torpes métodos de obtener información lo delataban y para colmo, gustaba de usar ese tono misterioso que sugería vínculos de algún tipo con el aparato.

Pablito y Varona, los expertos en sistemas expertos

Pablo Pérez era hijo Medel Pérez, un excelente profesor de Física de la Universidad. Apoyé a Medel en su fallida lucha porque se aceptara el conflictivo programa del PSSC (*Physical Science Study Comitee*) en la Escuela de Física. Éste al final fue proscrito por proceder del mundo capitalista. En general, Medel y yo compartíamos las mismas ideas sobre la enseñanza de la Física. Pablito había hecho algunos años de Medicina, hasta que vio que eso no era lo suyo y quería moverse al mundo de la matemática y la ingeniería. Eso de tener a alguien con la capacidad de programar y a la vez, contar un *background* médico, me pareció muy conveniente. Si a esto sumamos mi confianza en la genética, se explica el por qué lo propuse a la Comisión de ingreso.

---

[32] **Dirigento-militancia**: Conjunto que unifica la dirigencia administrativa con la del partido. El cubano de la calle no suele distinguir las sutiles diferencias que puedan realmente existir entre estos cuerpos de gobierno.

Pablito no resultó ser hombre de concentración *eicisoftiana*, era gente de muchos y variados intereses, entre ellos, la música. No puedo olvidar una vez que lo sorprendí sentado en la mesa del tren, rodeado de público y guitarra en mano, parodiando al *Unicornio Azul* de Silvio Rodríguez: "Un punterito a char, ayer se me perdioó...". El *char* es el tipo de variable más pequeño y común en lenguaje C. Un puntero perdido, aunque sea a un minúsculo *char*, es uno de los mayores dolores de cabeza de un programador de lenguaje C. En aquel tiempo eran pocos los que programaban en ese lenguaje, así que la parodia era un chiste bastante local.

También por aquel tiempo, sometí también a la Comisión a Roberto Varona. Éste vino recomendado por Silvia Rodríguez (no SilviO), especialista del departamento de Coyunturas en el Ministerio de Comercio Exterior y hermana mía, por más señas. Varona era miembro de la Juventud Comunista, recién licenciado del ejército y sobrino de Mercedes Varona, su jefa en Coyunturas, personaje que tanto Silvia como yo estimábamos como persona hábil e inteligente. Me hacía falta alguien que, sin ser un idiota, fuera militante de la Juventud y me organizara al menos un comité de base[33] en EICISOFT. Tenía que dar "forma" socialista a nuestro "contenido" capitalista.

Por aquella época se popularizó el tema de la inteligencia artificial y especialmente el de los sistemas expertos, las máquinas de inferencia y las bases de conocimientos. No había centro de investigación o facultad universitaria que no contara con algún proyecto en esos temas. Fue Pablito el que sugirió desarrollar uno para diagnóstico cardiológico. Ya a esas alturas, no era ajeno al celo profesional médico y sabía que nada que sustituyera al médico iba a ser acogido, pero Pablo insistía en

---

[33]**Comité de Base**: Organización de base de la Juventud Comunista. En cada centro de trabajo está establecido que exista uno de estos Comité de Base.

que no podía haber uno de guardia por especialidad y que a veces la presencia o ausencia de un cardiólogo podía ser decisiva en un paciente de urgencia. La idea era que un sistema experto podía estar de guardia siempre. Varona y Pablito se dedicaron a desarrollar la máquina de inferencia y a entrevistar cardiólogos para la base de conocimientos. Encontrar a los cardiólogos para las entrevistas resultó fácil. Años después, cuando el sistema experto ya logró diagnosticar casos con tremenda efectividad, lo que no logramos encontrar fueron "no cardiólogos" que quisieran usarlo.

Tanilo, la luz que agonizó

 Su nombre real, Máximo Rivero, ingeniero mecánico, teniente coronel de ejército, militante del Partido, veterano recién llegado de Angola y primo mío. Y no eran sólo estas credenciales, Tanilo tenía leyenda de tipo brillante en la universidad y siendo contemporáneo con ellos, ésta era conocida tanto por Villo como Marcos Lage. No me fue difícil convencer a este último de que gestionara con las FAR su retiro temprano, ya que, aparte de la evidente necesidad de alguien con una base mecánica para el tema de la robótica, en ese momento no había en EICISOFT un solo militante del Partido. Esto último ya iba siendo importante, pues los éxitos de EICISOFT cada vez levantaban más ronchas y la frecuencia de las acusaciones de ser una cueva de "gusanos y maricones" iba en aumento.

Lamentablemente, pude constatar que Tanilo, al que desde niño había admirado por su talento y simpatía, había perdido el brillo. Quizá fueron demasiados años estupidizándose con aquellas metodologías del ITM (Instituto Técnico Militar), donde lo importante no era lo que se impartía, sino cuán exactamente podía seguirse un rígido esquema de preparación de clases impuesto por su fundador y primer director, el ladrillo de Fernando Vecino Alegret. Esas ladrilladas, que a lo menos que contribuían era a formar ingenieros, fueron sin embargo bienvenidas por el sistema y Vecino fue ascendido a Ministro de Educación Superior. Al abandonar la dirección del ITM, dejó al frente a otros gorilas tan o más ladrillos que él mismo. Parece que Tanilo no se estupidizaba lo suficientemente rápido y fue enviado a la guerra en Angola, de la que, defraudando expectativas gorilescas, regresó vivo, aunque lo hizo ya alcoholizado y deprimido. Tanilo no lograba encontrar su lugar en aquella tropa; pensé que era debido sólo al enorme abismo tecnológico que tenía saltar, pero con el tiempo pude darme cuenta que había perdido la capacidad para jugar en aquella liga. No obstante, por solidaridad, Tanilo compartía las larguísimas sesiones de trabajo en aquel proyecto del robot SCARA, lo que le mereció la aceptación por el colectivo.

Plovdiv, el escenario

Junto al robot industrial con "visión técnica" SKAM 410 aparecen en la foto, de derecha a izquierda, los ingenieros Iván Primov, Osmel Torres y Peter Spasov.

Ante la perplejidad de todos, aquello iba tomando forma y esto incluía a los técnicos búlgaros, que en cada visita veían incrédulos como aquel reguero de proyectos, aparentemente inconexos, iba encajando sin que existieran documentos de planeamiento con rutas críticas ni diagramas jerárquicos. A tres semanas de la Feria de Plovdiv, las tarjetas de PWM (*Pulse Width Modulation*) movían los motores, mientras otras podían ya leer los *encoders* y pasar esta información a la NEC, donde los programas con los algoritmos de PID eran capaces de mover las articulaciones sin oscilaciones en régimen muy cercano al crítico. Ya los módulos de coordinación en el intérprete eran capaces de colocar el *gripper* (mano o tenaza del robot) en cualquier punto de su espacio accesible. Por otra parte el software de visón ya podía localizar, identificar y caracterizar objetos en el campo de visión de una cámara de video que se movía con el brazo. Eso de que la cámara fuera móvil, introducía una gran complejidad algorítmica, pues su sistema de referencia se trasladaba y rotaba junto con el brazo. Esta fue una de las muchas innovaciones que se habían generado con este proyecto.

Osmel y yo tuvimos que salir hacía Plovdiv sin que aún el intérprete, la visión y el servo control[34] encajaran completamente; el software debíamos terminarlo allá. Una vez en Plovdiv no tardamos en darnos cuenta que, "oops", en lo precipitado de la partida, las fuentes que se copiaron para que nos lleváramos, no se correspondían con la última versión compilada. Eran los 80 y aún no podía enviarse nada así por teléfono, de manera que había que resolver con lo que se tenía. Años después, la película *Apollo 13*, me recordaría aquella situación: "*Havana, we have a problem*". Sólo podía recompilarse el módulo de visión, que había copiado yo mismo, de manera que los arreglos necesarios se tuvieron que hacer desde ese. Esta situación obligaba a que el movimiento no pudiera activarse hasta que el módulo de visión no inicializara correctamente todas las variables del servo control. En otras palabras, el robot tenía que "ver" algo antes de moverse por primera vez. Un error en esta secuencia, producía movimientos de aparatosidad y brusquedad tales, que rompían los topes plásticos y hasta movía la mesa de acero en el que estaba montado.

---

[34] **Servo control**: Sistema de control basado en la realimentación. En estos sistemas siempre hay un sensor que mide la variable a controlar, la señal de este se compara con el valor requerido para la misma generando una señal de discordancia, por último, ésta se aplica al actuador de para que éste corrija su valor. Este principio se usa para el control de temperatura en hornos y sistemas de aire acondicionado, también para el control de posicionamiento en robots y máquinas herramienta.

La Feria de Plovdiv estaba a punto de comenzar, pero aún se esperaba la llegada de Todor Yivkov. Este era el Primer Secretario del Partido Comunista Búlgaro así como otros tantos cargos, típico de los jefes de estado comunistas. Yivkov se demoraba esperando por su invitado y homólogo de la vecina Rumania, Nicolae Ceaucescu. En el tedio de la espera y temiendo un recalentamiento debido a la deficiente ventilación del armario, ese que ocultaba el detalle capitalista de la NEC que KAM prefería no exhibir, cometo el error de apagar el sistema. De pronto, se anuncia la llegada de Yivkov... al desatarse el corre-corre y el desatino, violamos aquella secuencia absurda, provocando que el SCARA nos dedicara una de sus mejores y más aparatosas piruetas. Los topes fueron lanzados a velocidades tales que hicieron a los expositores vecinos temer por su integridad física. Reiniciamos la secuencia ante las miradas aterradas de la gente de KAM y justo en el momento en que Yivkov y Ceaucescu se paraban frente al robot, éste comenzó a moverse grácilmente, recogiendo la pieza que la cámara había identificado y colocándola en una caja. ¡Éxito total!, EICISOFT y el KAM se convertían en aliados estratégicos.

De regreso a Cuba al robot se le perfeccionaron sus algoritmos de servo control, se le añadió voz con una tarjeta de diseño propio y cada vez lograba hacer tareas más complejas. El tornito, que se basaba en la simplicidad de los motores de paso, heredó todo el desarrollo del robot y ahora tenía un servo-control CNC totalmente de EICISOFT. No sólo se le mejoraron la calidad del terminado y sus prestaciones como máquina herramienta, sino que se le introdujeron otras importantes innovaciones. Los motores de paso fueron sustituidos por compactos y potentes motores de aviación, pero éstos eran del tipo serie, que si bien tenían una relación torque-tamaño muy buena, su respuesta no era lineal como los motores del robot sino cuadrática. Contrario al vaticinio de los especialistas en control automático, se le encontró una solución algorítmica al problema, que permitió que aquellos motores funcionaran perfectamente.

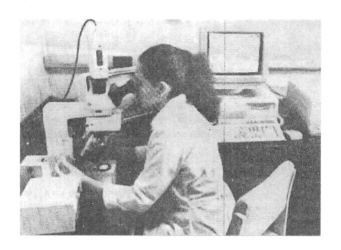

Saltando a los Primeros Planos

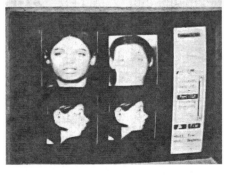

El procesamiento de imágenes no se había detenido y a estas alturas ya el *Digimag* se usaba cotidianamente para diagnóstico de tomografías del SOMATOM, el Digipat ya procesaba imágenes de microscopía en Anatomía Patológica y el *Ortognatrón* funcionaba como herramienta básica en el servicio de Máxilo-Facial del Hospital Centro Habana. La cirugía máxilo-facial se distingue de la llamada cirugía plástica o estética en que en esta última sólo se modifica el tejido blando, mientras que en la primera también se opera el hueso y sobre todo éste. Se distingue también porque, generalmente, los casos de la primera suelen ser pacientes que presentan graves deformaciones faciales que la cirugía, a lo sumo, logra mejorar. La cirugía plástica, en cambio, sólo perfecciona rostros que son ya armónicos. En la máxilo, a lo más que se aspira es a obtener un rostro aproximadamente ortognático, es decir cercano a lo normal, pero eso de lograr belleza está generalmente fuera del alcance de esa cirugía.

El *Ortognatrón*: Gilda y María Antonia

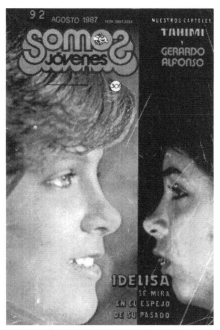

Gilda Hernández era una muchacha con una figura extraordinaria, pero con un prognatismo tan acentuado, que le daba aspecto de bruja. El tratamiento obvio hubiera sido la retroposición mandibular, pero con el *Ortognatrón* se pudo comprobar que, si se avanzaba el maxilar superior en vez de retrotraer el inferior, la corrección era mejor y el resultado más estético. Esto le permitió a los máxilos conectar la deformación con un golpe que se dio en su niñez y que afectó el crecimiento del maxilar superior, haciendo que el inferior pareciera como protuberante.

El papel del *Ortognatrón* en este caso me hizo merecer una invitación a participar en aquella operación a cargo del Dr. Fausto Felipe. Pude ver como se trasformaba la fealdad, no ya en algo aceptable, sino verdadera belleza.

Poder convertir a Gilda en una muchacha bonita, fue un golpe de suerte tanto para ella como para nosotros, pues ayudó a que la prensa se animara a divulgar estos logros y no sólo los de ella, sino los de otros casos como el de María Antonia Campín que fue publicado en la revista *Somos Jóvenes*.

Abel, alto contraste

De forma parecida y por la misma época de Osmel, entró Abel Álvarez Vidal a EICSOFT. Abel iba de la genialidad más sorprendente a manifestaciones de retraso mental. En una ocasión, los japoneses fabricaron una tarjeta que Abel había diseñado, pero no funcionó como el prototipo. Por esa razón vino Baba San desde Japón en viaje urgente con los planos y dibujos de la implementación industrial y los despliega ante Abel. Demoró más Baba en desenrollar aquel enorme plano que Abel en encontrar que faltaba una línea entre las miles de aquel circuito. Asombrado, Baba comenta que el arreglo hubiera demorado en Japón 7 jornadas de 8 horas. Se hace una pausa y vemos a Abel mirando hacia el techo mientras repetía "siete por ocho, siete por ocho..."sin lograr obtener un resultado; con estas características, sólo podía encajar en un lugar como EICISOFT. Junto con Alexis, otro personaje que también exhibía similares extremos, lograron desarrollar, entre otras cosas, una tarjeta con un software que conseguía lo que parecía imposible: compatibilizaba las NEC de la serie PC-9800 con la recién salida serie de PC de la IBM. Fue Marco el que le puso la tapa al bautizarlo con el pegajoso nombre de PC&PC.

Abad, el conspirador

José Abad Hernández, al igual que Ulises, había sido mi alumno en la escuela de Física, sólo que de Abad, fui también el tutor de su tesis. Brillante, pero siempre agresivo y conflictivo, estaba teniendo problemas con la dirección de la Fábrica de Semiconductores de Pinar del Río donde

trabajaba. No me fue difícil que lo trasladaran, su director, que recuerdo que se llamaba Remberto, me lo concedió gustoso, casi le parecía increíble poder salir de él. No me preocupaba Abad, ya que no era el primero acusado de conflictivo que recogía en EICISOFT, sólo que éste me resultó conflictivo a mí también. En el aspecto técnico, Abad trabajó en muchos proyectos sin que pudiera decirse que fuera tan definitorio en alguno como para que su nombre se le asociara, fue el diseñador del logotipo de EICISOFT y en lo político sí que marcó pauta, ya que fueron él y Gilberto los primeros en alcanzar la militancia del Partido desde EICISOFT.

Néstor Flores, el diluido

Venía Néstor Flores muy bien recomendado como programador de puntería y su cultura en el tema fue muy convincente en su entrevista. Sin embargo, no mostró nunca la concentración y persistencia del resto del colectivo. Al no contar con una dirección al estilo de Roberto Homs, su trabajo siempre se diluyó sin lograr mayores resultados. Esto fue la causa de que un par de años después fuera separado de EICISOFT, no sin una larga batalla con el Sindicato Nacional de las Ciencias al que apeló.

Viciedo, entonces no había Google

Viciedo era un químico devenido en especialista de la información científica. Era yo de la opinión que tanto la búsqueda bibliográfica como la documentación de nuestros proyectos eran ángulos que teníamos flojos, dado que no contábamos con nadie particularmente motivado con ese tema de la información científica. Esto explica que Viciedo fuera aceptado en cuanto asomó por mi oficina enviado por mi tía Magda.

Diego, Golden Fingers

 Los proyectos en robótica y máquinas herramienta empezaban a requerir de alguien con habilidades para la fabricación de piezas y ajuste de mecanismos. Fue para esto que Villo me propuso a su mecánico estrella, Diego Navarro. Diego colaboraba con Villo desde hacía años, aparecía cada vez que hacía falta hacer algo mecánico de especial dificultad. Mi primer encuentro con Diego fue cuando el DIE, trabajábamos en un proyecto de electroforesis y Villo lo trajo para el diseño de la cubeta y la fabricación de su prototipo. Recuerdo que la hizo con planchas de acrílico y le quedó tan perfecta, que parecía hecha con molde. Ya en EICISOFT, no demoró en sentar cátedra y quitarle a Gilberto el título de "Golden Fingers".

Si algo distinguía a EICISOFT de otros centros de desarrollo era su capacidad de combinar el software con el hardware. Nuestros productos más importantes, como el tren, el torno, el EICITELEX, entre otros, implicaban desarrollo de circuitería digital y analógica. Para cualquier lugar que no contara con una fábrica de circuito impreso como, por ejemplo, la que tenía el ICID, el desarrollo de un circuito electrónico pasaba por el penoso y largo proceso de encargarlo a alguno de los pocos lugares que, casi de favor, pudieran darle este servicio. Desde muy temprano EICISOFT se liberó de ese mecanismo infernal al desarrollar su propia tecnología para la fabricación de impresos para prototipos. Consistía este en un ploteador, con unas plumillas especiales hechas por Diego, que dibujaban sobre la placa virgen de impreso con una tinta que fue desarrollada, a pedido nuestro, por un laboratorio químico con el que habíamos establecido cooperación y un software que escribí yo y que llamamos PCEDIT (*Printed Circuit Editor*). Con este sistema desarrollábamos nuestros circuitos electrónicos más rápido de lo que el mismo ICID podía hacerlo. Esto fue lo que nos permitió no sólo sobresalir en el medio criollo, sino ofrecer a Japón diseños que, aún en ese mercado tan ágil, resultaban novedosos.

1. Taminori Baba, proveedor y cliente japonés
2 Diego Navarro, mecánico estrella
3. Abel Álvarez, hardware, diseñador del PC&PC
4. Armín Arocha, hardware, proyecto Robot SCARA
5. Julián Pérez, software, proyecto Superhelp
6.Rita Rodríguez, hardware, simulador ferroviario
7 Sergio Pérez, hardware, reparación de computadoras
8.Ulises Castillo, software, proyecto Robot SCARA
9.Gilberto García, Sindicato
10.Marco Antonio Pérez, software, procesamiento de imágenes
11 Jorge Castro, hardware, simulador ferroviario
12. La China, recepcionista
13. Nestor Flores, software, proyectos varios
14. Francisco Pizarro, hardware, proyectos varios

Maeda y Xestek, el cliente en Japón

Baba San, en mi tercer viaje a Japón, me llevó ante Masato Maeda, presidente de la firma Xestek, con algunas muestras de nuestros desarrollos. Entre éstas se incluían el Billar, un aplicación que permitía al dBase III incluir imágenes en las bases de datos, un sistema de procesamiento de imágenes, una tarjeta que convertía una NEC en un osciloscopio y la PC&PC. Con esto se iniciaba la exportación de software a Japón, rubro ni remotamente avizorado por los planificadores de la JUCEPLAN (Junta Central de Planificación).

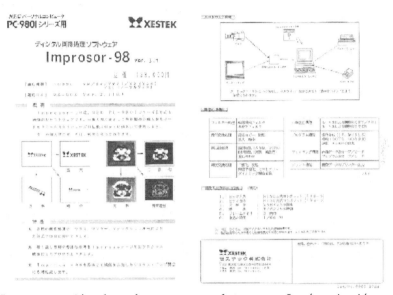

La exportación de software no se detuvo en Japón, siguió con España, Bulgaria, México, Venezuela y Brasil. Esta actividad, no sólo nos proveía de divisas, que libremente reinvertíamos en EICISOFT sin que tuvieran que venir sólo de las asignaciones a ministros, sino que también generaba viajes pagos para la tropa de EICISOFT. Cada viaje, además ser un importantísimo estímulo material, por ser la única oportunidad de adquirir toda esa mercancía común que en Cuba no había ni habría, resultaba una fuente de información técnica actualizada e inspiración para nuevos desarrollos.

La argumentación con que se explicaban estos éxitos a la oficialidad sonaba políticamente bien. Se decía que poder exportar software no era más que la cosecha de la inversión en educación que la Revolución había hecho. La realidad, en la que no quería ni pensar, era que la ganancia verdadera estaba en contar con ingenieros y programadores esclavos, como yo, que producían aquellas maravillas del ingenio humano a cambio del respiro de libertad que EICISOFT les procuraba.

Por la época que comenzaron las actividades en la robótica, se concluía el proyecto del Tren. Antes de que comenzara el desarme y enhuacalamiento, el Noticiero ICAIC hizo un memorable reportaje, que además de las aplicaciones de imágenes, mostraba al simulador ferroviario en operación. Esa es la única prueba del éxito de ese proyecto, pues el Ministerio de Transportes nunca llegó a instalarlo. Después de invertir $120,000 y dos años de trabajo, ni siquiera vinieron a recoger los huacales. Esto fue consecuencia del cambio de ministro: Guillermo García era sustituido por Diocles Torralba y éste, sin más miramientos, desdeñó todos los proyectos de su antecesor. Habiendo conocido al personaje, no creo que el legado de Guillermo García en particular tuviera gran valor, pero despreciar la herencia está en el tuétano de la filosofía de la Revolución, ésta no retomó nada de las anteriores constituciones, la rescribió de cero; el ejército, de cero también. La historia comenzaba con cada toma del poder y así cada jefe recomenzaba la historia de su predio con su "toma del poder".

Bencomo, el descubridor

Eduardo Bencomo Zurdo atendía, dentro del llamado Grupo de Apoyo del Comandante en Jefe[35], el tema médico y tanto por razones de oficio, como de afinidad personal con Villo, lo habían llevado en más de una ocasión a visitarnos. Habiéndose convertido EICISOFT en una atracción, Bencomo se anotó

---

[35] **Grupo de Apoyo del Comandante en Jefe:** Fidel Castro creó este grupo para tener control sobre algunos centros, planes o proyectos que quería supervisar directamente. Los miembros de este grupo tenían un gran poder en la época de esta historia. Sus atribuciones entraban en conflicto con la jerarquía establecida a través de los ministerios.

algunos puntos trayendo al que, en aquel momento, era el médico de cabecera de Fidel Castro. Al poco tiempo de aquella visita, pero sin estar seguro de que existiera una relación causal, se apareció por primera vez en EICISOFT Carlos Lage Dávila.

Carlos Lage, el Lage Bueno

 Carlos Lage, como Bencomo, era miembro del Grupo de Apoyo, pero se sabía que era el más cercano a Fidel Castro. Carlos Lage empezó a frecuentarnos y a indagar sobre nuestros planes y estilo de trabajo. Hombre sencillo y agudo en sus observaciones, me resultaba simpático. Requería de un esfuerzo especial para no perder de vista que, aunque nos tratáramos con familiaridad, aún en aquella época, el poder que tenía podía hacernos polvo en un santiamén. En una oportunidad me preguntó sobre mí, de mi trayectoria; como tenía a mi favor la campaña de Alfabetización y seis años en las Tropas Coheteriles, las respuestas no eran demasiado difíciles si lograba obviar la parte de cuando me botaron de la Universidad. Pero a esas alturas, los protagonistas de aquella película estaban muertos, destituidos o preferían olvidar el incidente. De hecho ya había sido invitado a la universidad a participar en eventos o dar cursos y conferencias. Sólo "El Aparato" podía contar una historia diferente, pero ya tenía tiempo de haberlo hecho, si es que lo iba a hacer. Quizá, al ya estar fallecido mi paterno contacto con el imperio, el siniestro organismo había decidido olvidarse de mi furtivo encuentro con mi padre en 1972 durante mi estancia en Suecia.

Fue en aquel tiempo que sucedió lo que en algún momento tenía que suceder. El Regional del Partido de "Plaza de la Revolución" logró que destituyeran a Villo. Había hecho demasiados enemigos con sus métodos de dirección poco ortodoxos, con ese sistema de "estímulos" suyos, tan ajenos a la moral socialista, que evidentemente no incluyó a la gente que lo acusó y por los muchos desmanes de sus protegidos. Ante la obvia deuda de gratitud, Villo quiso buscar asilo en EICISOFT con sus allegados. Villo me había dado asilo cuando salí botado de la universidad. Haberle negado ese asilo me ha martillado la conciencia desde entonces. El problema era que Villo no podía dejar de ser quien era y Marcos Lage no lo iba a subordinar a mí. Si le dejaba entrar, iba a terminar dirigiendo y destruyendo EICISOFT. Era la primera vez que sentía esa soledad de ser el jefe. Nadie podía ayudarme, era yo el que tenía que decidir entre la gratitud y EICISOFT. También le debía gratitud a la gente de EICISOFT y dejar entrar a Villo era también una traición para quienes habían dejado sus posiciones para venir a trabajar conmigo. No había forma de quedar bien y decidí por EICISOFT. Me ausenté con lo de la preparación para la Feria de la Habana y dejé que los trabajadores con su sindicato al frente, se encargaran de negarle la entrada. Pensé que de esta forma comprendería mi situación, pero con esto no sólo le estaba negando el asilo, sino que lo enfrentaba a su impopularidad; ¡cuánto tiene que haber sufrido aquello!

La Feria de la Habana de 1987 fue el mayor éxito que habíamos tenido. El Robot SCARA lograba construir una torre a partir de las piezas que se le regaban en una mesa y mientras hacía esto iba comentando lo que hacía. Las piezas eran de distintos tamaños, las buscaba con la cámara y cuando encontraba una, exclamaba con voz robótica: "Uuuuna chiquiiiitica...","Uuuna medianiiita" o "¡Una grande!". Usando un algoritmo pseudoaleatorio, en ocasiones anteponía un cubanísimo "¡Ñoo!" a esta última, como para no dejar dudas de la autenticidad de origen del software. Esto hacía que el público se conglomerara frente al stand y permanecía allí hasta que el robot dijera otro "¡Ñoo!" y cuando al fin lo hacía, las risotadas y el bullicio resonaban en todo aquel Palacio de Convenciones, llamando a más público aún. Las piezas las iba organizando a un costado de la mesa para acometer la construcción de una torre y si se le quitaba una, se quejaba diciendo: "aquí hay maraña". Aparte, el tornito hacía bates y copitas que se regalaban, mientras el *Ortognatrón* sacaba imágenes de los visitantes con las caras modificadas a modo de caricatura. Todo aquello no sólo acaparaba la atención de visitantes y expositores, sino que fue difundido ampliamente por los medios. Aunque había firmas extranjeras exponiendo y regalando bolsas, *T-shirts* e incluso una de ellas, la que habíamos visitado en el país Vasco, exhibía un robot ASEA de cinco ejes que servía tragos a modo de barman, no cabía la menor duda que nos "robamos el show".

Llegó el Comandante… y mandó a hacer robots

De regreso de la Feria, se imponía que hablara con Marcos Lage sobre el tema de Villo y con ese objetivo me personé en su oficina. Marcos Lage no me perdonó lo que entendió como tamaña ingratitud y sin oír mis razones, me botó de su oficina en obvia destitución. Turbado por la situación, regresé a EICISOFT, pensé esperar allí hasta que del ministerio llegara algún "interventor", pero el que llegó fue Carlos Lage, alrededor de las cinco de la tarde con la solicitud de que nadie se fuera, que venía un visitante importante. Creo que desde esa tarde a Marcos y Carlos Lage se les empezó a llamar "Lage el Malo" y "Lage el Bueno", respectivamente. Traté de explicarle a "Lage el Bueno" el último desarrollo de los acontecimientos, pero me dijo me concentrara en prepararme para la visita y que después hablaríamos. Le pregunté quién era el visitante, me contestó que Pepín Naranjo, ayudante personal de Fidel Castro. La respuesta me satisfizo y no volví a preguntar. Me extrañó, no obstante, ver llegar a personajes que no conocía y que no se dirigían a mí sino a Carlos Lage y que comenzaban a merodear por el local. Cuando sí me sorprendí fue cuando vi entrar a Marcos Lage por la puerta, quien se acercó a mí y me dijo: "fíjate, hagamos las paces, pues vamos a tener que trabajar juntos" y me extendió su mano, la que estreché más que gustoso. De inmediato le comento que Carlos Lage me había dicho que Pepín Naranjo venía a visitarnos. "¡¿Qué?!... el que viene pa'cá es Fidel". Apenas había terminado de decirme esto y entraba Fidel por la puerta rodeado de su escolta. Se dirigió directamente a Marcos Lage, quien lo saludó y me presentó por primera vez no sólo como Mandy, sino como el Director del centro.

Fidel Castro, el Todo

 Ya lo de EICISOFT le llegaba por muchas vías y siendo su obsesión más reciente, la de crear un "Polo Científico" conque asombrar al mundo, consideró que eso que se había creado por generación espontánea y desarrollado de manera silvestre a contra-corriente, con su apoyo y orientación, podía mostrarlo como un logro más de su Revolución. Ciertamente EICISOFT necesitaba algún apoyo por encima del que la EICI podía darnos, si bien hasta ahora EICISOFT podía ofrecerle a sus miembros el oasis para trabajar sin persecución política y una buena posibilidad de viajar, que aparte de satisfacción espiritual, ofrecía una importante compensación económica de la que no era correcto hablar. Cierto es que en el marco del nivel de una empresa, no podría jamás ofrecer salarios altos, carro y mucho menos casa. EICISOFT corría el peligro de perder gente clave por no poder resolverles sus problemas materiales. Ya habíamos perdido, no sólo a buenos ingenieros como Mauricio y Roberto el Loco, sino también a importantes jefes de proyecto como Jafet y Homs por haber, estos últimos, recibido irrechazables ofertas de la ONU y Comercio Exterior, respectivamente. Ofertas que ni remotamente podíamos igualar.

Si bien muchos *eicisoftianos*, como yo mismo, habíamos sido perseguidos por distintas causas, no puede decirse que fuéramos desafectos conscientes, por lo que la visita de Fidel fue bienvenida y objeto de euforia para todos. Que Fidel visitara a un centro constituía el pináculo del reconocimiento nacional a su labor, lo que generalmente venía acompañado del *non plus ultra* del estímulo material en el socialismo cubano: el carro. En efecto, su visita era como la de Santa Claus, sólo Fidel podía estimular materialmente. Fuera de él, todo estímulo tenía que ser del tipo "moral" o sea diplomitas en papel gaceta y aplausos programados en alguna de las muchísimas asambleas que se convocaban.

Pues comencé el recorrido que tantas veces había hecho para tantos otros y ni siquiera uno completo, ya que el robot y el tornito recién habían llegado de la Feria de la Habana y no estaban aún en operación. Le fui presentando a los allí presentes y exaltando las cualidades de cada uno. Recuerdo su cara de complacencia cuando le presenté a Mabel, a la que dedicó un tiempo ligeramente más largo que los demás y no sé si fue eso lo que hizo que me apurara en hacerle conocer de mi vínculo conyugal.

Una vez terminado el recorrido pidió reunirse para las conclusiones; a falta de mejor local, lo hicimos en mi oficina. Fidel se sentó en mi silla, símbolo inequívoco de quién estaba ahora al frente, y el resto de los presentes nos acomodamos a su alrededor. Ya tenía gran práctica explicando a la gente más diversa lo que era el software y en qué consistía nuestro nicho de mercado, es por eso que me resultó extraño que alguien de indudable inteligencia como Fidel Castro no hubiese captado su esencia. Fidel concluyó que "si habíamos sido capaces de hacerle el cerebro al robot, cómo no íbamos a poder hacerle los brazos". La respuesta a aquella poética conclusión era sencilla: porque las habilidades necesarias para hacer el cerebro nada tienen que ver con las que hacen falta para hacer los "brazos". Podía haberle respondido con otra metáfora: "haber ganado el maratón no califica a nadie para boxear", pero hasta mi escasa perspicacia política era suficiente para darme cuenta de que aquello no estaba abierto a discusión y sabiamente me contuve de iniciar controversia alguna.

Después de unas tres horas se agotaban las conclusiones. Ya había decidido cuánto dinero iba a invertir, qué edificio y dónde se iba a construir. Cuando especificaba que éste debía tener nivel como para que él pudiera llevar allí a jefes de estado y personajes de similar calibre, Carlos Lage le interpela:

"Comandante, los compañeros tienen dificultades de transporte" ¿Es que debía tragarme que Fidel ignoraba que todo el mundo en Cuba tenía "dificultades de transporte"? Preferí tomarlo como una forma de darle entrada al esperado tema que ya temía que no apareciera, el de "¡LOS CARROS!".

Fidel me pregunta cuántos compañeros por su experiencia, méritos y necesidad debían ser estimulados con un carro. Le pedí que me dejara consultar mi agenda para responder esa pregunta y me concedió mi petición. Realmente no tenía nada en mi agenda que pudiera ayudarme a dar aquella respuesta, sólo quería ganar un poco de tiempo. Pensé, él me pide a mí el número pensando que la intimidación de su presencia me haría ser conservador y posiblemente pidiera una cifra pequeña que él después, haciendo gala de gran generosidad, podría hasta aumentar ligeramente. Noté que se sorprendió cuando de mi boca temeraria salió la cifra de quince. "¿Quince?", comprobó como quien no podía creer lo que oía. Ahora era él quien pensaba. "En otros centros con más trabajadores no hemos dado tantos carros, ustedes son sólo veintisiete, ¿qué tal diez?". Volví a "consultar la agenda"... "Comandante, se me queda fuera gente que no puedo dejar fuera, ¿Trece?". "Bueno, doce", me replica y ahí planté con un gesto al estilo Black Jack en las Vegas. Jamás en mi vida había regateado nada, ni lo he vuelto a hacer.

Los carros

Ahora venía el dificilísimo problema de ponerle nombre a aquellos carros, ya que el escenario era muy similar al de la Manzana de la Discordia en la Ilíada. Me hubiera gustado un método de votación secreta, pero ese tipo de voto no estaba muy bien visto y ya empezaba a tener que preocuparme por la opinión oficial, por lo que opté por usar una representación de las organizaciones políticas y de masas. Fueron Abad por el Partido, Gilberto por el Sindicato, Varona por la Juventud y yo por la Administración. La lista quedó así:

- Mandy (director)

- Abad (partido)

- Gilberto (sindicato y fundador)

- Marco (fundador e imágenes)

- Lista (tren y robot)

- Abel (PC&PC)

- Alexis (PC&PC)

- Julián (Super Help, imágenes)

- Juan Fernández (Introducción del C, imágenes)

- Ulises (robot, imágenes)

- Rita (tren y fundadora)

- Diego Navarro (robot, tren y a solicitud de Villo por lo que llamó injusticia histórica)

Marcelino, aunque merecía estar en la Lista, en ese momento se desenvolvía como representante permanente de Cuba en Interrobot y a los representantes permanentes en el extranjero se les permitía importar el carro que pudieran comprarse allí, de manera que se estimó que Marcelino debía tener su problema resuelto para cuando regresara. Otras asignaciones obvias, como lo hubieran sido Jafet y Homs, no se produjeron por no estar ya con nosotros.

Al otro día, conociendo que procedía del Comité Nacional de la Juventud, le pregunté a Lage el Bueno que si se podía hacer algo por Varona, el secretario general de nuestro Comité de Base. Le mostré la lista y me dijo que no había problema, que yo no tenía que figurar en esa lista pues el carro mío era por lo que llamó "asignación directa del Comandante en Jefe", de manera que me podía quitar y poner a Varona. Realmente, de haber sabido eso, el que debía haber ocupado ese lugar era Víctor, pero ya había dicho el nombre y cambiarlo hubiera denunciado mis no tan puras intenciones. Pero insistía aún en sacarle el máximo a aquella coyuntura y le pedí también que me permitiera vender el Moskvich mío y el FIAT de Lista a Sergio y a Kiki respectivamente y lo aceptó... había logrado los 15 carros.

Los premios seguían, incluso antes que se materializaran los carros, el panelito Moskovich amarillo fue sustituido por un van Mercedes Benz, blanco y muy elegante. También, a los pocos días de la visita, el propio Fidel Castro me llamó por teléfono a mi oficina para informarme nos habían donado el robot que hacía de "barman" en la Feria de la Habana. Esta donación estaba precisando a qué robot había que "hacerle los brazos": se trataba de un ASEA del tipo antropomórfico con cinco grados de libertad.[36] Carlos Lage seguro le hizo llegar la información de que los búlgaros del KAM no hacían antropomórficos aún y supe que fue muy de su agrado la perspectiva de irnos por delante de alguien reconocido. Tanto así, que hasta nos mencionó en ocasión del discurso de clausura al acto del 27 de noviembre y que, como todos sus "históricos" discursos, fue difundido por esa cadena radio televisiva de la que sólo se salvaba Radio Reloj.

El único líder

Todo me hacía pensar que se abría un nuevo y luminoso capítulo en la historia de EICISOFT; no podía sospechar que comenzaba el principio del fin. Noté como mi autoridad ante el mundo exterior se multiplicaba de aquella noche a la mañana siguiente. Sin embargo, a la vuelta de unas semanas empezaría a notar como mi autoridad y popularidad dentro de EICISOFT se comenzaba a degradar. Sin quererlo ni buscarlo algo sutil había cambiado. Había dejado de ser el "refugiado en jefe". No sentía que yo hubiera cambiado en nada, pero mis antiguos cómplices

---

[36] **Robot antropomórfico con cinco grados de libertad**: Dícese de los robot que asemejan las articulaciones de un brazo humano: tronco; brazo; antebrazo, muñeca y mano.

habían pasado a ser, oficialmente, mis subordinados. Ya nadie me veía igual.

Algunos dejaron de ver a EICISOFT como un refugio de la "nomenclatura" y comenzaron a verlo como una rampa de lanzamiento hacia la misma. Era la oportunidad de convertirse de perseguido en perseguidor, y Abad y Gilberto no tardaron en vislumbrarla. Eso de que el Partido los hubiese aceptado a ellos y no a mí, les inspiró el papel de comisarios políticos que asumieron casi de inmediato. No sólo lograron hacerse de un círculo de influencia dentro de EICISOFT, sino que se convirtieron en naturales informantes a los niveles locales del Partido y del aparato de la Seguridad del Estado.

A los pocos días de una asamblea en la que Varona me había puesto como ejemplo de una sutil distinción entre jefe y líder a la que se hacía mención en *Pasión por la Excelencia*, libro que ya, a esas alturas, muchos en EICISOFT habían leído, se personó en mi oficina un personaje del Regional de Partido de Boyeros, que militaba en el mismo núcleo al que estaban adscritos Abad, Gilberto y Tanilo. Tras un frío saludo de rigor, me suelta el sarcasmo: "Así que usted es el líder de aquí....". "¿Se puede saber a qué viene eso?" le pregunto. Me responde con voz engolada y en tono amenazante: "porque aquí a Ud. le dicen el 'líder' y en Cuba 'líder' hay sólo uno". Esa mezcla de prepotencia con estupidez suele desatar lo peor en mí y la respuesta fue el aplaste cultural. "¿Conoce Ud. el término antonomasia?" —como era obvio que no tenía idea, procedí a explicar— "pues se aplica, por ejemplo, al caso de la existencia de muchos comandantes, por sólo mencionar los de la Revolución, están el Comandante Raúl Castro, el Comandante Ramiro Valdés, el Comandante Pedro Miret, pero 'El Comandante' sin más, es Fidel Castro. Se dice entonces que 'el Comandante' por antonomasia es Fidel Castro. Si usted buscara 'líder' en el diccionario, verá que no dice Fidel Castro, dirá algo como el jefe de un grupo, autoridad superior de un colectivo, cosas así. Sin embargo en Cuba 'el Líder' por antonomasia es Fidel Castro, sin que esto quite la existencia de otros líderes. Al contrario de lo que Ud. afirma, aquí no me llaman 'el Líder', sino Mandy, pero es opinión de algunos compañeros, y así lo manifestaron en una asamblea, siendo posible que esto sea el origen de su preocupación, que yo no era un mero jefe por designación, sino el líder del colectivo. ¿Por qué eso le preocupa?".

La fluidez de mi parrafada no le había permitido interrumpirme y estaba que reventaba por terminar el bocadillo que me tenía preparado y aunque poco tenía que ver con mi pregunta lo utilizó de respuesta: "Porque es importante que usted entienda que aquí usted es el director porque 'El Líder' así lo dispuso, sino usted no sería ni director, ni líder, ni nada...".

Me contuve de responder que yo era ya líder de aquel grupo de orates antes de que "El Líder" por antonomasia apareciera en escena, en cambio le dije, que quizá debiera hablar con los miembros de la Juventud Comunista y explicarles que deben reservar el término "líder" sólo para referirse a la persona del Comandante en Jefe, ya que ellos y no yo, fueron los que lo emplearon. Parece que lo hizo, pues no recuerdo que jamás se volviera a utilizar el término. Lo que si me quedó claro fue el papel que los militantes de EICISOFT habían empezado a jugar, ya que no pudieron ser otros los que llevaran la "preocupación" a este imbécil.

Arañaburu, el nuevo Vice

Aunque ya a estas alturas mis relaciones con Loret de Mola pudieran calificarse de buenas, me alegré cuando "pasó a acometer otras tareas de la Revolución" y fue sustituido por el Ingeniero José Arañaburu. Su escoliosis evidente nunca le impidió desplegar una gran actividad en la Universidad donde era un líder popular en su época de estudiante y aún después como profesor. No me equivoqué en alegrarme, los despachos periódicos que después tuve con Arañaburu fueron menos tensos que con Loret y nuestras relaciones desde el principio fueron cordiales.

Camilo, el Jamaliche, Agustín y Ezequiel, los mecánicos de Robertico

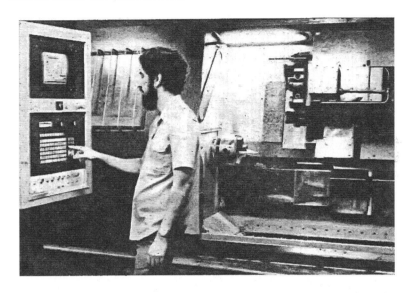

¡Se creó al fin la plantilla EICISOFT! Ahora era un Instituto Nacional, y pasaron a ella no sólo los que estaban en la plantilla de la EICI, que era la empresa del SIME a cuya plantilla realmente pertenecíamos los que cobrábamos por EICISOFT, sino todos los que trabajaban en nuestros proyectos aún perteneciendo a otros centros como eran Caballero, Castro, Robertico y Diego. No me fue difícil justificar una ampliación de plantilla con ingenieros mecánicos, ante la tarea de fabricar la parte mecánica del robot en el plazo de un año, y así fue como entraron Camilo Monteagudo, Francisco Suárez (el Jamaliche), Agustín Morales y Ezequiel Francis. Robertico era profesor de la CUJAE pero colaboraba con EICISOFT desde 1986.

Agustín Morales

Fue Robertico quien, a mi solicitud, propuso a los otros. Lo curioso de todo esto, fue que "los mecánicos", así se les llamó, apenas trabajaron como tales, terminados los planos del robot en AutoCad y aprovechando el estilo liberal reinante, se dedicaron al software y más nunca hicieron mecánica como tal. Pero, es más, los de ese grupo siempre respondieron a Robertico y éste, aunque siempre respetuoso y cordial, nunca se dejó dirigir demasiado. Una vez, en uno de mis recorridos, los veo trabajando afanosamente en algo que no parecía tener que ver con ninguno de los proyectos con que los asociaba; pregunto de qué se trataba aquello y Camilo me contesta: "Estamos haciendo un *overlay linker*", y procede a explicarme. Respiré profundo y volví a preguntar, esta vez con cierta ironía: "¿Y esto lo hacemos porque las herramientas de Microsoft, Borland y demás, ya nos resultan insuficientes o quizá porque nos proponemos competir en el mercado con esas herramientas?". Sin duda, yo estaba claro, aquello no tenía comercialmente sentido alguno, pero hoy debo admitir que aquellos muchachos estaban bien alante. Estaban jugando con conceptos que años después vería en el sistema operativo Windows, los de *Virtual Memory* y las *Dynamic Link Libraries*. No obstante el grupo hizo aportes:

El EICICAM, producto de software bien documentado, con manual de usuario y discos de instalación. El SIME imprimió alrededor de mil y tantas copias de aquel manual y el CAAIM[37] impartió seminarios en las Empresas del SIME que tenían tornos CNC (Control Numérico por Computadora).

---

[37] **CAAIM**: Centro creado por Marcos Lage como solución al refugio de Villo y su staff. Su rol sería el de expandir el uso del CAD-CAM (Computer Aided Design and Manufacture) por el SIME

El FLEX. Los mecánicos fueron parte importante en el desarrollo de este control numérico para torno de EICISOFT. Aunque en este desarrollo participó también Ulises, Alexis y hasta yo tiré algunas líneas en ese programa.

Fabricando el robot

Como en Cuba es común el uso de términos militares para casi todo, al referirse a cualquier viaje de trabajo al extranjero se solía usar la palabra "misión". Robertico formó parte de aquella "misión "de tres "misioneros" que salió hacia Europa y después a Canadá para comprar las componentes del robot, que a esas alturas, sin que se hubiera comprado o construido su primera pieza, tenía ya hasta nombre: el RIAC-6 (Robot Industrial Antropomórfico Cubano para 6 Kg. de carga). Los otros dos éramos Lista y yo. La misión salió por Cubana de Aviación hasta Berlín en la RDA (la entonces Alemania comunista), de ahí volamos a Frankfurt del Meno, después fuimos a Paris, Zúrich, Madrid y por último cruzamos el Atlántico a Montreal. Curiosamente, aún cuando en buena medida seguimos el diseño del robot sueco ASEA, el viaje no contemplaba Suecia, ya que después de desarmarlo a nivel de tuercas, pudimos comprobar que sus rodamientos y reductores eran componentes estándar que podían comprarse en cualquier mercado.

Si bien el ASEA sirvió de guía para el diseño mecánico del RIAC-6, éste ya tenía algunos años y queríamos incorporarle al nuestro algunas de las tecnologías más recientes. Los motores tendrían imanes permanentes de Samario-Cobalto y en vez de *resolvers* analógicos, usaríamos *encoders* digitales. Marcos Lage me tomaba por demente cuando proponía introducir aún más cambios, como usar para el cuerpo del robot la fibra de carbono, la misma tecnología con que se estaban fabricando en el SIME las carrocerías de ómnibus y camiones, en lugar de intentarlas fundir en aluminio. También propuse, sin éxito, cambiar el sistema de transmisión por varillas a uno de reductores de onda, valiéndonos de que los motores nuestros serían más ligeros.

Quizá algo de demencia había, pues el temor de incumplirle al Comandante, volvía muy conservador a todo el mundo. Mi demencia no parece haber cedido con los años, pues aún desde la perspectiva de hoy le sigo encontrando sentido a mis propuestas. Tanta inexperiencia había en la fundición de grandes piezas de aluminio, como en hacer piezas pequeñas de fibra de carbono y teníamos más experiencia con reductores de onda del *SCARA* que con aquella malditas varillas. La solución más expedita en el medio sueco donde el ASEA se diseñó, no tenía que ser necesariamente la más sencilla también en el nuestro.

Fue el tratamiento de imágenes el que nos había llevado a la robótica, pero el RIAC-6 ya no tendría visión. Esta característica era posible implementarla en un robot tipo SCARA, por trabajar éste en un espacio plano directamente representable por una cámara de video. No así un antropomórfico, como sería el RIAC-6, cuyo espacio de trabajo es como un casquete esférico. Eso de que las distancias a la cámara fueran variables, requería emplear telemetría y controlar el foco, lo que se iba muy por encima de las capacidades de cómputo de las más avanzadas computadoras personales de 1988. Los proyectos de imágenes, por tanto, pasaban a un plano secundario, pero también a esos planos pasarían los esfuerzos de máquinas herramientas y del robot *Scara*.

Esta misión fue mucho más flexible que las anteriores en que había participado. Lo típico de las misiones a países capitalistas era su rigidez; estaban diseñadas para ofrecer el mínimo de libertad posible y así dificultar una potencial "deserción", otro término de origen militar. Los pasaportes eran del tipo "oficial", estos se distinguían del "normal" por tener una validez temporal muy restringida que apenas cubría el tiempo previsto para el viaje. De las visas, el itinerario y los pasajes, se encargaban a un departamento de relaciones internacionales, no era por eficiencia, sino para minimizar el contacto de los "misioneros" —así se les decía a los que visitaban un país por un período corto— con las embajadas y agencias de pasajes.

Además, el tipo de pasaje imponía la condición de que Cubana de Aviación tenía que autorizar cualquier cambio. El dinero de dieta o dinero de bolsillo, que en Europa ascendía a $20 dólares diarios, se daba separado de lo que era para el hotel, que era mucho más, unos $200 diarios. Este dinero había que justificarlo contra recibo de hotel o medio de transporte. Tanto a misioneros, como los que laboraban de manera permanente en las embajadas, consulados y oficinas comerciales, se les tenía prohibido el abrir una cuenta en un banco y el uso de tarjetas de crédito era impensable. Como dije, este viaje fue distinto: llevaba, además de la cuenta de medio millón, $100,000 en cheques de viajero y unos $10,000 en efectivo.

Estas libertades no emanaban de otorgar alguna confianza especial, distinción o privilegio, sino que eran para circunvalar las limitaciones del embargo de Estados Unidos y sobre todo del CoCom, éstas son las siglas de *Coordinating Committee for Multilateral Export Controls*. El CoCom se estableció en 1947, por parte de los países de más adelanto tecnológico durante la Guerra Fría, para poner un embargo a la exportación de su tecnología a los países socialistas y evitar así que ésta fuera utilizada dentro o para armamento en su contra. Lejos de lo que la retórica del régimen cubano siempre ha alegado acerca del embargo americano, éste apenas nos afectaba. A pesar del CoCom, siempre encontrábamos proveedores sin muchos escrúpulos políticos que consentían en suplir nuestra demanda, siempre que la transacción no dejara una huella contable demasiado ostensible y era eso lo que justificaba el efectivo.

Se hicieron muchísimas transacciones pequeñas de este tipo. Además se compraron pasajes, se pagaron hoteles, dietas, trenes, embarques, impuestos, y otras muchas cosas, tantas que a mi regreso no hubo forma que pudiera cuadrar los recibos con los dineros sobrantes. Pasé una madrugada intentándolo sin éxito. La vez que más cerca estuve del cuadre me faltaron unos $10,000. Al otro día, le entregué el reporte de de gastos a Carlos Lage y le pregunté: "¿Tienes un buen contador?". Me contesta que no, y continúo: "... pues yo tampoco, pero búscate uno bueno para que te encuentre los $10000 en forros que he metido ahí". Con los ojos abiertos a más no poder y la quijada por el piso, me replica: "¡Maaaandy, la gente cuenta hasta los centavos cuando se trata del dinero del Comandante, y tú me dices, sin más, que tienes perdidos $10,000!". Sólo le respondí: "bueno, puedes dormir tranquilo con que fueron gastados en lo que tenían que ser gastados, es evidente que yo no los tengo". Todo quedó ahí, cuando uno está en alza con el Comandante, todo se le perdona… pero se le guarda para cuando uno caiga en baja.

Labrada y Viviana, la Administración

Al principio, todo lo referente a la administración lo llevó Mabel y ocasionalmente se nos mandaba desde la EICI por un tiempito a Ana la Loca para apoyar en esa actividad. Un poco antes de la visita de Fidel, Viviana Hernández ingresó a EICISOFT para asumir las tareas de personal de manera permanente. El episodio de los $10,000 dólares me obligó a presionar a Arañaburu por un contador de verdad y logré que se nos cediera uno de los que trabajaba en la sede del SIME. Este contador fue Armando Labrada, quien se había distinguido por su motivación con la computación y ahora se sumaba a las huestes de EICISOFT.

Jugó Labrada un importante papel en esta segunda etapa de EICISOFT. No sólo era un experto contable, sino que se sabía a la perfección cómo sortear todos esos infernales mecanismos socialistas que llevan a las empresas a la total ineficiencia. Esa cultura nos libró de reclutamientos y entrenamientos militares, movilizaciones para las milicias de tropas territoriales, microbrigadas de la construcción y de trabajar en los túneles. ¡Sí, túneles!, porque por aquella fecha (1988) se comenzaron a construir aquellos malditos túneles donde supuestamente se refugiaría la población cuando el imperialismo bombardeara la ciudad. Labrada se convirtió también en cómplice de todos mis ilegales subterfugios económicos que utilizaba para circunvalar los rígidos esquemas de la economía socialista y llevaba hasta el control de la divisa convertible que escondía en mi oficina (lo que sobraba de una misión no lo entregaba, como estaba establecido, sino que lo escondía para usarlo en la siguiente), por ese entonces era ilegal la tenencia de dólares. Por último, Labrada me mantenía al corriente de lo que se movía en nuestro ministerio, ya que contaba allí con una red de espionaje que le informaba de todo.

No hubo muchos cambios en el aparato de servicios, ya de manera estable figuraban Rogel, Isabel y Cuca. No así las posiciones de recepcionista y sereno. Por la recepción desfiló primero, Milagros, que era la esposa de Francisco Pizarro, "La China", esposa de un funcionario de la EICI y, por último, Rosario Muro (Charito), que vivía en el piso de arriba del edificio en ruinas que habitábamos Mabel y yo. Los serenos fueron aún más, algunos tan efímeros que no he podido recordarlos. Sí salta a mi memoria Carlos, el único sereno con menos de 80 años que tuvimos. Era pianista y amigo de Jafet, lo de sereno le convenía pues usaba las noches para estudiar. José Ferrer fue otro de los guardianes nocturnos, uno de los más permanentes, vivía en un edificio, aún más ruinoso, al lado del mío. Motivos de salud impidieron a Ferrer disfrutar de la cercanía del nuevo local y no logro recordar qué vericueto de la vida llevó a José Labaud a ser el primer sereno de EICISOFT en el local del Vedado.

El local de El Vedado, la jaula de oro

De las pocas ideas que se le pudieron cambiar a Fidel, fue la de construir el nuevo EICISOFT en el área donde se venía agrupando el "polo científico". Ya en esa área se habían ubicado otros centros como los de Biotecnología, Inmuno Ensayos, Neuro Ciencias, los de la Vacuna Meningocóxica y los de la Retinosis Pigmentaria, entre otros. A las razones de belleza formal, se oponía un fuerte argumento, el SIME tenía que cerrar la ruidosa fábrica de muebles clínicos que estaba en una zona de alta densidad poblacional en medio de El Vedado, para ser precisos en la calle 24 entre 23 y 25. Ese local sólo podía utilizarse para algo así como EICISOFT. Además, lo céntrico de este local se pensó que contribuiría a promover los negocios de exportación por estar más cerca de las sedes de las compañías extranjeras que operaban en Cuba.

Casi un año tomó remodelar la fábrica de muebles clínicos para convertirla en el nuevo EICISOFT. Ésta se le encargó a un destacamento de microbrigada. (Sí, porque ya desde la aparición del concepto microbrigadista, apenas si existían empresas constructoras). De manera que los que allí trabajaron no eran obreros de la construcción como tales, sino que provenían de las ocupaciones más diversas y sólo tenían en común el no tener... el no tener casa donde vivir. Por ejemplo, uno de los constructores resultó ser Enrique Rivero, primo mío y hermano de Tanilo.

Enrique se había graduado de doctor en economía en el Moscú de la antigua URSS, pero un divorcio, hacía unos tres años, lo había convertido en "locero" —como se conoce al constructor que se dedica a poner pisos—, y demoraría aún algún tiempo en merecer que se le asignara un apartamento. Cualquiera pudiera preguntarse, ¿cómo es que se llega al absurdo de emplear a alguien salido de una selección de al menos 1 en 20 y que invirtió unos 18 años de enseñanza secundaria, universitaria regular y de postgrado, en un oficio que mal se aprende en unos días y que no es posible que lo motive en lo absoluto? Se logra llegar a esto a través de otros muchos absurdos que abundan en el socialismo: se estudia porque se tiene derecho al estudio, no porque haga falta, después se le emplea en su especialidad porque tiene derecho al trabajo y no porque sea necesario. Resulta entonces que no hay para cubrir la verdadera demanda laboral y termina todo el mundo proveyéndose sus propios servicios. Ante esta contradicción, lo que sus adoradores vieron como una "genialidad" más del Comandante, fue la idea de obligar al desposeído de casa a que se la construyera él mismo y pagara las herramientas y materiales construyendo para otros.

No se concebía que nos concentráramos en lo que habíamos probado que sabíamos hacer bien. Caímos en la mecánica del absurdo y así perdimos el descanso de todos nuestros fines de semana por el tiempo que duró la construcción. Por suerte, ya el fin de semana cubano hacía mucho tiempo se había reducido al domingo y por tanto las horribles tareas que nos tocaban en el trabajo de la construcción, por ser "eventuales", eran sólo los domingos. Ni Carlos Lage se podía escapar al absurdo, sus elevados principios lo obligaron a compartir con nosotros la mayor parte de aquellos horribles domingos.

Era la época de "La Consagración". Fidel Castro entendía que el verdadero científico era aquel que no tenía hora para trabajar, que su vida era el trabajo y que se "consagraba" a éste. Esto es, en general, es así de manera natural, pero para implementar los pensamientos del Máximo, el Partido le puso números a esa consagración y fue así como aparecieron en los centros de investigación los horarios de 14 y hasta 16 horas de trabajo. Después de la visita de Fidel, a nadie le quedaba dudas de que EICISOFT debía ser un centro "consagrado", pero fue de las pocas cosas a que pude negarme con éxito, no sin desgastarme en discusiones absurdas, no sólo con la mediocridad de las dirigencias regionales y provinciales del Partido, sino con el propio Carlos Lage.

Yo defendía que EICISOFT había sido consagrado de nacimiento, de forma espontánea, sin que nadie se lo hubiera orientado y mucho menos impuesto. Mis argumentos se basaban en que la frase "horario de consagración" era una antinomia Kantiana, pues el concepto de "consagración" era la negación misma del concepto de "horario"; que esto no sólo mataría la espontaneidad, sino que destruiría las familias de los "consagrados" y que entonces los problemas domésticos terminarían robándole al centro atención al trabajo. No es posible defender un absurdo con razonamientos fundamentados en la lógica, nunca los aceptaron de manera explícita; sólo logré tolerancia a través de una piadosa elevación de nuestras cifras de promedio de permanencia, que tanto Partido, como Juventud, sindicato y hasta el Ministerio reportaban como mayores de 12 horas diarias, estando en realidad por debajo de 10.

Brunet, el Subdirector

Fue mi ex compañero de aula e inseparable amigo Coco, hoy Dr. Manuel Hernández Vélez, quien trajo a Roberto Martínez Brunet a EICISOFT. Reproduzco de sus propias palabras:

Resulta que un día me encontré a Rolando Roque, el tutor de Coco en su tesis de grado (sobre unas cerámicas o cosa así) y Roque me pidió que fuera el oponente de la tesis... aunque no sabía un carajo del tema, no pude negarme y tuve que leerme la tesis e inventar algunas preguntas y críticas... Con motivo de la defensa me encontré varias veces con Coco y él, como vio que estaba aburrido y encabronado con tanta pendejada científica, me sugirió que te fuera a ver a EICISOFT... él me llevó y así fue.

No me fue difícil convencer a mi excelso ex alumno de que el futuro estaba en el Software y no en los estudios de propagación troposférica a los que estaba dedicado y que al mismo debía orientar sus muchos talentos. Para un tipo como éste, no podía dejar de encontrar un hueco en la plantilla, y así vino Brunet del Instituto de Geofísica y Astronomía (IGA) de la Academia de Ciencias de Cuba a integrarse a EICISOFT. Brunet nunca dejó de imprimirle a los proyectos el impulso que de él se esperaba, pero más que nada resultó el más firme y eficaz de los aliados en la lucha contra la quinta columna interna que se había levantado con la visita de Fidel.

Aún siendo un advenedizo, no demoró Brunet en hacerse del respeto de todos y de manera natural transitó de miembro a jefe de proyecto, a jefe de software, terminando en menos de un año como subdirector de EICISOFT. Me permito insertar otra de las caracterizaciones de Marco:

> *Roberto Martínez Brunet, físico de profesión. De mente ágil y lengua mordaz "Lord Brunet". El profesionalismo personificado. El REXX, por cierto, fue obra suya en su casi totalidad. De todos nosotros, uno de los pocos capaces de hacer un plan de trabajo y llevar una bitácora, de sentarse durante semanas a cazar un "bug" hasta que apareciera. No sólo es una persona de ideas brillantes, sino que es capaz de concretarlas y plasmarlas en un producto terminado, capacidad de la que carecen muchos genios. Excelente amigo mío y hasta la fecha nos comunicamos por correo. Hoy en Miami.*

He reproducido aquí la caracterización de Marco íntegramente, pero tanto Brunet como Alexis, aclaran que el proyecto REXX a que se hace referencia, no fue en el que Brunet tuvo esa participación, sino en el *Cromodiag* (herramienta para el estudio de cromosomas).

Éxitos en Bulgaria

Ni el estudio de los artículos que encontraba Viciedo, ni los trabajos preliminares del RIAC-6, podían absorber toda la fuerza creativa de EICISOFT; esto hizo que el SCARA absorbiera de momento esa energía. Fue esa la época de la segunda Feria en Plovdiv, a la que no sólo se llevó el show de la torrecita que causara sensación en la Feria de la Habana, sino que se le añadió el show del dibujo de perfiles. Este consistía en captar con la cámara de video una imagen del perfil de una persona contra fondo blanco y el SCARA, con un marcador de fieltro, lo pintaría en un papel. Esto acaparó los cintillos de la prensa en Plovdiv.

A este viaje a Bulgaria fuimos Osmel, Kiki, Ulises y yo. Quise llevar a mi secretaria Mabel para que atendiera nuestro kiosco, entre otras funciones, pero el Ministro desautorizó su salida muy poco antes de la partida. La propuesta de Mabel para esta misión no sólo fue calificada de "favoritismo" por ser mi esposa y de "riesgo de deserción" por el Partido del Centro, que ya había asumido su papel de antagonista ante sus círculos de influencia, sino que pienso que fue utilizado por Lage para devolverme el golpe de lo de Villo. Mabel, como se dice en buen cubano, les "partió la cara" a todos, se fue permanente al trabajo de la construcción del nuevo EICISOFT durante el tiempo que duró la misión.

El AREMC, los capitalistas del Ministerio del Interior

Durante la década de los 80 que ya terminaba, las máquinas NEC para el mercado interno japonés presentaban una resolución y manejo de pantalla superiores a sus contrapartes americanas. A esto los obligaba la necesidad de representar los caracteres chinos (Kanji) en la pantalla y esto fue lo que nos permitió tratar imágenes a esa temprana edad de las microcomputadoras. Contrario a mis expectativas, que subvaloraban la potencia tecnológica de Estados Unidos, por aquella época ya comenzaba a imponerse a nivel mundial la tecnología de la IBM-PC en las microcomputadoras, tal y como Popi había vaticinado frente a mi defensa de las NEC.

Enterándose de los dineros disponibles por EICISOFT como consecuencia de la visita de Fidel, se acercó un grupo perteneciente al departamento MC (Moneda Convertible) del Ministerio del Interior que se ofreció para adquirir computadores de 32 Bits directamente del mercado americano. Este grupo tenía nombre de compañía capitalista y no el de algún mártir como dictaría la ortodoxia socialista. Eran siglas a las que nunca supe qué frase se asociaba y eso no ayuda a que ahora las recuerde, pero llamémosle AREMC (Algo para Recordar la MC). Pues el tal AREMC se dedicaba a importar productos y equipos americanos para las investigaciones de los centros del Polo Científico y ahora ofrecían sus servicios a EICISOFT.

La creciente deuda de Cuba y sus repetidos incumplimientos de pago con Japón, hicieron que la Dieta Japonesa (Parlamento Nipón) retirara el seguro de exportación a las ventas a Cuba. Esto, ligado con las regulaciones del CoCom, que eran ahora celosamente observadas allí, casi nos obligaba a aceptar aquella oferta y no demoramos en recibir 10 máquinas de 32 bits de la firma *AST Research*. Esto elevaba la tecnología a nuestra disposición, pero fue el final de las NEC y el comienzo del alejamiento de Japón.

Vicentín, ¿autosuficiente yo? El mejor…

Vicente Lanz provenía de contradictoria estirpe. Decíase que era descendiente de José Martí. Su padre, del mismo nombre, era un afamado arquitecto que se mantuvo al lado de la Revolución, mientras que su tío, Pedro Luis Díaz Lanz, piloto de combate, era un connotado personaje de la contrarrevolución en Miami. Lo conocí a través de mi amigo de la infancia Luis Xudiera; solíamos ir a jugar cancha a Santa María del Mar. Cuando aquello, recién terminaba ingeniería geofísica con leyenda de tipo brillante, pero autosuficiente, calificativo muy abusado por la Juventud Comunista, que solía endilgárselo a todo el que mostrara un atisbo de pensamiento independiente. Luego, un oscuro episodio relacionado con un triángulo amoroso en el que estuvo envuelto con la esposa de otro de los canchistas, nos separó durante buen tiempo.

Nuestras trayectorias se vuelven a cruzar después de una conversación con el Comandante Pedro Miret, donde éste me celebró nuestro almacén de componentes electrónicas y se sorprendió cuando lo califiqué de "mal necesario", con lo que logré acaparar su atención. Le expliqué que para poder emplear algunos cientos de dólares en nuestros desarrollos, nos era necesario mantener congelados decenas de miles de dólares en componentes almacenadas... Continué mi razonamiento: "si yo tuviera una *ferretería* donde comprar lo que me hiciera falta, no tendría almacén. La ausencia de una *ferretería* obliga a que cada centro de investigación/desarrollo tenga que tener un pequeño almacén con capital congelado, que siempre resulta insuficiente. Al poco tiempo de aquella conversación apareció Vicentín en mi oficina pidiéndome que le pusiera por escrito aquella argumentación que le había hecho a Miret y que si lo ayudaba a empujar lo de la "ferretería" esta podía convertirse en realidad. Así lo hice y esos fueron los albores de lo que después sería TECUN[38], versión criolla de una especie de Radio Shack del que Vicentín fue su primer (y mejor) director.

---

[38] TECUN: Tecnologías Universales de la Corporación CIMEX, un grupo empresarial privado, de capital estatal cubano

La mudada

Estaba muy contento con la influencia que estaba adquiriendo, renacían mis esperanzas de poder contribuir a arreglar aquello, no me daba cuenta que, por mucho sentido que tuvieran mis consejos, lo que estaba haciendo era vendiéndole el capitalismo a los comunistas y estos lo estarían comprando mientras alguien no se diera cuenta. Hasta la prensa oficialista llegó a comprarme argumentaciones capitalistas; ejemplo de esto fue el artículo "Miedo al Mercado", publicado por la revista *Bohemia* en junio del 90.

Hasta mis radicales inquisidores me habían perdonado. Recuerdo la visita de una delegación del Ministerio de Educación Superior y el CNIC[39] en la que figuraba Armando Pérez, éste era ya Vice Rector, pero en la época de mis herejías universitarias era el Decano de la Facultad de Ciencias y había sido el ejecutor de las sentencias de no permitirme regresar a Suecia a defender mi doctorado y después la de no dejarme ni siquiera defenderlo en Cuba. Pues resulta que Armando Pérez me saludaba con gran familiaridad y hasta me envió un emisario a nombre de la Universidad para proponerme que defendiera mi doctorado., "Las molestias serían sólo las mínimas necesarias para cubrir las formalidades", dijo el enviado. La herida aún estaba demasiado fresca para adoptar la sabia posición de "enemigo que huye, puente de plata" y la respuesta en cambio fue; "el problema que tengo con su amable propuesta es que a 17 años de haberme graduado y de haber más que demostrado mis conocimientos en la práctica, ¿quién sería mi "tutor"? ¿Qué autoridades superiores a la mía figurarían en el tribunal?, es precisamente para estos casos que existen los doctorados "Honoris Causa". Eso sería lo único aceptable". Pero ese recurso la Universidad de La Habana lo tiene estúpidamente reservado para personajes políticos. Hoy he tenido que lamentar aquel rapto de dignidad, ya que aquel doctorado me permitiría impartir docencia superior en Estados Unidos y no puedo contar con esa opción.

Cambiando el tema y volviendo a la construcción de EICISOFT, la terminación se prolongaba demasiado y un buen día de enero de 1989, en un momento de enardecimiento, lancé la orden y sin apenas tener que arengar, cundió el frenesí de

---

[39] **CNIC**: Centro Nacional de Investigaciones Científicas

mudada y al día siguiente empezamos a operar desde el nuevo local. A los pocos días una empresa de artes pictóricas nos llenó de cuadros cuanta pared de cemento encontraron donde poder meter un clavo, por suerte no habían demasiadas, pues había propuesto y obtenido delimitar los cubículos con paneles, de los que se usaban para las exposiciones. De esta manera obtenía mayor flexibilidad organizativa. Aquellos primeros cuadros tenían poco de decorativo y nada de ortodoxia, recuerdo uno que colgaron en el pasillo que daba acceso a mi oficina que el artista llamó "Libélula", que era una clarísima evocación fálica tridimensional.

Estaba demasiado preocupado con los pormenores de la mudada para ocuparme de aquellos cuadros, cuando Fidel visita por primera vez el recién ocupado edificio. En su paso hacia mi nueva oficina, se detuvo ante la "Libélula", alzó las cejas y se sonrió encogiéndose de hombros. A día siguiente aproveché el incidente para salir de ese y de otros muchos de aquellos cuadros cuyo valor "no supe apreciar". Le pedí al administrador de aquella empresa que me diera cuadros estrictamente decorativos, independientemente de su "valor artístico". A día siguiente tuve que despedir de mi oficina al airado autor de la "Libélula" mientras me calificaba de ignorante e inculto.

La mudada no transcurrió sin pérdidas: los huacales donde se guardaban las partes del simulador ferroviario aparecieron forzados. Alguien los abrió y se robó carritos, locomotoras y líneas férreas, así fue como terminó aquel gran proyecto del tren. Como a esas alturas ya habíamos perdido las esperanzas de que aquello se instalara, esas pérdidas no eran nada a lamentar demasiado.

El taller de mecánica, cuyo valor se estimó en más de un millón y medio de dólares, contó con más máquinas herramienta que muchas fábricas. Tenía torno de cuatro muelas, mandriladora, taladro, fresa, rectificadora circular, dobladora, cizalla y hasta un torno CNC alemán, que en algún momento llevaría nuestro propio control CNC. El mencionado taller se terminó de instalar en la planta baja del edificio y ya pudo comenzar a maquinar las piezas de aluminio que se habían fundido en moldes de arena en otra empresa del SIME. Cada RIAC-6 requería cuatro piezas de fundición, los moldes de arena lograron unas 5 o 6 de cada tipo, ninguna salió igual a la otra y ninguna estaba perfecta: la que no tenía algún hueco debido a alguna burbuja, no había llenado completo, otras se habían deformado o presentaban protuberancias. Sólo un artista como Diego sería capaz de convertir aquello en piezas de robots.

EL Gallego, Paquito e Ismael, la gente del taller

Diego escogió otros tres mecánicos para su *team* que se sumaron a la plantilla de EICISOFT: Valentín García, alias El Gallego, Francisco Castillo, Paquito e Ismael González. Diego había logrado el sueño de su vida, ser el jefe de un gran taller y tener un carro, pero la felicidad no le duraría mucho. Sería el carro de Diego un dechado de perfección hasta que un estúpido accidente, a menos de un año de uso, lo redujera a un nivel de chatarra tal, que ni Diego, con semejante taller a su disposición, lograra repararlo. Poco tiempo después del accidente, perdió también su apartamento tras una separación familiar.

El uniforme

Hubo un momento después de la mudada en que me propuse instaurar un uniforme para EICISOFT. Tenía motivaciones legítimas, como la de que en Japón y el resto del primer mundo las compañías que se respetaban tenían uniforme. Me explicaban los japoneses que eso no sólo hacía que la compañía fuera percibida como un equipo por la clientela, sino que daba a sus propios trabajadores una identidad y esto contribuía psicológicamente a un comportamiento de equipo. Tenía también otras razones, ya no tan "legítimas". Los otros centros "consagrados" vestían uniformes; gozaban de cuotas especiales de comida y la atención directa del grupo de apoyo del

Comandante, pero también padecían esos horarios absurdos de 12 y 14 horas de lunes a sábado. Nosotros, en cambio, teníamos todas las buenas y ningunas de las malas, pensé que lo del uniforme sería una concesión razonable para seguir evitando lo de los horarios. Otro motivo no tan legítimo, pero si muy práctico, era que el uniforme resultaba una cuota extra de ropa que ayudaba a preservar las pocas muditas que uno tenía para vestirse.

Pero bastaba que yo propusiera algo, aún siendo políticamente correcto, para que el núcleo de Partido estuviese en contra y lo utilizara para sembrar el descontento. Alegaron que sería impopular y que restaba libertad a los trabajadores. Su contrapropuesta era algo así como el trato del esqueleto: aceptaban que se repartieran los uniformes, pero que ponérselos fuera voluntario. Estoy seguro que si hubiera propuesto evitar los uniformes, entonces habrían argumentado que el uniforme era lo políticamente correcto. Al final, tuve que apelar a la mandarria y, haciendo valer la poca autoridad que el sistema deja a los directores, dispuse que el que no vistiera el uniforme no podía entrar al centro.

Fernando, el Artista

Fernando González, egresado de Ingeniería de la antigua Unión de Repúblicas Socialistas Soviéticas (URSS), trabajaba en una fábrica del SIME llamada con el extenso nombre de "República Socialista de Viet Nam". Era tecnólogo de control numérico de ese taller y había desarrollado algunas herramientas de CAD-CAM. Como estuvo involucrado con la fundición de las piezas del RIAC-6 y tenía un especial talento para el diseño gráfico, se quedó con nosotros. Era egresado de ingeniería de la URSS. En EICISOFT se especializó en el diseño de la interfaces de usuario y diseñaba también los "brochures" de nuestros productos (Brochure de EICISOFT, brochure del REX-100).

El abdomen de Fernando era como el de un superviviente de un duelo con Ichi, el esgrimista ciego del cine japonés, resultado de la mala suerte de enfermar con apendicitis durante su época de estudiante en la URSS.

Hourruitiner, "Cabilla"

A propuesta de Brunet entró Roberto Hourruitiner. "Cabilla", era como le decíamos. Cabilla había trabajado con Brunet en el IGA (Instituto de Geofísica y Astronomía). Estuvo en la guerra de Angola y venía, como solía decirse allá: "quemao". La cordura nunca fue requisito para trabajar en EICISOFT y Cabilla fue aceptado por la Comisión, resultando ser un buen softweriano y una de las gentes más pintorescas en EICISOFT.

Eppur si muove

A menos de un año y medio de la visita de Fidel, ya habían llegado todas las componentes mecánicas y electrónicas para cerca de cinco RIAC-6. Se habían logrado maquinar un mínimo de las piezas fundidas, empezaban a encajar los módulos de software y el primer prototipo RIAC-6 comenzaba a hacer sus primeros torpes movimientos. Sin embargo, con las discusiones de diseño sobre las prestaciones que tendría el RIAC-6 asomaba un problema, algo que no iba tener solución: ¿en qué se aplicaría o a quién se le vendería el RIAC-6?, como en el "País de las Maravillas", donde el veredicto iba antes que el juicio, aquí el robot precedía a su necesidad.

A primera vista el primer prototipo RIAC-6 parecía una copia de un modelo viejo de la ASEA, pero no lo era, pues tenía varias mejoras. No obstante, presentaba la misma gran limitación que ya había sido superada por los modelos nuevos de todas las firmas de robótica: le faltaba un grado de libertad para ser verdaderamente versátil. La posición de un objeto sólido en el espacio, como un alimentador de alambre para soldadura o una pistola de pintura, se especifica por seis coordenadas, tres de posición y tres angulares que lo orientan. Para poder de verdad manipular cualquier pieza, tirar cualquier cordón de soldadura o pintar algo de geometría compleja, hace falta ese sexto eje. Con cinco ejes, se estaba mucho más limitado que lo que pudiera intuir una diferencia de 5 a 6. A lo más que podía aspirarse, era lograr algunas manipulaciones sencillas, tirar cordones de soldadura cortos o cosas así.

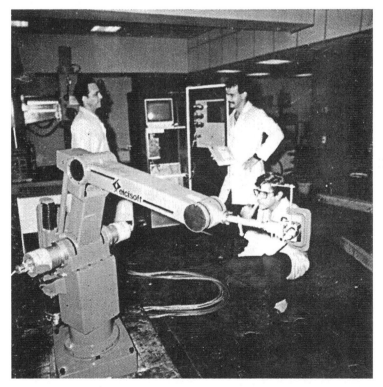

La robotización es la etapa más sofisticada de la automatización y es consecuencia de la estandarización que la industria ha logrado alcanzar en las piezas y materiales. Por ejemplo, para que un robot, aún uno de seis ejes, sea capaz de soldar por arco repitiendo un programa de movimiento espacial, se requiere que las piezas a soldar sean siempre iguales dentro una tolerancia bien pequeña; el alambre, los fundentes y la composición de los materiales a soldar, entre otras cosas, deben ser altamente repetibles. Nada de esto podría encontrarse a 30 años de Revolución en una industria nacional donde las normas parecían haberse ido detrás de sus dueños.

Pero no sería la industria el destino del primer RIAC-6, lo fue EXPOCUBA. Un poco después de que comenzaron las obras del nuevo EICISOFT bajo la supervisión directa de Carlos Lage, también empezaron, bajo igual fiscalización, las obras de EXPOCUBA. Esta sería una exposición permanente de los logros de la Revolución. No era nada original, en Moscú había algo similar, la VDNJ (se pronuncia *veh De eN Ja, Vystavka Dostidsheni Narodnovo Josiaistva SSSR*, que se traduce como Exposición de los Avances en la Economía Política de la Unión Soviética). Se construyeron muchos pabellones sin tener aún una idea clara de que es lo que se iba a exponer, pero nadie correría el riesgo de que Fidel fuera a encontrarlo pequeño para mostrar los "incontables" logros de su Revolución. Bajo esa lógica se había reservado un área enorme para la exposición de los logros en el terreno de la robótica. Debíamos tener montado un buen show robótico para la inauguración de EXPOCUBA. ¿Con qué íbamos a llenar aquello? Ni siquiera podíamos llevar el robot Scara, pues ya en su segunda visita al nuevo EICISOFT, Fidel se pronunció críticamente sobre la producción búlgara y de Europa del Este en general. La *Perestroika* iba a todo tren y la agitación en esos países apuntaba peligrosamente hacia la democracia y el capitalismo, por lo que no veía ya con buenos ojos nuestros negocios con Bulgaria. Marcos Lage resuelve la situación del exceso de área donando un torno CNC alemán. El show consistiría en que el RIAC-6 alimentaría el torno con tochos de latón y, al final del proceso, sacaría la pieza terminada y la colocaría sobre una mesa donde el público pudiera apreciarla.

Pues sí, hubo una tercera y última visita de Fidel a EICISOFT. En ésta se le pudo mostrar un primer robot que ya hacía sus primeros movimientos y un EICISOFT más funcional que en su primera visita al nuevo edificio. Le dije de mis ideas de ir sustituyendo motores franceses y rodamientos alemanes por equivalentes búlgaras y que obtendríamos a través de un intercambio por controles CNC para tornos de control numérico. Me sorprendió que esto no le gustara, ya que era una manera de ahorrar divisas exportando software. Se empezó a cuestionar la calidad de los productos búlgaros y se quejó que durante años todos esos países, refiriéndose a los del campo ex-socialista, habían llenado el país de chatarra inservible. Todo el mundo en Cuba sabía eso de sobra, pero él se daba cuenta de eso sólo ahora cuando se sacudían el comunismo y se liberaban de la URSS. Aquella diatriba no invitaba precisamente al debate, pero yo tengo un problema patológico con eso de defender una tesis, fue entonces cuando, en vez de callarme, se me escapa la siguiente frase: "Comandante, no hay problema, así será, en un final es su reconocimiento lo único que importa". Cuando me oí diciendo aquello, me bajó un escalofrío por la garganta, acababa de decir algo muy cercano a que lo único que importaba era complacer su ego, ya estaba buscando con que reparar aquel entuerto cuando Fidel, sin dirigirme la mirada y después de unos segundos de meditación, asienta con la cabeza en señal de aprobación. Inmediatamente recibo de Carlos Lage, que estaba a mi lado, un elogio: "¡ñooo, te has hecho un tremendo político!". Aquella zoquetada, quizás por inconcebible, era tomada como una manifestación de incondicionalidad al Máximo Líder y por esto se me felicitaba.

Los conocidos tres Mercedes Benz de Fidel, que entraron contrarios por la calle 24, precedidos por el correspondiente zafarrancho militar, habían alertado al vecindario de su presencia y ya se concentraba una pequeña multitud frente a EICISOFT para ser testigos del acontecimiento. Me preguntaba ¿cómo es que la seguridad personal complicaba su operación permitiendo que el público se acercara a los carros y sin embargo bloqueaba la calle 24, cosa mucho más invasiva, durante todo el tiempo que duró la visita? Hoy pienso que era para que el Comandante pudiera ser vitoreado y los fotógrafos oficiales pudieran captar la escena.

Ver al robot moverse producía en la dirigencia la percepción de que la tarea estaba más cerca de su conclusión que lo que realmente estaba. No era fácil percatarse de que aún no repetía las posiciones ni a las decenas de milímetros, cuando tenía que hacerlo a la décima. Esto era no sólo debido a los problemas mecánicos que desde el principio nos llovían torrencialmente, la electrónica también presentaba problemas: deformaciones en los pulsos de los *encoders* hacía que nuestras tarjetas contaran pulsos de menos; por otra parte, las interferencias provenientes de aquellos potentes motores controlados por ancho de pulsos, hacía que se contaran pulsos de más. Ni siquiera el software estaba exento de problemas. No era sólo el robot, Tanilo y resto de los mecánicos trabajaban afanosamente en la automática asociada al show que se quería montar, los tochos debían proveerse uno por uno y no podía fallar. La limitación de los cinco ejes se dejaba sentir, no había forma de que el tocho entrara paralelo a la muela del torno, siempre sería un arco y la precisión para que no tropezara tenía que ser mayor que la que se estaba logrando. La fecha de la inauguración de EXPOCUBA se acercaba peligrosamente y los últimos días fueron de trasnochar en el área de la exposición.

Gorbachov, el Perestroiko

Unos días antes de la gran inauguración de EXPOCUBA, llega a La Habana Mijail Gorbachov. Por todas las vías posibles, me llegó que éste asistiría a la exposición y que el stand de la robótica sería visitado por la comitiva. Aquel robot aún mostraba la docilidad de un potro salvaje; el ridículo amenazaba con ser en grande. Pero no era sólo el robot, el torno tampoco entraba en razones. Los problemas técnicos le llovían a la tropa de EICISOFT; por sólo mencionar alguno, resulta que el proyecto eléctrico de EXPOCUBA no pudo acompañar a la grandiosidad del arquitectónico y el voltaje caía tanto con la carga que, según me recuerda Kiki, el torno con opciones de 220, 380 y 440 volts para lograr que funcionara hubo que ponerlo en 380 y alimentarlo de la 440. Los problemas, tanto de hardware como de Software, hacían que, sin previo aviso, el robot mostrara algo así como ataques epilépticos, si uno de estos ataques ocurría durante la manipulación de aquel tocho de unas 10 libras, este podría ser este lanzado con violencia en cualquier dirección. Durante la madrugada de la víspera se lograron eliminar las causas electromecánicas de la epilepsia, pero no la de software, que permanecería oculta hasta un par de días después.

Ya amanecía cuando hubo que detener las pruebas y prepararse para el show. Dejé a la tropa en esos quehaceres para irme a bañar y vestir con el atuendo guayaberístico reservado para esos acontecimientos. Seríamos de los primeros en ser visitados, era ya media mañana cuando entran por la puerta central de aquella nave Fidel y Gorbachov rodeados de personalidades de ambos gobiernos, así como de un enjambre de guardias y reporteros. Vinieron directo a nuestro stand, recuerdo que acompañaba a Gorbachov el entonces canciller Eduard Shevardnadze. Comencé mi exposición y arranqué aquel engendro diabólico que, para mi sorpresa y alivio, se comportó angelicalmente. Exclamaciones de admiración se escuchaban de aquel importante auditorio. Oí cuando Gorbachov jaraneaba con Fidel sobre que a los robots no se le podía andar mangoneando, que ése (el robot) sólo respetaba a los científicos, no a los jefes... y yo pensando, si él supiera que "ése" en particular ni a los "científicos" respetaba demasiado.

Terminaba mi exposición con una explicación de nuestro CNC que controlaba el tornito pequeño, mientras este terminaba una pieza que invocaba las torres de la catedral de San Basilio en la Plaza Roja. Regalé a la comitiva unas veinte piececitas como ésa que previamente había torneado para la ocasión. Ya se alejaban hacía otras muestras de la exposición cuando Gorbachov, separándose del grupo, regresa y toma de mi mano la recién terminada que aún sostenía, intercambiamos sonrisas y se despidió cordialmente. La comitiva no alcanzó a ver que el engendro sólo hizo un par de operaciones más antes de volver a la epilepsia. Aunque aquello estaba lejos de satisfacernos técnicamente, habíamos cumplido con nuestra verdadera misión: se había logrado mostrar al mundo algo que sugería un desarrollo industrial del que Cuba estaba muy lejos. No creo que Gorbachov se dejara engañar por aquella muestra, ya que él venía de donde se inventó este tipo de farsa, pero las imágenes del robot de EXPOCUBA viajarían por el mundo reafirmándole la fe en el socialismo a los que ya la tenían.

La detención de Pablito

La febril actividad que precedió a la inauguración de EXPOCUBA hizo que pasara inadvertido que hacía tres días Pablito no venía a trabajar. Me sorprendí cuando, no recuerdo por qué vía, llegó la información de que estaba preso en Villa Marista[40]. Lo habían detenido cuando se hizo sospechoso por llevar el pelo un poco largo y venir en su bicicleta, a altas horas de la noche, por una de las calles donde a la mañana siguiente pasaría la caravana de recibimiento a Gorbachov. Eso bastó para que la Seguridad del Estado, que patrullaba la zona, lo registrara y le ocupara unas poesías manuscritas de aparente contenido político que llevaba en la mochila. Fue trasladado a Villa para ser interrogado y permaneció allí durante los mencionados días. Ya empezaba a llamar a mis contactos para ver qué se podía hacer, cuando irrumpen en mi oficina unos

---

[40] **Villa Marista:** Antiguo colegio de los Hermanos Maristas devenido en sede de la tenebrosa Seguridad del Estado. Por estar situada en la avenida Camagüey, era el decir popular de "fue completo Camagüey" para referirse a que alguien había sido detenido por esa policía política.

oficiales de la seguridad que venían precisamente a hablar conmigo sobre el caso. Venían con las "evidencias": los manuscritos y unos carteles pintados a mano que le habían encontrado pegados por dentro de la puerta del closet de su cuarto cuando le registraron la casa. Sobre el contenido político de las poesías pude argüir que había una duda razonable, que su carácter manuscrito y el que hubiera un solo ejemplar de cada una, demostraba que aquello no eran proclamas. Calificar eso de "propaganda enemiga" rayaba en lo paranoico. Más difícil, por su contenido, me fue uno de los cartelitos, en el que se leía "Perestroika SI, Rectificación NO". Ese era el que dolía, se traducía fácil a "Gorbachov SI. Fidel NO". El llamado proceso de "Rectificación de errores y tendencias negativas" con que el Partido decía que "ahora sí íbamos a construir el socialismo", tenía una diferencia con la Perestroika que trascendía su retórica: no había cambios en el equipo de gobierno. ¿Cómo es que la misma gente, empezando por Fidel Castro, comprometida con sus errores, iba a cambiar nada? Tuve que hacer un esfuerzo para que no se me notara que yo también simpatizaba con aquel cartel. En su descargo, dije que el cartel indicaba una falta de fe en el proceso de rectificación; que en cuanto empezaran a verse los resultados, estaba seguro de que Pablito enseguida reconocería sus méritos. "Eso a nosotros, los que estamos convencidos de su éxito, la falta de fe de alguien tan joven como Pablito no debe preocuparnos, ¿verdad?", les dije. Sutilmente acababa de relacionar la "preocupación" con cierta falta de fe en el proceso de "rectificación", no obstante temía que aquel alegato podía ablandar pero no ganar.

Lo que no sabía era que a Pablito ya lo tenían sentado en la oficina de Mabel, o sea que lo iban a soltar de todas maneras. La misión de estos oficiales era la asegurarse de que fuera despedido de EICISOFT. Les informé que en ese momento Pablito trabajaba junto con los cardiólogos del Hospital Calixto García en un sistema de inteligencia artificial para el diagnóstico rápido en los Cuerpos de Guardia. Y continuaba: "podía costarle la vida a unos cuantos sí permitimos que lo del cartelito bobo ése aborte el proyecto". Fue cuando propuse: "ustedes tienen poder (eso siempre les halagaba), ¿por qué no le consiguen una plaza en el Hospital de manera que desde allí y no desde nuestra plantilla, pueda continuar el proyecto?". Poder SI, organización NO, eso de "pasarle la bola" al aparato dio resultado, aceptaron ese acuerdo sin percatarse de la dificultad de la tarea que les dejaba: el cambio de plantilla nunca se produjo. Pablito trabajó en EICISOFT hasta que un día me pidió la baja para emigrar a Estados Unidos con su madre y hermano gemelo, que había trabajado en la alta dirigencia de la juventud comunista.

Alejandro, el vástago

 Alejandro Castro es uno de los hijos de Fidel Castro con Delia Soto del Valle, alto y delgado, no se le parece tanto físicamente como su primogénito Fidel Castro Díaz-Balart. Alejandro se había inclinado por la computación, la primera vez que supe de su existencia fue cuando presentó un trabajo al concurso "Ideas Prácticas" de la revista Juventud Técnica en 1986, que como asesor de la revista tuve que revisar y evaluar. Fue Alejandro, por los sobrados méritos de su ponencia y no por su apellido, el ganador de aquel premio. Fue en 1988, aún en Capdevila, que nos visitó por primera vez y estableció una relación personal con Marco, Alexis y otros *eicisoftianos*. Cuando ya estábamos en el Vedado me comunicó su interés en trabajar en EICISOFT.

Aunque debo admitir que no me hubiera sido fácil negarme, la realidad era que le sobraba calificación para ser uno de nosotros. Alejandro era capaz de hacer software de bajo nivel. El nivel alto o bajo en software no se refiere a su nivel de dificultad, sino a su posición entre el punto más alto, que es la interfaz con el usuario, y el más bajo que es la interfaz con el hardware, esa capacidad no la tenían todos en EICISOFT y, en ese momento, era Alexis el único que lo estaba haciendo. La incorporación de Alejandro era un refuerzo importante en esa actividad.

Alejandro trabajó en EICISOFT, pero nunca fue un *eicisoftiano* más; es que tampoco era un cubano más. Al principio me daba lástima ver como tenía que andar siempre con un par de gorilescos guardaespaldas que lo acompañaban hasta el baño; no podía comer con sus compañeros, siempre salía a almorzar a algún lugar fuera de EICISOFT. Con el tiempo, le fui perdiendo esa lástima: Alejandro no tenía el más mínimo interés en ser igual que sus compañeros, es más, disfrutaba ser distinto y bien que gozaba esos privilegios que le permitían trabajar sólo en lo que le motivaba, comer sólo lo que le gustaba y aliviar sus apremios sexuales con las modelos de CONTEX (Empresa de modas para la exportación). Dos sucesos ayudan a caracterizar el personaje y a describir la perturbación que introducía tener en EICISOFT a un hijo de Fidel Castro.

Suceso 1: El Descuento

Alejandro no estaba acostumbrado a que le llamaran la atención. Creo que la primera vez que tenía algo así como un trabajo era en EICISOFT. El control de asistencia y puntualidad que teníamos era bastante flexible, pero existía el requisito de firmar un libro de entrada. A Alejandro le molestaba cumplir con esta pequeña formalidad y dejaba de hacerlo con frecuencia. En una ocasión Brunet, que se había quedado como director cuando yo estaba en el extranjero, le descontó los días que no firmó. A continuación el incidente en las propias palabras de Brunet:

> *Alejandro me dijo algo así como "mi papá se preocupa mucho por estas cosas"... y le contesté que no creía que su papá tuviera tiempo para esas boberías. Hasta los guardaespaldas vinieron a presionarme y amenazarme con el Comandante. El escolta grande decía que él era el enlace con la familia de él y que tenía que informarle al "Jefe" de eso... Pues infórmele, ese no es mi problema... Realmente me divertí bastante aunque ahora me parece una imprudencia.*

En definitiva me cansé de tanto visiteo y voy y le digo a Alejandro: "Si quieres que te trate como el hijo de tu papá, me lo dices ahora mismo, te pago los días y no tienes que firmar más, pero si quieres que te trate como un hombre, procura que no venga más nadie a hablarme de eso..." y ahí quedó la cosa. Quince días después Carlos Lage me ve en la escalera y me pregunta: "¿Qué problema tuviste con Alejandro?". Le contesté: "¿Yo, problema?... Ninguno que merezca recordarse".

Suceso 2: El Chapista

El parque vehicular de EICISOFT, como se recordará, era de 15 automóviles más el panelito (van) Mercedes Benz, a esto habría que añadir ahora el carro de Alejandro. Había sólo dos plazas de parqueo frente a la puerta que daba acceso al taller de mecánica, pero este espacio se reservaba estrictamente para clientes y visitantes. Sólo el panelito podía usarlo temporalmente para descargar y cargar.

Era un sábado en que hubo que trabajar un poco más allá de la mañana, cuando voy saliendo veo que un carro está siendo chapisteado en el parqueo de visitantes de EICISOFT. Dos hombres miraban trabajar al chapista que soldaba dentro del carro, no podía creer que aquello estuviera ocurriendo. ¿Cómo era que alguien se atrevía a usar el área privada de una institución sin pedir el más mínimo de los permisos? ¿Es que aquel hombre estaba loco? Además, la tenencia de balones de oxígeno y acetileno era por lo general mal habida, por eso los trabajos de chapistería se hacían más bien ocultos, pues de hacerlos en plena calle se corría el riego de que la policía ocupara los medios y aprehendiera los involucrados. Hacerlo a plena luz en el área de EICISOFT hacía parecer como que se trataba de una actividad relacionada con la institución. Permitir eso me hacía cómplice de esa actividad ilegal y ya yo estaba bastante enredado para sumarle eso. Me acerque a esa gente y les informé que no podían hacer aquello allí y que se marcharan. El chapista me oye y sale del carro al mismo tiempo que pregunta desafiante: "¿con quién tú cuentas para botarme de aquí?". Y le dije: "pues con la policía...". Ya me retiraba a llamar a la patrulla cuando el chapista me ataca. Era muy fuerte, pero, por suerte para mí era torpe, y logró darse más golpes contra el carro que los que logró acertarme. De hecho ninguno fue efectivo, de haberlo sido, hubiera terminado en el hospital. Me agarró por la cabeza, por fortuna no logró adivinar el cuello y me la apretaba contra su cuerpo como un candado ayudándose con la otra mano. Sentía como si tuviera la cabeza en un tornillo de banco y con el cráneo a punto de ceder como la cáscara de un huevo. En mi defensa, logré alcanzar un hierro del piso y, con una de las puntas, golpeaba su bajo abdomen y las entrepiernas con todas mis fuerzas, sin que notara que esto hiciera efecto alguno. Al final parece que sí, pues después de una docena de golpes me soltó, solo para separarse coger impulso y saltar de nuevo sobre mí. A estas alturas, mi cuñado que pasaba por la calle y los mecánicos de Diego Navarro entraron en la bronca a desapartar, pero del pasillo de la casa del al lado empezaba a salir la numerosa familia del chapista con palos y otras armas improvisadas. En la confusión los dueños del carro recogieron las piezas que pudieron y huyeron despavoridos, dando chance a que se lograra romper la batalla. Apartadores y agredido nos metimos en la recepción de EICISOFT y el chapista con su familia atacaron la puerta hasta que sintieron acercarse a la patrulla y huyeron, no sin antes amenazarme de muerte reiteradamente. El incidente terminó levantando un acta de los sucesos en la unidad de la Policía.

Al siguiente lunes uno de los escoltas de Alejandro me vino a ver a la oficina para hablar en favor del chapista y de su familia. Me instaba a que no persistiera en continuar el proceso criminal que había iniciado. No accedí a sus peticiones, pero aún teniendo el chapista una historia criminal, ni él ni su familia jamás fueron juzgados y mucho menos castigados. Me sorprendió saber, por boca del propio escolta, que él era amigo de esa gente y visitaba esa casa con frecuencia y aunque entonces no conecté esto con la causa de todo el problema, hoy me parece evidente. Él mismo tiene que haberle sugerido que usara el parqueo para sus chapisterías. Calculó el chapista que con el respaldo de nada menos que de un escolta del hijo de Fidel, pues no tenía problema y cuando apareció "ese directorcito equivocao" a botarlo de allí, podía hasta darse el gustazo de agredirlo. De hecho, el "directorcito" estaba "equivocao", pues le cayó a golpes y no le pasó ná. Lo que sí hoy me queda claro, es que el guardaespaldas era de esa misma calaña, parece que ser un matón delincuentoso es una buena credencial para aspirar a miembro del cuerpo de Seguridad Personal de los personeros del régimen.

Alejandro trabajó cosa de un año con nosotros, hasta un día que tuvo un disgusto con Alexis y vino a plantearme que se iba... sin más. Nunca lo volvimos a ver.

Los clientes de la madre patria, nostalgia colonial

Al cambiar de las NEC al mundo de las IBM, también cambiaba nuestro mercado. Xestek desaparecía como cliente pero aparecía Alfa-Beta en España. Narciso Pizarro era profesor de la Universidad Complutense de Madrid pero era además el presidente y dueño de Alfa-Beta. Su salario como profesor universitario, aunque generoso, no hubiera sido suficiente para sus aventuras empresariales. Tuvo Narciso la labia para obtener algún que otro cliente/inversionista como el Hospital Río Hortega de Valladolid, después la Honeywell-Bull y alguna que otra vez su mujer, María de Jesús, o más bien su suegro Luis Miranda, hombre de mucho dinero que tuvo que ver con el desarrollo del proceso de uperización de la leche. El producto que Narciso quería le ayudáramos a desarrollar era el "Documenta", un gestor de base de datos de imágenes. Comenzaba la década de los noventa y la idea de sustituir el papel como portador de información empezaba a tomar momentum. Hay que reconocer que las ideas de Narciso iban en la dirección correcta, pero se iban más allá, no sólo de la tecnología a su alcance, sino de su propia disposición al trabajo. La tecnología estaba limitada por su capital y aunque hubiera tenido mejor disposición para trabajar, no habría sabido hacerlo, pues su conocimiento de la técnica no iba más allá de los titulares. El rol que Narciso veía para sí era el de llegar al mediodía a su oficina en Alfa-Beta, "supervisar" el trabajo que hacían sus empleados por un par de horas, e irse a comer con personajes importantes, proveedores o clientes potenciales.

El típico izquierdismo antiamericano de los círculos universitarios españoles lo llevó a darse unas vacaciones en Cuba y allí visitó la Feria de La Habana de 1988. Se sorprendió Narciso al ver el desarrollo de la computación que se mostraba en aquella feria, no sólo por parte de EICISOFT sino también el ICID, que ya, obligado por la competencia, había entrado al mundo de las microcomputadoras. Narciso, como muchos en España, no dejaba de ver a Cuba como la colonia perdida y a los cubanos, aún aquellos con cultura y habilidades muy por encima de las de él, como "indios con levita". Sus ideas de izquierda, no le impidieron aprovecharse de la mano de obra esclava que en la feria se le ofreció y explotarla. Por Alfa-Beta pasaron Julián, Juan Fernández, Marco, Abad, Fernando, Alexis y hasta yo tiré líneas de código en el Documenta.

Aunque los japoneses habían hecho lo mismo, había una sutil diferencia... el respeto. Los japoneses no perdían la oportunidad de explotar el talento, pero lo veneraban. Por ejemplo, Marco fue el primero en trabajar en Xestek. Cuando fue relevado por Ulises, éste último se sorprendió al ver que el puesto de trabajo de Marco se había preservado como se hace con un lugar histórico. Contrastaba esto con el desprecio de Narciso hacia sus nuevos esclavos de Indias. Fue Narciso el único de mis clientes con quien no tuve una relación de amistad y fue para este negocio la única vez que me vi obligado a pagar un abogado para que me redactara un contrato.

Menos tensos, más amistosos, pero menos productivos fueron los negocios con Juan Ramón Torán. Este era un socio de Narciso para algunas operaciones pero que nos ofreció otros contratos de manera independiente. Hubo otros contactos españoles que no trascendieron conversaciones grandilocuentes a nivel de barra. La única forma de corresponder a las atenciones que mis clientes tenían conmigo, era ofreciéndoles algo con un nivel artístico elevado. La suerte quiso que mi hermana se casara con uno de los mejores músicos que ha dado Cuba, José María Vitier. Pianista y compositor, pero podía además tocar muy bien la guitarra. Fue cultivando estos contactos, cuyos nombres he logrado olvidar, que coordiné una gala en las cabañas de la Marina Hemingway donde se hospedaban, para ofrecerles un exquisito concierto personal por parte de mi cuñado y otros músicos de su grupo. Nos sorprendimos al ver que a una actividad de tanto vuelo artístico y de la que había anunciado que vendríamos con nuestras esposas estos tipejos nos recibieran acompañados de jineteras[41] con nada discretos "abalorios de putas", parafraseando a García Márquez. Esto era una muestra del poco respeto que le

---

[41] **Jineteras:** Prostitutas, pero de la época socialista. Se distinguen de las otrora llamadas putas o fleteras en lo siguiente:

- Las putas de antaño atendían mayormente el mercado doméstico y cobraban en moneda nacional; las Jineteras sólo ofrecen sus servicios a extranjeros y cobran en moneda libremente convertible, aunque algunas pudieran contentarse con algún regalo o hasta un plato de comida.
- Las putas operaban sólo en algunas zonas de tolerancia, esas que la Revolución no toleró por ser la prostitución un lacra del pasado incompatible con sus elevados principios. Las Jineteras hoy operan en todos lados, incluso aquellos a los que los cubanos no pueden acceder, de esa manera se hace más atractiva la oferta turística de la Revolución.
- Las putas eran mujeres con pocas luces y menos instrucción. Las Jineteras suelen ser políglotas y pudieran ser hasta graduadas universitarias.

merecíamos los cubanos a esta nueva ralea de colonizadores españoles.

Marina Hemingway era exclusivamente para extranjeros. Para que un cubano pudiera entrar a Marina, era requisito una carta del organismo y se le retenía su carnet de identidad hasta que saliera, ¿como entonces es que lograban entrar a esas jineteras? Simplemente, las dejaban entrar para que formaran parte de los servicios y atracciones que se les ofrecían a los huéspedes.

El Principio del Fin

Gustavo, el del almacén

Nuestro almacén de componentes electrónicas debe haber sido el primero en Cuba que se manejó por computadora. Desde que Vivian, una vecina de los altos de mi casa, que trabajó un tiempo en EICISOFT desempeñando la función de almacenera, se fue, Gilberto se venía ocupando de la organización y operación de este almacén. Ya después de la mudada, le venía dedicando cada vez menos tiempo a esta función, empleando el resto en "tareas del Partido", o léase, en su cruzada en contra de mi autoridad. Se las pasaba Gilberto sembrando el descontento entre los eicisoftianos y la desconfianza en los niveles regionales y provinciales del Partido. Tanto tiempo le absorbía su actividad político-destructiva, que ya interfería con el funcionamiento de aquel almacén cuya operación se hacía cada vez más compleja. Ante mi exigencia de expeditar el servicio y mejorar el control, me propone emplear a alguien que se ocupara exclusivamente de esas tareas, que él, siendo uno de los fundadores, merecía labores más trascendentes. Su perspectiva egocéntrica no le dejaba ver que la realidad era que, en electrónica, no le llegaba a la chancleta a otros técnicos como Kiki, Víctor, Castro o Sergio y en habilidades mecánicas, ni soñar llegarle a Diego, Ismael o el Gallego. Pensé que esa frustración pudiera ser la causa de su antagonismo y que una tarea técnica que le permitiera destacarse, neutralizaría su acidez hacia mí. Fue siguiendo ese plan que acepté su propuesta de emplear a alguien para el almacén, es más, acepté someter a la comisión a la persona que el mismo proponía para ocupar el cargo: un vecino suyo llamado Gustavo. De Gustavo, nadie en el exilio recuerda el apellido, se le decía Gustavo el del Almacén.

Siguiendo este plan de neutralización, envié a Gilberto a un evento de CAD-CAM en Praga y luego se ocuparía de impulsar el diseño automatizado de circuitos impresos en EICISOFT. El apaciguamiento parece que nunca es buena estrategia a largo plazo. Los nombramientos no pueden cambiar la esencia de las personas y la mediocridad de Gilberto no le permitía seguir el ritmo que le imponían los otros, por lo que no demoró en volver a su corrosiva rutina.

Alexis

Debo admitir que Gilberto tenía gran habilidad para manipular a la gente acorde a sus intereses. Abad le resultó el más fácil por su carácter confrontacional y su eterno problema con la autoridad. Las reuniones del núcleo eran verdaderas conspiraciones contra mi administración. No desaprovechaba Gilberto ninguna oportunidad; por ejemplo, en cierta ocasión le ofreció albergue en su casa a Alexis después de una crisis familiar al regreso de una misión a España. Durante ese tiempo trabajó sobre éste, que entonces era muy influyente en el Comité de Base de la Juventud Comunista (presidente de las Brigadas Técnicas Juveniles, BJT), hasta convertirlo en mi enemigo. De no haber sido manipulado por Gilberto, Alexis no habría tenido ningún motivo real para antagonizar conmigo, ya que era alguien bien respetado, admirado y aún mejor recompensado en EICISOFT.

Miret: El Padrino defraudado

Durante el tiempo en que fui el asesor favorito del Comandante de la Revolución y miembro del Buro Político Pedro Miret, éste acariciaba la idea de hacer en Cuba una fábrica de moldes y troqueles y con ese objetivo, me envió junto con Manuel o Miguel Bordón, en una misión a Japón para explorar ese mercado con vista a la compra de dicha fábrica. Bordón, ingeniero mecánico y director técnico de la

INPUD en Santa Clara, era hombre de confianza por ser sobrino del Comandante de la Sierra[42] Víctor Bordón. Aunque el concepto mismo de lo que debíamos explorar resultó ser un disparate, seleccionarme para esa misión fue un acierto de Miret y no lo digo por mis talentos, sino por mis contactos. Baba me llevó ante los presidentes de las empresas más importantes relativas al tema, que nos atendieron a su nivel, es decir quizá un punto menos que el de jefe de Estado.

Ya casi al final de la misión, a Bordón le tocaba regresar, mientras que yo aún tenía que quedarme para otras cosas relativas, no ya a los moldes y troqueles, sino a EICISOFT. Sucedió, que uno de estos industriales, Gotto San, nos honró con una comida privada después de haber visitado sus instalaciones, agradeció mis elogios a su compañía y hasta el candor de mi conversación que se tornó personal cuando le mostré las fotos de mis hijos y esposa. Se quedó mirando la foto de Mabel y me dice: "es extraordinariamente bella su esposa y percibo que Ud. la quiere mucho". Afirmé que así era, que yo vivía enamorado de ella. Hizo una pausa y concluyó: "se dice usted pobre y es más rico que yo. Yo lo perdí todo cuando la mía murió". Con una servilleta secó sus ojos y se excusó, luego con un gesto llamó a su ayudante que corrió hacia él desde algún lugar cercano a la puerta donde se mantenía pendiente de cualquier cosa que el Señor Gotto necesitara. Le dio unas instrucciones sin poder dejar de llorar y se despidió de nosotros dejándonos a cargo de su ayudante. Éste se encargó de coordinar el viaje de Bordón hacía Tokio, así como cancelar nuestro hotel y acomodarnos a Baba San y a mí en una residencia que tenía para sus huéspedes personales.

Aquella residencia dejó una marca indeleble en mi memoria. La antesala estaba decorada con un Renoir original y en el resto de la mansión no había un recodo al que le faltara

---

[42] **Comandante de la Sierra**: Dícese de aquellos que bajaron de la Sierra Maestra al triunfo de la revolución con grados de comandante.

una obra de arte japonés u occidental. Las habitaciones estaban dispuestas alrededor de un patio central con un jardín japonés, que combinaba cerezos y manzanos, con cascadas y lagunas donde nadaban carpas multicolores. No acababa de acomodarme en mi habitación y una de las sirvientas viene con una Yukata (una bata de casa estilo japonés), Baba viene en mi auxilio y me explica que ella estaba esperando que me la pusiera para guiarme a los baños. Ni siquiera había podido percatarme que en esas habitaciones no había duchas, eso no me jugaba con todo aquel lujo. El detalle era que los baños de aquella residencia eran de aguas termales, cada uno tenía una especie de pequeña piscina natural alimentada por una cascada, que fungía como bañadera, más aún que el museo de arte, eran precisamente esos baños el encanto especial de ese lugar.

Este era ya mi sexto viaje a Japón, lo que me había dado una familiaridad con la cultura japonesa que unido al dominio del inglés, irremediablemente ponían a Bordón en un plano secundario, al que parece no estaba habituado. No me percaté de su resentimiento, hasta que a mi regreso me enteré que este había estado sugiriendo en algunos círculos del SIME que mi relación con Baba tenía una naturaleza homosexual. Eso en Cuba era una acusación que sólo tiene un punto menos que la de contrarrevolución. Aunque los viejos comentarios de mi tolerancia en lo laboral con los homosexuales le daban cierto aval a esos rumores, la falta de antecedentes más concretos hizo que ni Gilberto, que ya hacía algún tiempo había hecho del antagonismo conmigo la misión de su vida, se animara a usarlos en mi contra.

¿El resultado de la misión? Bastó el primer encuentro con los industriales japoneses para hacer patente que la tal "Fábrica de Moldes y Troqueles" y una "Planta Huevacia" eran entelequias del mismo género. No existía en Japón, ni en ningún otro país del primer mundo nada semejante a una fábrica de algún tipo de moldes o de algún tipo de troqueles. Los moldes y troqueles eran el producto de un desarrollo horizontal y no vertical como aspiraba Miret. Por ejemplo, un molde para la inyección de PVC arrancaba por una compañía que fundía bloques de acero inoxidable, esos bloques eran tanto para moldes, como para muchos otros destinos industriales; los que diseñaban el maquinado CNC de los moldes, explotaban su base de cómputo, no sólo con moldes sino para otros proyectos también; las compañías de maquinado que fresaban los moldes, hacían también piezas para prototipos industriales entre otras tareas. Los moldes para estampado en frío era otra historia similarmente compleja, con otras compañías y con otro equipamiento. Pero a la lista de las largas historias empezaba a no vérsele el fin: habían troqueles de ponche, estampado en caliente, etc., etc... Casi que había que llevarse a Japón para Cuba para poder disponer de algo así como una fábrica capaz de producir cualquier molde y cualquier troquel. Por caro que pareciera la importación de estos moldes, las necesidades de nuestra industria no justificaban ni siquiera partes pequeñas de esos procesos.

El informe de aquella misión no debe haber hecho demasiado feliz al Comandante Miret. Él hubiera preferido una asesoría típica socialista, que le aconsejara el comprar una fundicioncita de acero inoxidable, una plantica de fresadoras CNC con el número de ejes que el CoCoM dejara que nos vendieran, un programita de CAD-CAM que le improvisaríamos en EICISOFT, etc. y que me hubiera abstenido de hacer esos horribles estimados de amortización al peor estilo capitalista. Fue esta la última vez que me usó como asesor. Sin embargo, no creo que la fábrica de moldes y troqueles haya sido la última de sus ideas.

Los Albita: frutos de las nuevas alianzas

 José García Piñeiro y Vicente Alba eran altos dirigentes técnicos del ICAIC (Instituto Cubano del Arte e Industria Cinematográficos), con ellos se coordinó un proyecto para aplicar nuestra experiencia en procesamiento de imágenes a la edición de cine. Como el proyecto debía desarrollase en  sus locales de 23 y 10 donde estaban instaladas las moviolas, la persona idónea era Abad: no sólo haría algo útil, sino que al estar menos tiempo en EICISOFT, era menos el daño que lograría hacer. Aunque no puedo recordar exactamente cómo, y ninguno de los consultados está seguro, el ingreso de los hermanos Juan y Vicente Alba, ambos buenos ingenieros e hijos del mencionado Alba el del ICAIC, estuvo relacionado con este proyecto.

Mandy 2: otro Mandy en EICISOFT

 El Ingeniero Armando Gutiérrez, hermano de Marcelino Gutiérrez, trabajaba con Vicente Alba e ingresó a EICISOFT junto con éste, un poco después de Juan Alba. Buen ingeniero y mejor persona era Mandy 2, participó en proyectos de hardware del robot y CNC.

Era norma que el Partido fuera un invitado permanente a los consejos de dirección de todos los centros de trabajo y era bien visto el que la invitación se hiciera extensiva al resto de los "Factores" (Factores = Partido + Sindicato + Juventud). En EICISOFT, siempre estuvieron todos invitados. Gilberto no solía enfrentarme en los Consejos, él prefería la insidia a la confrontación. Tuvo el núcleo de EICISOFT su primera Asamblea de Balance cuyo informe resultó en una diatriba contra mi administración. En el informe no se reconocía el más mínimo de los méritos, se tergiversaban datos y se magnificaban las deficiencias. Parece que Gilberto acarició la idea de leer aquel monumento a su mediocridad ante un Consejo de dirección sumiso y penitente. Apenas comenzaba con su informe de balance, lo interrumpí para señalar la inexactitud de un dato tendencioso que acababa de leer, cuando me dice que no puedo interrumpirlo hasta que él termine. Me di el gustazo de la vida recordándole su carácter de invitado, así como el mío de director del centro y por tanto de aquella reunión. Añadí que eso me facultaba para dar o quitar la palabra y a interrumpir cuando lo estimara pertinente, y que en este caso me iba a reservar el derecho a interrumpirlo ante cada inexactitud o falacia que viniera de su informe. Rojo de ira se levantó y abandonó la reunión. Cuando se marchaba, le añadí que si no podía respetar el que yo dirigiera una reunión, pues que no viniera más. Nunca más lo hizo, enviaba a cualquier otro, pero al que mandara hablaría sólo cuando yo le diera la palabra. En esto había convertido la visita del Comandante el antes apacible EICISOFT, donde todos decíamos pertenecer a la SEMAB… la Sociedad de Elogios Mutuos y Autobombo.

Zayas, el disidente reprimido

Alfredo Zayas, antiguo alumno mío de la Escuela de Física, trabajaba con la gamma cámara en el Hospital Oncológico y trajo esa experiencia a EICISOFT para verterla en nuestros productos de imágenes relativos a la radiología. No podría Zayas destacarse por su velocidad en la liga de los super-rápidos de EICISOFT, pero sí por su responsabilidad, tenacidad y constancia. Si por algo merece que lo recuerde es por su lealtad, ya que siendo de los que menos podía soportar "aquello" -léase el régimen-, sólo desertó cuando supo que yo lo había hecho. Era ese principio lo único que le impedía hacerlo.

Pancho, el sustituto de Lage el Bueno

Tras los éxitos de EICISOFT y EXPOCUBA, Carlos Lage era promovido, no sólo al Buró Político del Partido sino a la Vicepresidencia de la Nación y ya no podía atendernos como solía hacerlo, por eso un día trajo a Pancho (su nombre completo nadie lo recuerda), miembro del Grupo de Apoyo del Comandante en Jefe, para que lo sustituyera en su labor de apoyo y control. Resultaba curioso el poco valor que la alta dirigencia que nos atendía concedía a las opiniones del núcleo del Partido de EICISOFT, tanto el Grupo de Apoyo del Comandante, el Comité Nacional de la Juventud Comunista e incluso el ministro y vice ministros, más bien me aconsejaban sobre la forma de neutralizar sus ataques en el estilo de quien recomienda una medicina para el catarro.

Otro problema que empezaba a confrontar era con Rogel. Su papel, una vez protagónico en el surgimiento del EICISOFT de Reloj Club, en el actual del Vedado se había reducido al de chofer del panelito. Fue Rogel el Robin Hood que nos llenaba entonces la barriga desviando hacía nosotros los recursos destinados a otros más poderosos. Ahora éramos nosotros los "poderosos" con recursos y aunque nunca lo pudimos comprobar, siempre se sospechó que Rogel estuvo complicado en las desapariciones de los pollos del frigorífico del tercer piso, los bombillos de los pasillos y hasta en el robo de los trencitos de los huacales del Simulador Ferroviario.

Tomás, el Negro

Pancho me propuso matar dos pájaros de un tiro ingresando como administrador a Tomás, éste sería alguien leal a nosotros ante el núcleo y dificultaría ulteriores robos. Aún cuando la idea no llegaba a convencerme, tampoco estaba tan en contra como para enfrentar a Pancho rechazándola. Así entró Tomás, que por simple contraste se ganó el alias de "el Negro". Si bien no puedo quejarme de su lealtad, de poco podía servirme, ya que ni era del Partido, ni servía como administrador. No demoró Tomás en combinar magistralmente la indolencia y la vagancia con la incompetencia. Esto llegó a su máximo exponente el día que se quedó dormido perdiéndose el vuelo que llevaría a Bulgaria al equipo que participaría en la Feria de Plovdiv. Por más que el Negro pidió excusas públicamente y éstas ser a medias aceptadas, al final se tuvo que ir.

La expulsión de Néstor Flores

No me resignaba a contemplar cómo se esfumaba la eficiencia de aquel EICISOFT de Capdevila. Aquel pequeño grupo hacía más cosas que el de ahora con el doble de gente. Un exponente de esa ineficiencia, aunque no el único, ni siquiera el mayor, lo venía siendo Néstor Flores. Al carecer de una dirección al estilo de Homs, se la pasaba conversando o paseando por el centro sin producir resultados y eso lo convirtió en la víctima de mi frustración. Decido probar las prerrogativas que, como director de un centro de consagración se me había dicho que tenía, despidiendo a Flores. De dar resultado, en el caso de un "no militante" como Flores, quizá más tarde podía intentarlo con Gilberto, pero resultó que las tales prerrogativas eran puro cuento. Una simple apatía política hubiera sido un cargo inapelable, pero la ineptitud, la vagancia y otros vicios, no sólo tenían que ser tolerados, como lo eran en el resto de los centros de trabajo en Cuba, sino que los acusados de ese tipo de cargos "sin importancia" serían defendidos a ultranza por el Sindicato Nacional de la Educación y las Ciencias.

Viciedo, en su papel de Secretario General del Sindicato en ese momento, entendió que con lo de querer botar a alguien por esa bobería de no trabajar, se me había ido la mano y le dio apoyo a Flores para una apelación a la instancia nacional. Ésta decidió defender sus "derechos" laborales ante lo que consideró una administración "abusiva". Después de más de un mes de reuniones, cartas y llamadas de mucha gente, la cosa alcanzaba ya el nivel de jueces y abogados en la Sala de lo Laboral. Fue entonces cuando Néstor Flores, teniendo su caso prácticamente ganado, pero temiendo quizá que no le sería muy confortable volver a "trabajar" en EICISOFT... me propuso tablas. En breve: yo no lo botaba, pero él se iba. Ya había aceptado su propuesta cuando aún no terminaba de enunciarla. La experiencia con Néstor me enseñó a nunca más usar mis "prerrogativas".

Como dato curioso vale añadir que no había transcurrido un mes cuando llegó la noticia de que aquel dirigente sindical que asumió la defensa de Flores, había escapado a Miami y por la radio, denunciaba desde allí, los abusos que se cometían contra los trabajadores en Cuba. Esto no tendría nada de particular de no ser porque lo ejemplificaba con el caso de Néstor Flores contra Mandy, el Director de EICISOFT. Resultaba ahora que además de estar mal visto por los comunistas en Cuba, en el exilio alguien me acusaba de "maltratar a los trabajadores".

Arturo, el Lord

La experiencia negativa con Tanilo no resultó suficiente para convencerme que el brillo de las personas no es una característica inmutable y que, en el medio cubano, pudiera hasta calificarse de efímera. Arturo Valdés, alias, "El Lord", era del grupo de universitarios que en 1963 había compartido conmigo la estancia en la Escuela Militar Técnica de Odessa. Mi admiración por este grupo alcanzaba categoría de adoración. "El Lord", aunque algo distraído y no muy comunicativo, era calificado de brillante por sus compañeros, pero 27 años de frustraciones después, "El Lord" que se presentaba ante mí ya no era aquel. Mostraba una actitud vegetativa y parecía no lograr concentrarse en su trabajo, lo que hizo que su efectividad no alcanzara mis expectativas. Pude explicármelo cuando visité la casa de su hermana donde vivía albergado. Me llevó ahí, porque la hermana, que era dirigente de algo que ya no recuerdo, quería proponerme un negocio. Arturo vivía no sólo en condiciones de pobreza extrema, además me dio la impresión de que vivía bajo el humillante estigma de ser el "perdedor" de la familia. Creo que fue el rechazo a aquello lo que impidió que se me ocurrieran ideas para algún negocio con su hermana. No obstante, dejó una marca indeleble en EICISOFT. Fue Arturo el que me dio a conocer el escrito *Una Carta a García*, que más tarde circularía por EICISOFT como artículo inspiracional, siendo en realidad un monumento a la iniciativa privada, al espíritu empresarial, en fin... una velada loa al capitalismo. Parece que la "cruel explotación del capitalismo" le ha devuelto el brillo a Arturo, hoy es un exitoso ingeniero de software en los Estados Unidos.

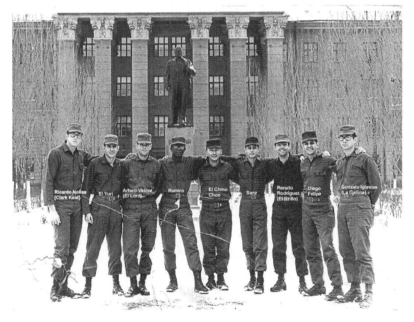

Ser o no Ser...

Pancho, el sustituto de Lage el Bueno, se cuestionaba la pasividad con que yo había aceptado el que una vez se me hubiera denegado procesarme para el Partido, ya que contrastaba con la agresividad con que reaccionaba ante asuntos cotidianos. Por un lado, someterme al proceso de ingreso podía revolver el excremento y sacar a la superficie hedores malolientes de mi políticamente turbio pasado. Por otro, la tibieza en ese aspecto tan sensible pudiera resultar aún peor. Confiaba en una tenaz oposición de Partido del centro, no sólo por estar obligados a cierta consecuencia con sus reiterados planteamientos críticos, sino que de lograr pertenecer a él ya no podrían conspirar a mis espaldas. No me fue difícil conseguir un par de avales, como era requisito para iniciarle un proceso a alguien que no hubiera salido de una asamblea de "Ejemplares"; sostuve varias entrevistas y a los pocos meses fui citado a la Provincia del Partido para entregarme el resultado: ingreso denegado, mi espíritu de sacrificio y dedicación al trabajo eran encomiables, pero tenía un mucho que "superar" en el plano ideológico. No sabía si alegrarme de no tener que participar en reuniones con agendas repudiables o preocuparme de que esto fuera el comienzo de un proceso que pudiera terminar no en una mera destitución, sino en la cárcel. El temor venía de que, habiendo sido una figura pública apoyada por el Comandante, no se me permitiera desaparecer hacia el anonimato sin ser debidamente desacreditado. Como los típicos cargos de corrupción y malversación iban a ser poco creíbles, dado mi modesto estilo de vida, más fácil sería acusarme, por ejemplo, de ser de la CIA, dadas mis relaciones con el mundo capitalista. Por suerte, ni el Ministro, ni Miret, ni Robaina, ni el mismo Pancho, le concedieron demasiada importancia al asunto. Comenzaba la agitación política en el Este de Europa y fue en esos días que nos visitaron los búlgaros por última vez. Recuerdo el comentario a *sottovoce* de Yuri cuando le conté que habían denegado mi solicitud de ingreso: "lo menos que alguien puede querer en un momento como éste es un carnet del Partido Comunista".

Emilio Marill, más atención de la cuenta

El joven director de la Fábrica de Combinadas Cañeras de Holguín era promovido a viceministro y, por interés propio, le concedieron la gracia de atendernos. Los apacibles despachos periódicos con Arañaburu fueron reemplazados por el tenaz control de Marill. Tan cercana era la "atención" que Pancho llegó a disgustarse y dejó de visitarnos. Emilio Marill tenía un estilo de atención parecido al de Carlos Lage, en lo que respecta al agotamiento que me producía el tener que discutir cada idea, proyecto, negocio, compra, acuerdo, inversión, etc. que quisiera ejecutar.

La Feria de La Habana de 1989 sería en los Pabellones de EXPOCUBA. Desde 1987 EICISOFT había tenido una presencia en esas ferias que siempre se hacía sentir, y no eran muchos los expositores cubanos, sólo aquellos que tenían algo para exportar. De esa feria salieron dos nuevos e importantes contactos, uno con México y otro con Singapur.

Luis Blanca, un nuevo Padrino

El Ministerio de Comercio Exterior decide crear la Empresa Cubaelectrónica para atender este creciente renglón de la economía. Ya no sería más Romero de Medicuba el que mediara en nuestros negocios, ahora sería Luis Blanca el de Cubaelectrónica. Fue Luis Blanca el que financió la misión a Singapur ante el interés de un empresario de allí en comercializar nuestro software y proveernos de componentes electrónicas así como tarjetas y accesorios de computadoras. Participaríamos junto con gente del ICID y un representante de Cubaelectrónica en el stand que esa empresa tendría en la Feria de computadoras de Singapur a celebrarse en unos 15 días.

Cubaelectrónica y Singapur llegaban muy a tiempo, con el fusilamiento de Tony La Guardia desapareció el departamento MC y con él la AREMC que nos venía suministrando las computadoras, periféricos y accesorios con que trabajábamos.

En menos de una semana estaba volando hacía la antípoda de Cuba en la esfera terrestre. Si puedo precisar bien la fecha de este viaje fue por la escala de un día que hicimos en Berlín: era el

8 de Noviembre de 1989. Pudimos ver aún en pie el Muro de Berlín. Hacía unos días habían abierto puntos por donde los del Este podían pasar al Oeste, uno de ellos estaba en la Puerta de Bradenburgo, pero la cola, que se extendía por buena parte de la avenida "Unter den Linden" (bajo los tilos) desestimuló mis intenciones de visitar Berlín Oeste. Aquella noche la pasamos en un albergue de tránsito que Cuba rentaba y coincidimos allí con una rara delegación de cubanos "internacionalistas" que regresaban a Cuba de algún país africano que ya no puedo precisar; estaban como custodiados pero no exactamente presos. Resultó que regresaban a Cuba por haberse contagiado de SIDA, eran unos cuatro hombres y una mujer. Iban rumbo a su aislamiento definitivo en la Finca los Cocos, donde los llevarían a esperar la muerte.

Al día siguiente, llegando a Singapur, nos enteramos que el muro estaba siendo destruido y por televisión pudimos ver esas dramáticas imágenes de la caída del Muro que habíamos visto intacto el día anterior. Estoy seguro que todos en aquella delegación estábamos conscientes de que asistíamos a un momento histórico: la libertad llegaba al Este de Europa, pero nadie hizo comentario alguno, ya que cualquier compañero de viaje podía ser un informante del "Aparato".

Oscar, El Licenciado

En Singapur no conseguimos vender nada, pero sí logramos un mercado sustitutivo del japonés para componentes, computadoras y accesorios. Fue allí que compramos las piezas para los 20 controles CNC de torno que exportamos a Bulgaria. De regreso, junto con Carlos Hernández, el enviado por Cubaelectrónica, al que más tarde Oscar apodaría "El Ratón Vaquero", pasamos por México a reunirnos con el Licenciado Oscar Rossbach. Era Oscar hijo, al que llamaban "El Licenciado", hombre dinámico de unos 30 años, que haciendo uso de una gran variedad de habilidades, incluyendo hasta la de ser mago, era capaz de venderle hielo a los esquimales.

A "El Licenciado" Lo había conocido recientemente en la Feria de la Habana. La familia Rossbach tenía una fábrica en México DF que fabricaba microscopios, niveles y otras producciones menores de mecánica fina y óptica. Tenía registradas varias compañías como sociedades anónimas: Microscopios S.A.; Niveles S.A; IROSA S.A. Quedó Oscar sorprendido con nuestro Digipat. Era el sistema de procesamiento de imágenes para anatomía patológica que habíamos desarrollado con la patóloga Dra. Dora Méndez bajo la dirección del Dr. Israel Borrajero en el Hospital Centro Habana. Habíamos acordado encontrarnos en México y allí concertar un plan de colaboración.

Rossbach, el Ingeniero

Aquel encuentro fue inolvidable, no sólo las abrumadoras atenciones del incansable Oscar que casi nos matan, sino porque pude conocer a su padre, dueño fundador de la compañía, el ingeniero Oscar Rossbach, al que llamaban simplemente "El Ingeniero", uno de los mejores seres humanos que haya conocido en mi vida. Desde el punto de vista de negocios, este encuentro fue lo más importante de todo el viaje, ya que fue el inicio de una alianza que duraría hasta mi deserción en 1992. Aquello trascendió la mera relación comercial: los Rossbach nos abrieron la puerta de su casa y nos hicieron sentir como parte de la familia. Hoy, a casi 20 años de aquel encuentro, siguen siendo mi familia en México. Para cultivar esta nueva relación a la altura de la importancia que le concedía, envié a Brunet, quien ya era el subdirector de

EICISOFT, y a su regreso se envió de manera cuasi permanente a Caballero.

Ya la Perestroika avanzaba firme cuando en Cuba convocaron a las "Asambleas de Llamamiento al IV Congreso del Partido". Estas debían celebrarse en todos los centros de trabajo a lo largo y ancho de la nación. Se sugería que el IV Congreso podría traer profundos cambios y se invitaba a que en estas asambleas se discutieran abiertamente todos los temas, cualesquiera que estos fueran. Empezaron a circular los rumores de lo que se había planteado en esta o aquella asamblea y ya muchos empezaron a redactar documentos para leerlos cuando les tocara. Aunque ya a estas alturas no me faltaba información, haciendo un último esfuerzo de fe, deposité mi confianza en aquel proceso. Aún sin ver cambios en el equipo de gobierno, quise creerme que comenzaba nuestra "Perestroika" y que estas asambleas serían nuestra "Glasnost". Me equivoqué una vez más; cuando el Partido vio que lo que diseñó como válvula de escape se convertía en una Caja de Pandora, recurrió a sus acostumbrados métodos represivos. Aclaraba el periódico *Granma* que no se iba a permitir que elementos contrarrevolucionarios utilizaran las Asambleas del Llamamiento para sus malévolos propósitos. Esto ya debía ser intimidación suficiente, pues nadie sabría donde se encontraba esa peligrosa frontera con la contrarrevolución.

Ignacio: el Ministro Administrador

Un sólo cambio se producía en el equipo de gobierno, pero en la dirección contraria: truenan a Marcos Lage por corrupción. Habiéndome acercado a los niveles de la nomenclatura, veía perfectamente que los cargos eran ridículos: ¿una cerquita Peerless? Vamos... por más que quisiera, ya no podía creerme eso. A esos niveles se gozaban de todo tipo de privilegios, prebendas, queridas y todo se les permitía hasta que algún problemita político salía a flote, sobre todo, alguna dudita en la lealtad al Comandante. Entonces se daba a conocer de las "muchas malversaciones" que hasta ese día se le permitieron y hasta estimularon. Sustituyó a Marcos Lage, Ignacio González Planas, su viceministro primero, que era hijo de un mártir de la revolución, Andrés González Lines.

Yo siempre me había llevado bien con Ignacio, realmente no era un cambio que me afectara en ese sentido. Es más, puedo decir que vi a Ignacio con más regularidad que a Marcos Lage. Ignacio creó un consejo técnico asesor que se reunía bisemanalmente, al que pertenecí junto con otros siete directores de los centros de tecnología más elevada del ministerio. ¿La diferencia real? Marcos Lage era un empresario, Ignacio, un administrador: el sistema rechazaba a los empresarios.

La Asamblea

La asamblea de EICISOFT por suerte no fue de las primeras; fue convocada después de la advertencia. Así y todo, cuando Gilberto dirigió la asamblea, la orientó de acuerdo a la convocatoria original, omitiendo totalmente las mencionadas advertencias. Pienso que quizá lo hizo con el propósito de que yo me inmolara con alguna intervención que transgrediera la frontera invisible. Viciedo fue el primero en cruzar esa frontera, era de los que habían escrito su documento, lo leyó y entregó a la mesa. Lo más álgido que recuerdo fue que ridiculizaba al "Gran Padre y Guía" de Corea del Norte Kim Il Sung, para después exhortar a no convertir a nuestro Comandante en un Kim Il Sung. Atrás le siguió Abel Álvarez y así en menor o mayor medida una intervención tras otra fueron trasgrediendo la tenebrosa frontera, mientras que la mesa se limitaba a llevar el acta.

Mantenerme en silencio denunciaría mi falta de fe en aquel proceso asambleario, debía encontrar algo para decir que se acercara a la frontera, pero que no fuera a pasarse. Por estimarlo inocuo, escogí el tema de abogar por el retorno de los proscritos "mercados libres campesinos" que, durante el tiempo que operaron, habían sido un alivio alimentario y un estímulo para la economía. Pero la frontera estaba más cerca que mi estimado... ¡me había pasado también! Los efectos no se hicieron sentir de inmediato, meses pasaron hasta que alguien, en alguno de los niveles superiores del Partido, se alarmó al leer el acta y dio el pitazo.

Creí que la asamblea había pasado inadvertida, cuando en un evento científico-técnico me cruzo con Ignacio y me pregunta sobre aquella. Le conté someramente, restándole importancia a los planteamientos y diciendo que quizá el acta sacaba alguno que otro de contexto, que ni por asomo había sido como otras de las que había tenido referencia, etc. Con ese alegato, Ignacio quedaba satisfecho y creí que ahí terminaba la escaramuza. Nada de eso, al día siguiente, entra Carlos Lage como una tromba por mi oficina e iracundo me dice que cuando leyó aquella acta le entraron ganas de venir con un bulldozer y arrasar con EICISOFT. Intenté aplacarlo con el mismo alegato que utilicé con Ignacio, pero éste traía en la mano el acta y el documento de Viciedo, en cuanto empezó a leer lo que tenía subrayado, la defensa del "contexto" se volvió insostenible; traté de cambiarla con aquello de que el acta no reflejaba el ambiente, al punto de que el núcleo, que era el que dirigía la reunión, no se había alarmado en lo absoluto. "A ese núcleo habrá que discutirlo también", bufaba. "Y tú, mercados libres ¿no?" y comenzó con una diatriba. No era difícil percatarse de que el punto no estaba a debate, en mi defensa, recuerdo que dije: "en algún momento, hubo gente a los más altos niveles que estuvieron de acuerdo con el mercado libre campesino ¿verdad?" y continué sin dejarle chance a intervenir: "de lo contrario nunca hubieran existido... ¿están esa gente presos por contrarrevolucionarios?". Me responde: "no, porque toda 'esa gente' entendió su error cuando el comandante les explicó que le hacía daño a la revolución". Sin concederme derecho a réplica, me dijo que citara una reunión de todos los trabajadores del centro para esa misma tarde.

Aquella tarde, una mesa formada por Carlos Lage, Emilio Marill, dirigentes provinciales del Partido y dirigida por un

personaje del Departamento Ideológico del Comité Central —
que más tarde sabría que era primo de Carlos Lage—, se
disponían a aplastar a aquel colectivo por haberse atrevido a
opinar cuando se les pidió su opinión. Pero el "mono", aún
"amarrado" y en desigual combate con el león, se defendía.
Marco señalaba que en EICISOFT había habido opiniones, pero
no deserciones, al contrario de otros centros donde la cosa había
sido a la inversa. Kiki preguntaba para qué tenían que existir
tantas organizaciones, se refería a la CTC[43], CDR[44] y FMC[45],
cuando éstas no eran independientes, ya que sus dirigentes a
nivel nacional no eran electos sino designados por el Partido.
Planteaba que se ahorrarían recursos y fuerza de trabajo, si
todas se consolidaran como departamentos del Partido. Esta
crítica al totalitarismo, disfrazada de sugerencia, quedaba sin
respuesta. Lista, preguntaba ingenuamente como era que el
Partido se proponía incentivar la iniciativa, la inventiva y la
creatividad. Carlos Lage le respondió que lo eran el Movimiento
Nacional de Innovadores y Racionalizadores y los eventos como
los Encuentros Nacionales de Piezas de Repuesto o el de Ideas
Prácticas de la Revista Juventud Técnica. Esto no le puede haber
sonado convincente ni a él mismo. Continúa Lista, "¿y no se
contempla un vínculo de los ingresos con las iniciativas?" a lo
que Carlos Lage respondió en tono de final de debate: "eso
quizá te suene bien, pero eso no es socialismo".

La asamblea terminaba, y la mesa se reunía en mi oficina
para felicitarse por el "éxito" de la reunión. Como yo no
pertenecía, ni me sentía parte de aquella mesa, sólo me
incorporé a la "celebración" cuando enviaron por mí. Allí Carlos
Lage manifestaba su satisfacción por el resultado. Lo que me
resultaba un alivio, pero, no obstante, me preguntaba si Viciedo
era muy importante para los proyectos, como para "redondear"

---

[43] **CTC**: Central de Trabajadores de Cuba
[44] **CDR**: Comité de Defensa de la Revolución
[45] **FMC:** Federación de Mujeres Cubanas

aquello botando a alguien. Le contesté que el único que no era importante allí era Néstor Flores y que ya lo había botado. Hasta el núcleo del Partido cogió lo suyo, fue sancionado por "falta de combatividad".

Un bulldozer no hubiera destruido a EICISOFT como lo hizo aquella asamblea. De hecho, lo mejor de EICISOFT se había hecho desde una ruina, pero en un ambiente de libertad. En aquella reunión se nos repitió a gritos la inscripción de la entrada al infierno de Dante "Perded Toda Esperanza". Herido de muerte, EICISOFT comenzaba su agonía.

Gustavo Araoz, el cazador de leones

Ni los negocios con Singapur ni la mediación de Cubaelectrónica duraron mucho. TECUN se convirtió en nuestro proveedor de casi todo y hasta en el mediador para la exportación. De aquella ferretería original, TECUN se había diversificado y crecido explosivamente. Con el cierre de MC, todas sus operaciones de comercio exterior de electrónica y computación, pasaron a TECUN.

Vicentín era ahora todo un personaje, pero no olvidaba mi papel en su presente prosperidad y manteníamos una estrecha relación personal. Fue apelando a esta relación que un día viene a verme a mi oficina para pedirme que empleara como administrador a un amigo de él, al que calificó de gente brillante, de muchos recursos, además de ser un mecánico muy hábil. Añadió que él nunca recomendaba a nadie, a ése sí que me lo recomendaba, que trabajaba de administrador del departamento MC y lo habían dejado fuera. Tocaba el Vicen la tecla que era, no ignoraba mi debilidad por los refugiados y eso fue, más que cualquier otra cosa, lo que hizo que aceptara su propuesta.

Gustavo no tardó en pegar en el grupo, que lo apodó: "el Cazador de Leones", pues gustaba de vestir shorts tipo bermudas que alguien asoció a los atuendos en los Safaris de las películas de Hollywood. Hizo enseguida causa común en contra de Gilberto y su núcleo conspirador y se acercó a Mabel y a mí, que comenzamos a visitar su casa con regularidad. El nivel de vida de Gustavo no se correspondía con los ingresos de un mecánico/administrador en Cuba. Vivía en un chalecito de dos plantas en el Nuevo Vedado, zona residencial cercana a EICISOFT donde vive buena parte de la nomenclatura. Se transportaba Gustavo en lo que él llamaba, el "vehículo del futuro", una "bicimoto" de manufactura japonesa reciente, ¿cómo la obtuvo? Me explicaba estas incongruencias con que procedía de MC y que sus hermanos seguían siendo altos oficiales del MININT.

Con reiteradas ironías y cinismos, se nos presentaba Gustavo como un "disidentón". No se me olvida que durante una de las llamadas "Jornadas Martianas", en que las que se exhortaba a que la juventud participara con trabajos alusivos a la figura de un Martí antiimperialista y autor intelectual de la Revolución, se me aparece con un vetusto libro. Era un volumen de unas obras completas de José Martí edición de 1956, en el traía marcado un artículo para que me lo leyera: *La Futura Esclavitud*. Era un escrito claramente anti socialista de Martí, de los que cuidadosamente el régimen evita que circulen, alguien lo guardaba en alguna biblioteca particular, pero no recordaba biblioteca alguna en casa de Gustavo. Me preguntaba de donde había salido, sin que la pregunta llegara a exteriorizarse.

En lo personal, Gustavo me caía muy bien y nos llegamos a acercar mucho, pero por suerte nunca le llegué a abrir completamente el fondo ya "gusano" de mi alma, aunque estuve tentado a hacerlo. Años más tarde, después incluso de mi deserción, su actuación en el caso de las parábolas en que Kiki terminó preso y botado de EICISOFT, apuntarían a que Araoz era un informante de la Seguridad del Estado y recordando la presión que Vicentín me hizo para que lo entrara, me hace sospechar que él era también parte de la operación.

Pienso que aún siendo un agente estrella, la mezcla de mi disidencia por un lado, con total entrega al trabajo de EICISOFT por el otro, no le permitía llegar a conclusiones. Las opiniones eran contrarias al sistema, pero las acciones iban a favor. También era testigo de que no me aprovechaba de mi cargo para privilegios, ventajas o prebendas... entonces ¿qué me movía? Me había llegado, a través del mismo Vicentín, que Gustavo había tenido problemas con la bebida, no tanto por adicción, sino por el efecto que esta le hacía, como que enloquecía cuando se pasaba de tragos. A estas alturas no sé si esto era verdad o parte de su leyenda como agente. En una ocasión, ya siendo tarde en la noche me llama por teléfono y con voz de borracho, me dice que él no me entiende, que una tarea con fibra óptica que le había dado para que desplegara su ingenio mecánico, la haría gustoso y con entusiasmo ciego, si yo le explicaba por qué, siendo esto (el sistema) una mierda, debía hacerlo. Le dije que le respondería mañana cuando se le pasara la nota, que la borrachera cuando se mezclaba con la filosofía, daba mierda. Por suerte, al otro día no insistió, porque la realidad era que no tenía una respuesta convincente para esa pregunta. Cuando de adolescente vi la película *El puente sobre el Río Kwai* nunca entendí el conflicto del Comandante Shears, ¿por que defendía ese puente siendo enemigo de los japoneses? Sin embargo, casi 25 años más tarde me veía yo viviendo el papel de Shears, defendiendo a EICISOFT con las uñas, siendo cada vez más enemigo del régimen.

Guille, el refugiado del CENSA

 EICISOFT se hundía pero seguía recogiendo refugiados, Guillermo Franco trabajaba en el CENSA (Centro Nacional de Salud Animal) bajo la dirección mi antigua compañera del Instituto de la Habana Lidia Tablada, alias *La Breve*, devenida ya en gran personaje, era hasta miembro del Consejo de Estado. La Breve, había sucedido a Rosa Elena Simeón en la dirección del centro y dirigía éste con ese clásico estilo stalinista tan afín con el sistema, en el que suelen asfixiarse las personas talentosas como el Guille. Invité a

La Breve a visitar EICISOFT y ahí recordando los viejos tiempos logré la liberación del Guille.

Las papas

De pie: Brunet, Gilbertico (o puede ser también Ulises), Marco, Lista, Alexis, Castro. En cuclillas: Mandy2 y alguien que aunque guarda algún parecido con Marcelino, parece que se trata de otra persona.

Estábamos a las puertas de la "Opción Cero"[46], que era ya la etapa más grave del "Periodo Especial de Tiempo de Paz". Todos estos eran nombres con que el Partido bautizaba los planes asociados a la desaparición de la Unión Soviética y el Campo Socialista. La "Opción Cero" era el nombre del plan en caso de venir cero petróleo ruso. La respuesta de Fidel Castro, ante el fracaso mundial del socialismo, era la radicalización del mismo, adobada con túneles y "Brigadas de Respuesta Rápida". Los apagones, que ya existían desde tiempos inmemoriales como medida de emergencia ante las sobrecargas de las plantas, se programaron. Ya no sólo se exhortaría a todos al ahorro, sino

---

[46] **Opción Cero:** Fase dentro del llamado "periodo especial en tiempos de paz", en la que se contemplaba la posibilidad de llegar a recibir cero petróleo de Rusia.

que a los consumidores se le racionaría el consumo a un ridículo monto de Kw/h, las fábricas trabajarían sólo parte del tiempo, las oficinas que gozaban de aire acondicionado, deberían abrir sus ventanas...y hasta EICISOFT llegó esa onda, se nos orientaba por los canales del partido apagar el aire acondicionado y cerrar dos horas antes. Ante aquello, propuse una variante, como una sola máquina herramienta consumía más que todas las computadoras juntas, se obtenía el mismo ahorro reduciendo a una sesión el taller de mecánica y en vez de cerrar todos los días una o dos horas, dejar de venir los sábados.

Cuando Carlos Lage conoció de mis medidas para la Opción Cero, se encolerizó, dijo que "¡ante las dificultades había que trabajar más, no menos!". Pero para trabajar necesitábamos electricidad, o nos consagrábamos o ahorrábamos electricidad. Su opción sería que la gente permaneciera en el centro "consagrada" haciendo cualquiera cosa sin electricidad, incluyendo los sábados. Parece que lo consultó con Fidel y al día siguiente regresó aprobándome el plan.

Otra de las corrientes asociadas al período especial fue, que cada centro de trabajo tuviera cuotas para la agricultura, aclaro, cada centro debía mandar una cantidad de trabajadores periódicamente al trabajo agrícola. De manera que, de aquel personal de EICISOFT escogido a mano, tenía que mandar a cuatro todos los meses. Cuando Gilberto me vino con aquello, le dije que diera el ejemplo, que fuera él y no otro, el primero en asumir esa tarea de la Revolución. No le quedó más remedio que "morder el cordobán"[47] sin chistar. Pero tenía que buscarle una solución a aquel absurdo, una vez más aplicaba las enseñanzas de Villo, "a esto (el sistema) no se le puede ir de frente, porque te aplasta, hay que entrarle de lado". Planteé que

---

[47] **Morder el Cordobán**: Se dice cuando alguien se ve obligado a hacer algo que le molesta, cansa o desagrada, tal vez la expresión haya sido originada por lo amargo de las hojas de cordobán, una planta común en Cuba de color verde oscuro en la cara superior y morado púrpura en el inferior.

cada vez que se sacaba a alguien de algún proyecto, este detenía el trabajo de los otros participantes, no es como en la fábrica o el surco en que otro cubría; el gasto de electricidad y otros recursos seguía siendo el mismo para una producción menor, mi propuesta era cerrar el centro e irnos todos por quince días una vez al año y con eso sobre cumplíamos nuestra cuota al tiempo que se ahorraban los recursos de tener el centro abierto. Tanto sentido tenía la propuesta que no pudo ser rechazada, sin embargo, tal y como calculé, el esfuerzo organizativo de buscar el trabajo, albergue y comida para 50 o 60 personas, sólo lo lograron esa vez cuando nos mandaros a todos juntos a recoger papas por quince días. Más nunca lograron coordinar otro.

Desde muy temprano en la Revolución comenzaron esas movilizaciones a trabajos en el campo. Al principio se le decía "trabajo voluntario", pero ya a estas alturas lo de "voluntario", que era la forma orwelliana de llamar a lo socialmente compulsado, al tornarse en programado, se cambió por el también orwelliano "trabajo productivo". Llevar a ingenieros, arquitectos, programadores y gente de oficina a recoger papas, era, por donde quiera que se le mire, improductivo. Una, por carecer de la resistencia física para ese trabajo y dos, porque ninguna sociedad equilibrada utiliza profesionales, a los que le tomó largos años en formar, para emplear su tiempo en trabajos de baja calificación. Las teorías comunistas proclaman que esas torturas periódicas generan cualidades en las masas necesarias para el sistema, pero más bien considero que es para llevar a los de abajo, a esos a los que se le alimentó el odio de clases, la falacia socialista de que ahora "todos somos iguales". Terminando la disquisición sobre el término "productivo": a un par de semanas de haber regresado de las papas, nos enteramos que un apagón en el frigorífico provocó que se pudrieran todas las que habíamos recogido.

Robaina: el creador de los "Joven Club"

Estando en lo de las papas, nos llegaron rumores de que la Juventud tenía un campamento cercano con albergues mixtos; la libertad sexual no viene en formas mucho mejores que esa. Se decía que era una de las iniciativas nuevas de Robertico Robaina, secretario general de la Juventud Comunista. Este personaje tuvo la genialidad de encontrar en aquella dictadura alguna libertad que ofrecerle a la juventud: la libertad de música y de sexo. Fue esto, sumado a lo de ser un personaje carismático, lo que hizo que no sólo fuera Secretario General, sino un líder auténtico de su organización como no hubo antes ningún otro. No sólo era Robaina un apaciguador de inquietudes de una juventud que empezaba a verse sin futuro, quería también hacer algo por proveerles uno y desde muy temprano tuvo la visión de los clubs de computación, confiando a su esposa la tarea de explorar las posibilidades. Así fue como la conocimos. María Elena García nos empezó a visitar desde que estábamos en Reloj Club. El proyecto de los "Joven Club" se iniciaría años más tarde habiendo sido EICISOFT su impulsor original, lo que permitió que siempre contáramos con el apoyo de Robaina y su organización. Esto compensaba en buena parte la falta de apoyo que, debido a la labor perniciosa de Gilberto, Abad y comparsa, nos faltaba en las instancias regionales y provinciales del Partido.

Pero como bien dijo aquel troglodita: "aquí líder solo hay uno". El 13 de Marzo de 1992, Robaina cometió el error de demostrarle su poder movilizador a Fidel Castro llenándole de jóvenes el Malecón Habanero. En pocos meses Fidel lo cancelaba de manera genialmente destructiva, promoviéndolo a su nivel de incompetencia, a canciller. Jugada magistral que también evitaba que accediera a ese cargo el veterano diplomático Ricardo Alarcón, cuyo prestigio y calificación, también pudieran representar una amenaza a su liderazgo absoluto.

Toccata in Fuga

Matoses, el Malo

Tanto las Fuerzas Armadas Revolucionarias (FAR) como el Ministerio del Interior (MININT) tenían sus departamentos de desarrollo técnico y manteníamos relaciones con ambos; el de las FAR lo dirigía nominalmente el Comandante de la Sierra y entonces Coronel, Tomasevich, pero en la práctica era Matoses el que corría con todo. Máximo Omar Ruiz Matoses era Ingeniero electrónico en telecomunicaciones y estaba siempre acompañado de Antonio Rodríguez, ingeniero mecánico. Siendo de su misma estatura y complexión, le decíamos cariñosamente "las Urracas", también los "Matoses Bueno y Malo", siendo arbitrariamente designado como malo, el Matoses real, cuyo nombre y primer apellido (Máximo Ruiz) nadie conocía.

El nivel técnico de este departamento de las FAR era patético. Sus trabajos se concentraban en introducir mejoras y modificaciones al viejo equipamiento militar soviético que era ya obsoleto cuando lo fabricaron. Los Matoses no salían de su asombro al chocar con la tecnología de las microcomputadoras. No obstante, debía abstenerme de ser demasiado apologético con la tecnología del capitalismo pues, sobre todo Matoses el Malo, podía "salirme al paso" con algún oficialismo antiimperialista.

Japón era un lugar que arrancaba las más sinceras manifestaciones de elogio del fondo del corazón de los comunistas más recios. No era sólo la prosperidad, el orden y la tecnología, sino eran el honor y la honestidad niponas lo que más solía impresionar. Fue a Matoses, cuando una vez coincidí con él en Japón, al único que le oí frases de condena a la sociedad japonesa. Tenía a Matoses como uno de los comunistas más radicales, cuando en 1991 me llega Antonio, Matoses el Bueno, vestido de civil y me informa que Matoses el Malo había caído preso cuando lo sorprendieron yéndose en una lancha para los Estados Unidos. Matoses el Bueno estaba buscando trabajo, pues lo habían dado de baja de las FAR, porque, aún cuando no pudieron probarle complicidad, su cercana amistad con Matoses el Malo lo hacía sospechoso. Aunque traté de darle asilo, como a tantos otros, ya a esas alturas no había proyectos de robots y los mecánicos deambulaban como zombis por EICISOFT. Además, el mismo comprendió que asimilarlo en esas condiciones era un embarre político demasiado ostensible.

Matoses realmente fue una víctima indirecta del caso que concluyó con el fusilamiento del General de División Arnaldo Ochoa y otros tres militares cubanos en 1989. Ya en el 91 Matoses era teniente coronel del Ministerio del Interior (MININT) y terminó purgando una condena de 20 años en condiciones de extrema severidad por protestar por la ejecución de Ochoa y fustigar la conducta de la alta dirigencia del país. Lo de la salida ilegal fue, como se dice en Cuba una "cama"[48] que le

---

[48] **Hacerle una cama**: Dícese de la acción de preparar un escenario para que una víctima caiga en algún tipo de trampa. Existe una traducción perfecta al inglés americano- *to frame someone*.

hicieron, para meterlo preso por algo que no guardara relación con el verdadero motivo. En el 2009 fue liberado después de más de 17 años de prisión y aún continúa con sus denuncias.

Venero: tecnólogo de la contrainteligencia

El homólogo de Matoses en el MININT era Venero, tipo cordial, me parece recordar que su nombre de pila era José, pero en EICISOFT le conocíamos por Venero. Este departamento era técnicamente más avanzado que el de las FAR, nunca tuvo nada que ver con tecnología soviética o del campo socialista. Venía Venero a EICISOFT con cierta regularidad a buscar asesoría, o quizá hasta encargarnos algún trabajo, siempre sin divulgar detalles de los proyectos en que su departamento se empeñaba.

No obstante por las preguntas que hacía, uno podía inferir la naturaleza de los proyectos en que estaban envueltos. Por ejemplo, en una oportunidad me consultó sobre el protocolo de fax. Cuando mi explicación se iba por detalles que se alejaban de su interés, me precisaba con preguntas que denunciaban sus objetivos. Querían hacer un dispositivo para poder leer el tráfico de fax de las representaciones diplomáticas. No me quería ver envuelto en semejante proyecto y me esmeré en describir las dificultades técnicas del mismo. Tampoco me gustó aquel que analizaría la voz para determinar si alguien mentía o decía la verdad, pues no había que ser un genio para asociar esto a la imagen tenebrosa del interrogatorio. Por suerte, la capacidad de cómputo de las microcomputadoras de entonces no daba para eso, por lo que la evasión no fue difícil. Pudiera pensarse que, sabiendo del tema mucho más que Venero, para evadir proyectos bastaba con tupirlo con verborrea técnica, pero no hay que olvidar que el "Aparato" nunca pregunta a una sola fuente. Mis respuestas tenían que sonar más convincentes que cualquier otra. Parece que lo conseguía pues, nunca supe de que estos proyectos se lograran, ni caí en desgracias por mis evasiones.

Los negocios con los Rossbach se fortalecían y forma-lizaban. TECUN hacía las veces de empresa de comercio exterior y nos representaba en esos contratos. El nivel de las negociaciones atrajo la atención del Consejero Comercial de la Embajada de Cuba que me citó a una reunión junto a otros participantes en misiones económicas de importancia que habían entonces coincidido en México. Curiosamente, fue una reunión a puertas cerradas donde el consejero nos dice con tono grave y aire nada diplomático: "fíjense, ya para nosotros no hay marcha atrás, ya nosotros tenemos que morirnos con esto (con la Revolución) pues ya no tenemos cabida en el mundo capitalista...". De manera que ya la cosa no era morir por la Revolución porque ésta fuera justa o por lo luminoso del futuro, ni nada de eso, era porque nuestros altos cargos supuestamente nos comprometían con el régimen al punto de estar condenados en el mundo libre. El Consejero continuaba con el desarrollo de su exposición y yo me preguntaba si aquello era la última estrategia del partido para evitar la creciente ola de deserciones o si era una iniciativa personal, de ser así ¿qué pecados tendría este personaje que lo hacían hablar así? y ¿qué le hacía pensar que los presentes allí eran igualmente pecadores? Lo que sí me quedó claro era que por primera vez estaba viendo la alusión explícita a un final del fidelismo.

Al tiempo que esto ocurría, en Cuba se "avanzaba" hacia la Opción Cero, sólo tendríamos electricidad si las pagábamos en dólares. Vicentín que me comentó buscaba un local para almacén de componentes, fue cuando le ofrecí que podía usar para estos fines el área de nuestro tercer piso, donde estaba la biblioteca y el gimnasio. Esto a cambio de que nos pagara la electricidad. Vicentín aceptó la propuesta y además, la de comprar nuestro almacén de componentes (para qué podíamos necesitar ya un almacén, si ahora tendríamos el de TECUN a nuestra disposición y en nuestro propio local). Con parte de ese dinero compramos unas consolas Hitachi de aire acondicionado para sustituir aquellos ruidosos e ineficientes compresores búlgaros que nos habían procurado el odio del vecindario.

La muerte de Caballero

El transporte público iba desapareciendo, tanto por falta de piezas de repuesto como por falta de combustible, cuando la Revolución revoluciona el transporte urbano con las bicicletas. No se decía que ésta fuera una solución de último recurso para aquella crisis, sino que era ideológicamente correcta. El carro era un concepto que el capitalismo y las sociedades de consumo le habían impuesto al mundo y la bicicleta era la respuesta socialista al transporte de las masas... a los centros de trabajo empezaron a llegar lotes de bicicletas chinas. A Caballero, que ya llevaba casi un año con los Rossbach y había venido de vacaciones, ya le faltaba poco para regresar a México cuando coincide con la llegada de nuestro lote de bicicletas. Aquel mismo día decide ir a buscar a su mujer al trabajo en su nueva bicicleta, que estaba a no menos de 10 kilómetros de allí y con lomas por el medio. Caballero se sabía de piernas fuertes como para eso, pero sobreestimó a su corazón, a mitad del recorrido de regreso sufrió un infarto al miocardio. Su mujer desesperadamente trataba de parar algún carro que los llevara al hospital, pero los pocos que circulaban, bien por temor o por indolencia, no le paraban. Pasaron más de 30 minutos y Caballero ya rebasaba cuando al fin un transporte lo recoge y lo deja en el Hospital Calixto García al que logra entrar por sus pies, pero esa ayuda llegó tarde, entrando al hospital le repitió el infarto y allí murió.

Aquella noche, la mujer de Caballero llamó a EICISOFT para informar del horrible suceso, pero no lo supe hasta el día siguiente. Labaud, en su senectud, estimó que eso no era motivo suficiente para que se me molestara a esas horas y ni me llamó a mi casa a informarme, ni accedió a darle mi teléfono a aquella doliente mujer que quiso hacerlo ella misma. La muerte de Caballero fue no sólo una consternación en EICISOFT, sino entre los Rossbach, que ya lo habían asimilado como de la familia.

Mata, el Empresario Comunista

En la Feria de La Habana de 1990 conocimos al empresario, psiquiatra y político venezolano José Mata, un enamorado del comunismo en el congreso venezolano. Tenía Mata un amigo (no estoy seguro que fuera socio) que tenía una compañía de venta de computadoras y software llamada ACME, en alusión a los animados del "Correcaminos". Procuró Mata un *joint venture* con ACME y coordinó que expusiéramos nuestros productos en la Feria de Barquisimeto que se celebró en los salones del Hotel Hilton de esa ciudad. Recuerdo una anécdota de esa feria que me ilustró de la poca autoestima del venezolano. Un visitante a la Feria, asombrado con lo que exponíamos, pregunta: "¿y de dónde es esto?". Le respondo que eso es venezolano, la firma ACME es caraqueña. "¡Nooo!, no, eso no es lo que yo pregunto ¿qué donde hicieron esto?". "Fíjese, esto es un producto venezolano". "Mira… —me interrumpe— venezolano no eres ni tú, acábame de decir de donde es esto". "Bueno, yo soy cubano, pero...", y con una sonora exclamación, me vuelve a interrumpir: "¡Aahh! ya sabía yo, nada de esto puede, ni podrá jamás hacerse aquí, aquí nada más se vive de la vaina y el petróleo".

Consiguió Mata un cliente para el *Ortognatrón*, Carlos Hoyer, un cirujano plástico amigo de él. Así empezaba el segundo negocio con América Latina, lo que era políticamente muy bienvenido por todos los círculos oficiales y para allá envié a Abad y a Fernando; además Viciedo fue también al entrenamiento del Dr. Hoyer. La propuesta de Viciedo para esa misión provocó discusiones que me llevaron al borde de la renuncia. La embajada de Venezuela estaba también muy complacida con esta nueva relación comercial de alta tecnología y hasta el Cónsul visitó a EICISOFT cuando tuve la feliz idea de invitarlo. Como correspondencia a nuestras atenciones, cuando mi pasaporte pasó por su oficina, enviado por Relaciones Internacionales del SIME, sin que esto fuera solicitado, le estampó a mi pasaporte una visa de entrada y salida por una pila de años y me telefoneó para hacérmelo saber, lo que gentilmente le agradecí sin sospechar que eso sería lo que me salvaría cuando tuve que escapar.

La fuga de Marco

"Nuestro Día", la canción de Willy Chirino más conocida como "Ya viene Llegando" se bailaba en las fiestas juveniles de las casas de la Habana. La esposa de Bencomo y dirigente del Provincial del Partido venía a mi oficina a explicarnos a los factores del centro la necesidad de las Brigadas de Respuesta Rápida. "La Revolución no se puede dejar quitar la calle" era la consigna para militantes y dirigentes. A los científicos los reunían en el teatro Chaplin y Mitchell Valdés leía un panfleto de apoyo al Comandante en Jefe supuestamente a nombre de todos allí.

Ante el deterioro de la situación se aumentaba la represión y con eso hacía que mi capital político, muy erosionado ya con lo de la Asamblea de Llamamiento al IV congreso, se gastara aún más rápido. Emilio Marill me viene con el torpedo de que un amigo de él, que conocía bien a Brunet, siendo ya subdirector en EICISOFT, afirmaba que éste era un desafecto de la Revolución. Esa tarde, Brunet me ayudó a desacreditar la fuente aportando suficientes motivaciones de tipo personal como para sembrar en Marill, al día siguiente, una duda razonable. Así y todo, eso me anotaba vez al bate[49].

Citaba el Partido Provincial de La Habana a una reunión con los Directores y Secretarios Generales del Partido de todos los centros de investigación de la provincia. Dirigía la reunión la segunda de Esteban Lazo, una a la que llamaban Glenda (posiblemente Gilda Glenda Gárate), mulata alta cuyo buen ver

---

[49] Anotar vez al bate: Es una alegoría a los *averages* del beisbol. Un *average* de 500 quiere decir que el bateador conecta de hit una de dos veces al bate en promedio. Cuando el jugador va al bate y no conecta, se dice que le anotan vez al bate y esto le baja su promedio.

contrastaba con su vulgaridad desafiante. Era Tanilo el secretario general entonces y fue conmigo a esta reunión. Glenda estimó que a los "jefes" había que hablarles claro, que la baba de las reafirmaciones y los discursitos eran para las masas... Sin mayores ambages decía cosas como estas: "ya no les vamos a admitir que nos vengan conque Fulanito se fue, noooo, Fulanito se TEEE fue... y precisaba...". "Para decir que alguien no tiene problemas ideológicos no basta con que no hace planteamientos conflictivos, hay que meterles el dedo! hay que provocarlos para que se delaten...". Al director del Centro de Investigaciones Martianas le advertía: "y ustedes en el busca que busca, ¡cuidao! con lo que encuentran, aquí sólo se puede encontrar lo que nos convenga a nosotros, a la Revolución". Tanilo encontró aquello hasta gracioso por lo absurdo... pero a mí no me hizo gracia ninguna. Aquella esbirro le acababa de dar el tiro de gracia a mi ya agonizante ilusión con la Revolución, al presentarme en toda su crudeza la maldad de ese régimen.

Ya Marco, durante una visita mía a México a mediados de 1991, me había confiado que quería quedarse en México. Le rogué, que para evitar el "levantar la paloma", regresara a Cuba, que yo le aseguraba que en un mes lo enviaría de vuelta, pero que así podría seguir ocultándole a la dirigentomilitancia su verdadero status. No creo que Marco desconfiara de mis intenciones, simplemente desconfió de mi poder y no sin razón. Yo podía proponer misiones pero, era el ministro quien las aprobaba y siempre con el sacrosanto visto bueno del aparato. Aún cuando me las hubieran cuestionado, hasta ahora nunca, salvo aquel caso de Mabel a Bulgaria, me habían llegado a negar una solicitud de misión. No obstante, tuvo claro que le estaba ofreciendo algo que no podía garantizarle en un 100%. Marco desapareció la mañana que le tocaba regresar y en su cuarto dejó una nota, en la que explicó que sus motivos no eran políticos. Pensó Marco que con eso aliviaba en algo el efecto de su acción, pero era un esfuerzo vano. En aquellos tiempos, emigrar era sinónimo de desertar y toda deserción era política aunque se alegara lo contrario. Ese mismo día tuve que convocar a una

"Asamblea de Repudio", en la que me vi obligado a vocear una diatriba que ni mínimamente sentía y temía que se me notara.

La fuga de Julián

Julián sustituía a Marco en sus funciones con los Rossbach, y un buen día, a mediados de 1992, desapareció sin dejar rastros. La naturaleza apacible y conservadora de Julián, sumados a un gran apego a su familia, hacían dudar de una deserción, por lo que Brunet lo buscó hasta en las morgues. Felicia, su esposa, decía no saber de él. El misterio no se resolvió hasta que conminamos a Felicia para que llamara a Alfa-Beta, la compañía de nuestro antiguo cliente Narciso Pizarro. La avidez de éste por el cerebro barato lo ponía como posible cómplice de una deserción. Sabíamos que, de estar allí, solo respondería la llamada si era de parte de Felicia y así lo hizo. Realmente, esta acción, aparentemente de inteligencia a favor del régimen, lo que lograba era permitirle a Felicia que hablara con su esposo y a nosotros saber que estaba bien y que podíamos abandonar las búsquedas por las morgues de México. No hacía ni dos meses del primer acto de repudio y ya había que hacer un segundo. ¡Era el segundo que se MEEE iba!

Ulises se va

Finita, la esposa de Ulises, viaja de visita a Estados Unidos a visitar a sus padres y regresa. A los pocos días Ulises me pide el traslado del centro, aunque no me explicó demasiado. Fui buen entendedor aunque debía hacerme el sorprendido. Carlos Lage, que ya sabía de las dos primeras deserciones, me preguntó sobre el particular y le inventé que al cerrarse el proyecto del robot, del que Ulises era jefe, había pasado a planos secundarios de otros proyectos y que ésa era la causa. A los pocos meses regresa y le informa a Mabel que se iba con su esposa Finita y que necesitaba una carta asegurando que no tenía información secreta de ningún tipo. Firmé la carta sin informar al aparato o a instancia político-administrativa alguna, confiando en que la desorganización natural del régimen y un poco de suerte evitarían que esto rebotara hacia el SIME y... si esto llegó a ocurrir, fue después de mi fuga.

Pablito se va

La plaza que el "Aparato" quedó en conseguir para Pablito en el Hospital Calixto García nunca apareció y aún meses después de su arresto, continuaba en EICISOFT. Era Pablito el que ahora me pedía la baja del centro sin darme más explicaciones. A los pocos días vuelve, por lo de la carta del secreto estatal y me tuvo que confesar que se iba del país con su hermano gemelo Enrique, ya que el abuelo los había reclamado junto con su madre. Enrique era un personaje de los Joven Club y trabajaba muy cerca de Robaina, que se fueran del país... era una sorpresa. Yo contaba con que esas cartas desaparecieran en el éter de la desorganización y que jamás nadie sabría de ellas.

Osmel sin regresar

Se envía a Osmel a una misión a España relacionada con Juan Ramón Torán. Pasaban los meses y Osmel cada vez reportaba menos de su misión. Esto, sumado a que el negocio con Juan Ramón no estaba produciendo, me hacía difícil responder las inquisitivas preguntas de Emilio Marill, que opinaba que debía terminar con esa misión. No lo hacía, porque temía que si le decía de volver, desertara de manera explícita. Mis temores tomaron carácter de certeza cuando me entero que, por gestiones de Vicente Alba padre, su hija, que se había hecho novia de Osmel, se había logrado reunir con él en Madrid. Por otra parte, me extrañaba que Niurka, la del *aparato* que entonces atendía al centro, no se sumara a Marill en su suspicacia, lo que me hacía albergar la sospecha de que Osmel tuviera otra misión aparte de la de EICISOFT, y por tanto que a éste no me lo contaran entre MIS quedados.

Labrada se va

Tras una carta de invitación de su familia, a Labrada le dan una visa para Estados Unidos y me pidió la consabida carta. Por la ausencia de respuesta a las anteriores, calculé que esta tampoco tendría consecuencias. Se la di y como de costumbre no hice comentario alguno, pero Labrada, a diferencia de los dos anteriores, sí figuraba en la plantilla de EICISOFT y aunque tarde para evitar su fuga, recibí la llamada de un Ministro muy airado. No jugué mal a la defensiva, alegué que la carta sólo decía:

a) Que trabaja aquí, lo que era cierto y

b) que no maneja datos secretos, que también era cierto.

Ninguno de estos dos datos son secretos del SIME o el Estado cubano ¿por qué no iba a darle la carta? ... ¡Pues porque tú no eres bobo y sabes muy bien que esa carta es para irse del país!... No sabía que tuviera esa autoridad, hasta ahora había sido usted el que lo hacía ¿por qué iba a pensar que era yo ahora la última instancia? No podía imaginar que bastaba con firmar una cartica diciendo que alguien trabajaba aquí y no sabía de secretos para obtener un permiso de salida[50], creí que eso no era

---

[50] **Permiso de salida**: Esto es algo que a los que viven en libertad les cuesta entender, por lo que merece una explicación algo más extensa. Para que un ciudadano cubano pueda abandonar el territorio nacional, tiene que tener, además de dinero convertible, pasaporte, visa y pasaje, un "permiso de salida". Este es una tarjeta blanca que emite el Ministerio del Interior (MININT), popularmente conocida también como "Carta de Libertad", haciendo una analogía con aquella de los tiempos de la esclavitud. El concepto de "salida" tuvo cierta evolución después de la caída del comunismo en la URSS y Europa del Este, pero en la época de esta historia se contemplaban sólo dos tipos de salida, la temporal y la definitiva. La temporal se otorgaba para viajes de trabajo o estudio, para lo que se usaba el término militar de "misiones". La solicitud del permiso de salida tenía que ser aprobada por el ministro del ramo, pero el MININT tenía siempre la

otra cosa que el comienzo de un proceso que terminaría a los niveles del Ministerio e Inmigración. Me había hecho el bobo de manera magistral: a los pocos días el Ministro pasó una circular prohibiendo a los directores emitir tales cartas sin consultar primero al Ministerio.

Esther, aliada de las postrimerías

Está de más decir que a Labrada no volví a verle el pelo hasta años después ya en Miami y hubo que buscar un reemplazo para sus funciones. Fue Esther, recomendada por Arturo, la que de ocupó su plaza de contador. Esther fue una fiel aliada al igual que Labrada.

última palabra. Era reciente la aprobación de permisos para visitas a familiares en el extranjero, que también debían contar con el visto bueno de los ministros para que fuera otorgada. La salida definitiva, era solicitada directamente por el individuo, pero para ser otorgada no bastaba con la aceptación del país a que se emigraba, sino:

- El ministro del los centros donde había laborado el solicitante debía certificar que este no estaba en posesión de secretos de estado, sólo que en Cuba... cualquier cosa podía ser considerada como tal.
- Al momento de la solicitud, todas sus propiedades (casa, carro, joyas y hasta la ropa de cama) serían inventariadas y a la vuelta de meses y hasta años que pudiera demorar la aprobación del permiso, el solicitante tendría que entregarlas todas en perfecto estado de apariencia y funcionamiento.
- Al convertirse en solicitante, este automáticamente era despedido de su trabajo y debía esperar el permiso trabajando en el campo o la construcción, en parajes generalmente bien alejados de su lugar de domicilio.

Aún con permiso de salida a nadie le era permitido llevar consigo joyas, obras de arte o efectivo. Un artista plástico pudiera requerir de un permiso especial para sacar algo hecho por él mismo.

Alguien que en salida "misión" decida no regresar, se dice que ha desertado, para lo que existe la figura delictiva del "abandono de funciones", con lo que se procede al decomiso de sus propiedades, y cualquier solicitud de permiso de salida por parte de sus familiares, será denegada por al menos cinco años.

Arturo, el Balsero

Un día Arturo no vino a trabajar, y eso ni se hizo notar, pero cuando tampoco lo hizo en los días siguientes sin llamar para explicar su ausencia, enviamos a Hourruitiner, para que indagara en su casa... Arturo se había ido en una lancha para los Estados Unidos. Este no se MEEE fue, pues no estaba en ninguna misión, pero si alguien hubiera consolidado todas las fugas, como lo hago aquí, lo hubiera calificado de desbandada.

Ya no podía seguir auto engañándome con que la Revolución tenía méritos, arreglo o sentido, me sentía un esbirro en mi posición de director. La idea de renunciar a mi cargo me asaltaba cada vez con más frecuencia. Reaccionando a las cada vez más frecuentes medidas y resoluciones draconianas, llegué a redactar tres cartas de renuncia, de las cuales conservo dos. En cada ocasión, cuando consultaba el asunto con algún amigo, la razón me obligaba a desistir. Eran muchos los antecedentes que contradecían la posibilidad de renunciar, así sin más, y continuar luego mi vida dedicado a otras tareas. Estaba montado en un tren del que no me podía bajar.

Al no poder confrontar mis verdaderas ideas con nadie, comencé a escribirlas en un primer documento que titulé "Las ilusiones perdidas"[51] y que describía el viaje de mi mente hacia la toma de conciencia. Escribí otro bajo el título de "Utopía Versión 2", que escondía mi recién descubierto anticomunismo detrás de las expresiones matemáticas conque demostraba que la óptima y más justa distribución de la riqueza era la exponencial y que el igualitarismo mataba la felicidad y progreso. Por último, escribí un cuento corto, "El castor y los salmones"[52] en que concluía que las revoluciones no son necesidades históricas, sino desastres históricos. Lo hacía a

---

[51] Ver *Las ilusiones perdidas*
[52] Ver *El cástor y los salmones*.

modo de catarsis para aliviar mis frustraciones, nunca con idea de mostrarlo a nadie. La escritura misma de estos documentos comenzaba a poner en orden mis arremolinados pensamientos. Me sentía seguro de que nadie podía encontrar estos documentos, pues eran electrónicos y nunca conocieron el papel, no obstante, la utopía estaba en pensar que no los enseñaría a nadie.

Empecé a hablar de la revolución de manera cada vez más crítica con algunos amigos íntimos y me referí a estos escritos. Una vez mencionados, no tardaba el siguiente paso que era mostrarles parte de los mismos en mi computadora y el siguiente era dárselos en un disco. El disco tiene, por un lado, la ventaja que no puede ser leído como un papel, pero tiene la desventaja que puede ser reproducido con mucha más facilidad que un papel.

Guille se va

El padre de Guillermo Franco era médico del embajador de España y gracias a este contacto le había procurado una beca para un postgrado en la Complutense de Madrid. Hablé con Arañaburo, que nos había vuelto a atender, apoyando la solicitud de Guille. Mi argumento era que en las presentes condiciones de la Opción Cero, apenas tenía trabajo que darle a la gente de hardware, que lo mejor era enviarlos a estudiar y cuando viniera la recuperación económica, pues entonces contaríamos con gente más preparada. Rebatir el punto era difícil sin sugerir explícitamente una potencial deserción o sin mostrar falta de fe en la recuperación económica. Arañaburo no era gente muy confrontacional y no se opuso. Ignacio sí se explayó, acusó nada menos que a la España de Felipe González de estar haciendo el juego a la contrarrevolución, que si querían dar becas que se la dieran al ministerio y que serían ellos los que determinarían a quien otorgársela, que esas "bequitas" con nombre y apellido no las iba a aceptar. Salí de aquella reunión con el rabo entre las patas. Ignacio me acababa de anotar una más. Regresé a EICISOFT y le di la mala noticia al Guille, que no sospechó que había gastado mis últimos centavos políticos en su causa. Guille regresó a su casa y le comunicó el resultado de mi gestión a su padre, al otro día el embajador de España llamaba al Ministro de Relaciones Exteriores y éste al del SIME. Al poco rato recibía una llamada de un Ignacio que se mordía los labios para decirme que podía liberar al Guille. Esa humillación no puede habérmela perdonado. Guillermito era otro más que se MEEE iba.

Había enviado a Osmel en misión a España, me parece recordar que para el negocio con Juan Ramón Torán, pero ya apenas me reportaba de sus actividades. Había logrado sacar a su mujer, que era hermana de los Albita, por la vía del ICAIC y vivían los dos felices en Madrid, por lo que no contaba con que regresara. Emilio Marill una vez me preguntó por él y me fui por una tangente alegando que sus vacaciones estaban programadas para una fecha próxima que inventé en el momento. Algunos en EICISOFT, entre los que yo figuraba, sospechábamos que trabajaba para el aparato. Osmel nunca regresó mientras fui director. Por mi cuenta iban ocho.

El fallecimiento de Ramos

Ramos murió de un infarto al miocardio. Enterado en el día de su muerte, llamé al periódico *Granma*, con el que teníamos un proyecto para la edición digital, a fin de informarle que el Padre de la Computación en Cuba había muerto y que esto, no sólo era noticia a cubrir, sino que era Ramos merecedor de un artículo a modo de póstumo homenaje. *Granma* no estimó que Ramos mereciera ni una pulgada cuadrada de su edición y en respuesta yo entendí que *Granma* no merecía de un minuto de nuestros esfuerzos, por lo que rompí toda relación comercial y diplomática con el "Órgano del Partido". Otro golpe a mi cuenta política.

Juan Carlos y Mario Iván, Tropas frescas

Microsoft introducía Windows y fueron los Mecánicos de Robertico los primeros en captar esa onda. Consiguieron el Turbo-C de la Borland y comenzaron a hacer sus primeros pininos ya en la versión 2 de ese sistema operativo. Coordinaron una serie de seminarios sobre el tema con Juan Carlos Pérez, que era de la gente más informada que había en Cuba sobre Windows. Logré participar en algunas de sus presentaciones, lo suficiente para aprender que el DOS estaba muerto y que Windows tenía como servicios del sistema buena parte de lo que ofrecían nuestros productos de imágenes. Si no nos subíamos a ese tren, nos iba a pasar por encima. Le hice una oferta a Juan Carlos y este me propuso incorporar también a Mario Iván Álvarez, que trabajaba con él en Instituto de Oceanografía. Trajeron consigo no sólo el Windows 3.0, sino Visual Basic Versión 1.0 con que logré dar mis primeros pasos en Windows.

La fuga de Mandy

Una tarde nos preparábamos para lo que era ya nuestro diario viaje en bicicleta de regreso a la casa, cuando veo caminando por la acera de enfrente, de completo uniforme, a mi viejo compañero de las TCAA de cuando Odessa, el ya Tte. Coronel Tolo Lamenta (nombre real reservado para evitar represalias). Lo llamo, nos abrazamos y lo invito a mi oficina. Allí le brindo un trago de ron y me disponía a recordar los viejos tiempos. No acababa el segundo trago cuando con rostro sombrío y sin más preámbulos me espanta: "Mandy, esto es una mieeeerda...", todavía no salía de mi asombro y Lamenta continuó: "Le hemos dedicado una vida a esto, y es una mieeerda...". Con una seña de "hay micrófonos" logré que reprimiera su catarsis. Lamenta detuvo su diatriba, aunque no lo hizo por corte, como que lo hacía por mí, pues a él ya le daba igual un repudio que un homenaje. La paranoia asaltó mi mente, ¿me lo habrían mandado a ver si me proyectaba?... o quizá estarán esperando ahora a ver si lo denuncio. Naaa... nadie es tan buen actor y

Lamenta nunca haría cosa así, además él no había venido a verme, era yo quien lo había visto de casualidad. El suceso me hacía preguntarme cuantos de mis amigos que, como a Lamenta, conocí en alguna tarea de la Revolución, seguían apoyando aquello.

Brunet, que ya trabajaba permanentemente en México, regresó de vacaciones y hablamos que al escoger la gente para las misiones con el criterio de menor probabilidad de deserción, de hecho estábamos haciendo el trabajo de la Seguridad del Estado. Estábamos haciendo de esbirros nos gustara o no. Ya a esas alturas, temía que me hubieran instalado micrófonos en la oficina y le dije de continuar la conversación en mi casa. Fue allá, alrededor de la mesa de comer, tomándonos un té, Mabel, él y yo, que llegamos a la conclusión que como único se podía evitar convertirse en esbirro era yéndose del país. Aunque intelectualmente acababa de llegar a la inevitable conclusión, no la acababa de interiorizar, no me veía abandonando a mi hija, a mi madre, a mis tías, ni aún me resignaba a perder la estima de los amigos que había hecho dentro del proceso, ni a renunciar a mi bien ganado prestigio. Sólo el miedo a caer preso pudo obligarme a saltar esa barrera.

La trayectoria de mi casa a EICISOFT en bicicleta no siempre era la misma; a cada rato exploraba una nueva y las comparaba buscando el mejor tiempo. Una de esas trayectorias, pasaba por el costado sur de la Universidad, tenía la desventaja de tener que subir la loma, pero era bastante recta y además bonita. Pasaba por el costado de Física, donde estaba la cafetería, que en mi época de estudiante tuvo alguna que otra cosita que vender y por tanto era punto de reunión con mis compañeros de carrera. En una de las veces que escogí esta vía, el Dr. José Matutes me ve y corre hacia mí logrando que me detenga, no lo veía desde mis años de profesor allí. Quería felicitarme por el escrito "Las ilusiones perdidas"... Los escalofríos apenas me dejaban oír sus elogios. Si ese documento había llegado a Matutes, entonces era que ya lo tenía media Habana. Era inútil preguntarle quien se lo había dado, no me quedaba duda que la copia que le había llegado era al menos de una tercera generación. La probabilidad de que una le llegara o que le hubiera llegado ya al aparato estaba cercana al 100%. Me sobró el tiempo el resto del viaje para que, sumándole a esto último, las deserciones, las cartas y las traquimañas en divisas, que aún no siendo delitos en ninguna otra parte, en Cuba sí lo eran, la idea de irme del país pasara de la muy intelectual disyuntiva ética al muy primitivo instinto de conservación.

El problema trascendía del "qué" al "cómo". En la primera oportunidad, en carta cifrada por modem, notifiqué a Brunet de mi decisión. Era un SOS y así había sido captado por la familia Rossbach que comenzó de inmediato una operación de rescate. La cosa no era tan sencilla como inventar una reunioncita en México. Mi última visita a México había coincidido con la Navidad y los Rossbach habían invitado a Mabel a la Nochebuena en correspondencia con las atenciones nuestras al Ingeniero cuando estuvo en Cuba, el Ministerio desaprobó la salida de Mabel. Además, hacía poco el Ministro también había rehusado aprobarme un permiso de salida para un Congreso de Físicos de Hispano América en Madrid al que se me había invitado, nada de esto debía sorprenderme. Había que proponer algo bien tentador, algo como para lograr que se me aprobara una salida quedándome un capital político casi en cero.

Fue Alejandro Rossbach al que se le ocurrió envolverme en un negocio que tenían con Brasil. El negocio con los Rossbach gozaba de gran respeto en el SIME, el Ingeniero había estado con su esposa Ángeles en Cuba y se había entrevistado con Ignacio. Fue el Licenciado Oscar el que viene a la Habana e informa al Viceministro Arañaburo del negocio con Brasil, propone que participemos con el socio brasilero en una exposición de productos médicos en la ciudad Natal. La reciente venta a Brasil de la vacuna meningocóxica había sido un negocio millonario. El SIME ponderó sus riesgos, lo jugoso del negocio justificó tomar el remoto riesgo de que yo fuera a desertar dejando por detrás a Mabel.

Se comienzan los preparativos oficiales para la misión y yo me preparaba para una salida definitiva. Oscar sacaba de Cuba mi Curriculum Vitae, Mabel destruía documentos que pudieran servir para incriminarme: llevaba hacia casa de mi madre todo aquello que quisiera evitar que fuera confiscado en los registros de la Seguridad del Estado que se producirían de seguro; a Mabel, con un contacto familiar, le conseguí un trabajo en IPS, una agencia de prensa extranjera, donde pensé que estaría más protegida de las esperadas represalias. Natasha y Natalia, la esposa e hija respectivamente de Brunet, gestionaban su salida con sus pasaportes rusos, lo que por suerte no requería carta mía alguna, pero no informar a Niurka (la de la seguridad que nos "atendía") de algo como eso, era peor que lo de las cartas. Había dejado escapar al rehén, con lo que propiciaba la deserción de Brunet. Hacerme el bobo con eso, ya hubiera sido imposible, por suerte el aparato no empató a tiempo A con B.

Era octubre de 1992 y eran mis últimos días en Cuba. En medio de los preparativos, me llega una invitación para participar en una recepción en el Consejo de Estado. Debo confesar que no recuerdo exactamente el motivo. Sé que había invitados extranjeros y buena parte de la crema y nata de la comunidad científica. Fidel se dirigió a los invitados abriendo la recepción, en la que hizo el anuncio del PPG, desarrollado por el Centro de Biotecnología. El PPG era un medicamento para la circulación, pero el mismo Fidel dejaba entrever que era efectivo para las disfunciones eréctiles. Después siguió un suculento banquete, del que Ignacio, por ser obeso, no podía disfrutar, pues el Partido le había dado como tarea bajar de peso. Yo trataba de llamar la atención lo menos posible y compartía discretamente con Carrasco, casi escondidos los dos en un pasillo que accedía al lugar donde Fidel conversaba con los invitados extranjeros que le hacían círculo y se babeaban con el poder histriónico del Comandante. En eso, Fidel se excusa y parte con su escolta hacia el pasillo donde conversaba con Carrasco. Cuando éste se percata de la movida, me dice: "ahí viene, vámonos de aquí con el disimulo...". ¡Qué va! demasiado tarde. Cuando vine a ver, la persona con quien menos hubiera querido encontrarme la tenía encima, ya se detenía y empezaba a preguntarme de cómo iban las cosas en EICISOFT. Le dije de los planes con Brasil, México, Venezuela y que me enfocaba ahora sobre una clientela latinoamericana. Fidel asintió con la cabeza en gesto de aprobación. Él continuó su marcha y yo exhalé un suspiro de alivio de que ni mis intenciones, ni el profundo repudio que ya sentía hacia él, se me hubieran notado.

Peor aún, Carlos Lage hace una visita sorpresa a mi oficina, cuando lo vi entrar sentí el escalofrío del que ha sido descubierto. Sabía que mi cuenta en el banco político estaba en rojo, por eso sentí un alivio cuando me saludó con cordialidad. Me preguntó sobre los negocios con América Latina, me mencionó las deserciones de Marco y Julián y me advirtió que ahora había que tener más cuidado que nunca con la gente que se enviaba en esas misiones. Tragué en seco, pensando cuanto demoraría en enterarse que ya había seis más. En otros tiempos, cuando aún tenía fe, hubiera discutido el concepto de estar filtrando a la gente, pero en ese momento lo aceptaba hasta con pretendido entusiasmo. Carlos Lage se despidió sin notar que había tenido el pulso en 140.

Arañaburu quiso reunirse también y, posiblemente por instrucciones del mismo Ignacio, me citó a su oficina para saber cómo me proyectaba en un futuro mediato. Con una soltura que me sorprendía a mí mismo, lo abarroté de planes. Le describí en detalle lo que haría a mi regreso con un entusiasmo tal, que hasta yo mismo me lo llegaba a creer, añadí que me iba a hacer falta disponer una cuotica extra de gasolina o de que se me permitiera comprarla en divisas con los dineros de los negocios. Sabía que me estaban interrogando, querían estar seguros de que no planeaba desertar. Fui convincente. No pensé que tuviera esa capacidad de mentir, pero el miedo... ¡es del carajo!

La última entrevista fue con Gustavo Araoz que me invitó a su casa para un ágape de despedida. Allí con un gusaneo, un tin mayor que lo acostumbrado, me invitaba a que compartiera con él mis planes. Estuve tentado, pero gracias a Mabel no lo hice.

De mi planes de deserción solo lo sabían mi madre, el amigo que llevó a Natasha al aeropuerto y Marta, una prima de Mabel que vivía en Matanzas, a la que confiamos la información precisamente por vivir allá y no tener nada que ver con los círculos de peligro, sólo que Marta decidió informarlo en carta a familiares en Miami. Por suerte, de esto sólo me enteré estando ya en los Estados Unidos, de lo contrario me hubiera infartado.

El pasaje a Río de Janeiro era por Panamá. Cuando al otro día llego al aeropuerto, Cubana de Aviación me niega el pase a bordo por faltarme la visa de Panamá. Calculé que era un error muy burdo para ser un error, pensé que Ignacio aún tenía sus dudas, y era esta una estratagema de él para ganar tiempo sin "levantar la paloma". Fue cuando recordé lo de la visa de entrada-salida múltiple que, como correspondencia a mis gentilezas, me había otorgado el Cónsul de Venezuela. Ahí estaba en mi pasaporte, el cuño era tan parecido a la visa normal, que nadie se había percatado de eso. Me monté en el carro y me dirigí a las oficinas de Cubana de Aviación en el Hotel Habana Libre. Allí logré cambiar el pasaje de Habana-Panamá que tenía, a uno Habana-Maiquetía (Venezuela). El plan era, una vez en Caracas, ver ahí a Mata y pedirle a éste que, del dinero que ya nos debía, me comprara el pasaje a Río.

Sólo un pequeño detalle echaba a perder la perfección del plan: el pasaje no era siquiera para el día siguiente, sino para el otro. En esas 48 horas podía pasar de todo. Contaba con que en el Ministerio no se manejara la fecha exacta de mi salida y poniéndome mi uniforme volví a mi oficina como si tal cosa. A todo tren andaban los preparativos para la Feria de la Habana de 1992 y Marcelino, a quien dejaba al frente de EICISOFT, ya estaba a tiempo completo en EXPOCUBA. Lo mismo pasaba con el ministro y los vices del SIME; la inminente apertura de la feria ocupaban su atención. Esto evitaba que pudieran estar demasiado pendientes de mí. Tampoco pensarían que les hacía falta, pues estarían contando con que tendría que ir a morir a Relaciones Internacionales del SIME para conseguir la visa de Panamá.

Llegó el día y antes de ir para el aeropuerto hice dos escalas, una en EXPOCUBA donde chequeé los preparativos de la Feria una vez más. Hubiera sido raro que no lo hiciera, aunque lo hice siempre tratando de no cruzarme con la ministeriada. La otra escala fue en casa de Isabel, que hacía unos días se había retirado. Pienso que Isabel, a la que le sobraban luces, entendió que me despedía para siempre y me deseó suerte. Esta vez no había impedimentos y ya con mi pase a bordo me despedí de Mabel. Hasta que el avión despegara no había nada seguro, conocíamos de varios casos en que la Seguridad aprehendía a sus víctimas ya dentro del aeropuerto. Esto le permitía desaparecer a la persona por varios días sin que nadie lo supiera, pues la familia y el resto de sus relaciones lo hacían de viaje.

Mabel quería asegurarse de que abordaba el avión, por eso antes de yo entrar, habíamos ubicado el lugar donde se parqueaba el avión de Aeropostal. Estaba en la punta de la pista cerca de la Terminal número 2. En cuanto nos separamos, se fue con el carro a dar la vuelta al aeropuerto y posicionarse en un punto de la cerca donde habíamos calculado que podría verme subir al avión. Un semáforo le impidió llegar a tiempo y cuando pudo lograrlo, ya estaba yo a salvo dentro de la nave. Desde la ventanilla podía verla como se angustiaba al no verme. No podía dejarla con esa incertidumbre, caminé hacia la puerta y le pedí al seguroso[53] que siempre apostaban allí, que me permitiera despedirme de la "jeva"[54], el gorila accedió y me asomé a la escalerilla (otra vez en peligroso territorio cubano) y manoteé hasta asegurarme que me había visto. Dejaba a Mabel a merced

---

[53] **Seguroso:** Término peyorativo para referirse no sólo a los miembros de la seguridad del estado sino a cualquier agente encubierto de los cuerpos represivos.

[54] **Jeva:** Termino vulgar para los miembros del sexo femenino en edad de merecer. Por antonomasia, puede también significar novia. Por ejemplo: "tengo que marcarle a la jeva" significa acudir a una cita (marcarle es una alegoría al reloj de entrada a la fábrica u oficina) con la novia.

de la esbirrada, pero no había alternativa, de haber caído preso hubiera sido aún peor. Ese día en que nos tocaba separarnos, la veía más linda que nunca y esa imagen de Mabel detrás de aquella cerca se me quedaría grabada como estampa macabra que se repetiría en mis pesadillas por largo tiempo. Al fin, el avión despegó... ¡había logrado escapar!

Había escapado del régimen pero seguía sintiendo, en extraña dualidad, un compromiso con EICISOFT. Pasaba por Caracas y discutía planes para nuevos negocios con Mata. Chequeaba las tareas con Abad y Fernando y, de haberlo podido localizar, lo hubiera hecho con Viciedo. Pasaba casi un mes en Brasil sin dejar de promover los productos de EICISOFT con los nuevos socios de la VMI, alos que Alejandro Rossbach (hermano de Oscar) me había introducido. De Brasil volé a México donde trabajaban con los Rossbach, a las órdenes de Brunet y de manera rotativa, los mayores grupos que nunca antes hubiéramos tenido en el extranjero con ningún otro asociado. Cuando llegué estaban allí Zayas y Mandy2, pero después llegaron Alexis, Juan Fernández y Juan Carlos. Durante otros quince días, seguí dirigiendo a EICISOFT hasta que ya no pude estirar más la misión. La mañana del 18 de diciembre de 1992 le dí a Brunet la carta (Ver la carta en los apéndices) que llevó a la fábrica pretendiendo que se la había pasado por debajo de la puerta, en la que explicaba mi desaparición. Después de sorprender con su contenido a los eicisoftianos allí, llamó a Cuba para informar de la novedad. Había caído la bomba, me LEEE había ido a una pila de gente.

Hacía diez años que ser el director de EICISOFT ocupaba casi todo mi tiempo, y había dejado de serlo por corte, me quedaba vacío. No sólo no tenía trabajo, también me había quedado sin familia y sin país. Estaba a merced de la benevolencia de mis nuevos amigos.

Por más que la carta perseguía no perjudicar el negocio de EICISOFT con los Rossbach, éste apenas duró unos días más. Los Rossbach me refugiaron en su casa de Lomas de Santa Fe y viví oculto en el cuarto que tenía Oscar Jr. cuando soltero.

Brunet vivía con su familia en otra área de aquella casa gigantesca a la que llamábamos "el Castillo". De manera que, aunque supuestamente había desaparecido, nos veíamos todas las noches. Estaba claro que Brunet tampoco regresaría nunca pero se estiraría el estatus lo más posible. Todo iba más o menos como lo había previsto hasta que una imprudencia mía puso al descubierto toda la operación. Para mitigar la nostalgia y la separación, escribía una carta-diario a Mabel en la computadora que tenía en el cuarto, pero ésa resultaba ser una de las que se estaban usando para los REX (sistema para procesar imágenes de rayos X). Fue por eso que el Ingeniero me trajo otra para cambiarla por esa, pasé la información de una para la otra y formateé el disco de la primera. Pero no fue un formateo de tipo físico, que es el que de verdad se sobre escribe cada bit en el disco, este demora más y tenía al ingeniero esperando. No calculé que nadie se propusiera examinar esa máquina con ojo de espía, pero me equivocaba.

La delación

Era el 17 de enero y todavía no llevaba aún un mes de exilio. Para entonces Juan Fernández sospechaba de la complicidad del Ingeniero en mi fuga y al verlo llegar con una computadora, supuso que ésta pudiera haber estado en mis manos. Ayudado por Alexis, que era un experto en violar claves y cifrados, lograron extraer fragmentos de mi carta-diario, que Juan Fernández pasó a la Seguridad del Estado en la Embajada de Cuba, logrando implicar a los Rossbach y a Brunet en la conspiración.

Uno de los miembros de la misión, que pidió que no se divulgara su nombre, se da cuenta de la actividad delatora de Juan Fernández y logra alertar a Brunet de lo que está pasando. Con esto evitaba que Brunet cayera en la celada que la Embajada le tendía al citarlo allá esa tarde. Dato curioso, en nuestra paranoia, pensábamos que esta persona era agente del aparato y sin embargo, fue la que salvó la situación. La delación obligó a

Brunet a precipitar su deserción y a Zayas a hacer lo mismo. El Ingeniero, compró pasajes para Juan Fernández y Alexis y los botó de allí, A Mandy2 no lo botaron, pero no desertó. Para el que dejaba por detrás a la familia, la deserción era un recurso de última instancia, ya que era sabido que el régimen impediría su reunión con ella por largos años a modo de castigo. Eso no era fácil, sólo algo así como el temor a la cárcel obligaba a esa opción.

EICISOFT se convierte en su caricatura para morir larga y penosamente

Acabó el negocio EICISOFT-IROSA como la fiesta del Guatao[55] y desapareció el último vínculo con EICISOFT. De la historia que sigue no soy testigo primario y para narrarla sólo puedo contar con los testimonios de los que la vivieron y que hoy están también en el exilio.

Al conocerse de mi deserción, se imponía una reunión de intimidación, en la que se me haría el "repudio" de rigor y se informaría quien sería el nuevo director. Pero el repudio trascendía la diatriba contra mí para extenderse a un cuestionamiento de los allí presentes: "¿qué cosa es esto?, ¿un antro de gusanos, contrarrevolucionarios o qué?", dice Agustín que rugía Carlos Lage desde la mesa.

> *Recuerdo que para ese entonces, la propuesta era alguien que era director de no sé qué centro. El lío es que le llamaban el "piloto" porque se la pasaba viajando por cuestiones de "trabajo" y el tipo se había "metido" él solito el presupuesto destinado para dos trabajadores ir a Francia a un curso para*

---

[55] **Fiesta del Guatao**: El Guatao es un poblado al norte de la provincia de La Habana donde a finales del siglo XIX, hubo una fiesta que acabó tan mal, que desde entonces se usa como referencia para todo aquello que no termina bien.

estudiar un lenguaje de programación de unas máquinas CNC, en fin que con tales medallas colgándole del pecho, nos rehusamos a aceptarlo.

El núcleo del Partido de EICISOFT tenía su propio candidato, que no era otro que Pepe Abad, y empujaba el concepto de que el director debía ser alguien del Centro. Gilberto sabía que su escolaridad nunca lo dejaría calificar como director, pero como siempre logró manipular a Abad, si lograba que este fuera designado, se convertiría en el poder detrás del trono. Si bien el núcleo logró vetar al primer candidato del ministro, gracias a haber logrado desacreditarlo ante Carlos Lage, no logró que aceptaran que el director saliera del Centro. Tanto el Centro como su núcleo estaban políticamente mal parados, éste último ya había sido criticado por falta de combatividad ante los planteamientos de la Asamblea de Llamamiento al IV Congreso y con la presente desbandada, tanto el núcleo como el centro, eran parte del problema y no de la solución que el régimen buscaba.

El nuevo director

Transcurrió cerca de un mes y se produjo lo que la canalla eicisoftiana llamó "la reunión de la reunión". En ella se anuncia la expulsión deshonrosa de Viciedo y de Abel por sus pronunciamientos en la Asamblea del IV Congreso. De esto, hacía ya casi dos años, botarlos en ese momento era como para subrayar el que si aún estaban allí, era por mí y que ya yo no estaría ahí para apañar ulteriores disidencias. También se anunció la aplicación del decreto 58[56] a Rogel, con el mensaje de que la inortodoxia se había terminado. Por último y ésta vez sin derecho a réplica, se designaba a Daniel Fernández como el

---

[56] **Decreto 58:** Recurso legal para despedir, por razones casi siempre políticas, a trabajadores no profesionales. Después de esto al sancionado le quedan muy pocas y horribles opciones laborales... o la balsa.

nuevo director. Daniel era un ingeniero electrónico de poca experiencia y menos brillo que trabajaba en la Fábrica de Equipos Médicos. Lo adornaba, además de ser militante del partido, ser compañero de trabajo y amigo del hermano de Ignacio.

En reconocimiento a su papel de chivato[57], Juan Fernández fue promovido a Subdirector. Cargo que ostentó pero no ejerció, ya que volvió a su estado natural de no trabajar y jugar ajedrez. Con esto se terminaba de apagar el destello capitalista que una vez fue EICISOFT. Dos años más tarde aún se trabajaba básicamente en los mismos proyectos que el 1992, como describe un sitio Web que se hizo en 1994 y que, según pude comprobar en el 2009 aún seguía ahí, como muestra quizá de un "logro" más de la Revolución.[58]

El chivo de las parabólicas

Al desaparecer la pequeña empresa cuando la "Ofensiva Revolucionaria de 1968", el *chivo* se convirtió en toda una institución. Se denomina "chivo"[59] a la acción o resultado de utilizar, por parte del trabajador, medios, insumos y materiales destinados a la producción para la confección o reparación de útiles personales. El estado orientaba como tarea permanente a las administraciones, perseguir y erradicar al chivo en sus centros. Pero esa tarea siempre fue misión imposible, porque los encargados de erradicar el chivo, también necesitaban de los chivos.

---

[57] **Chivato:** Delator

[58] Ver artículo EICISOFT: centro de robótica y software.
http://www.mappinginteractivo.com/plantilla-ante.asp?id_articulo=1119.

[59] **Chivo**: Acción o resultado de utilizar, por parte del trabajador, medios, insumos y materiales destinados a la producción para la confección o reparación de útiles personales.

Yo reconocía el chivo como una necesidad social y era una directiva no escrita, que en EICISOFT el chivo estaba oficialmente autorizado. Para poder llevar el control de cuanto realmente costaban los proyectos, había inventado uno fantasma, el proyecto "Chivo", al que tuviera que hacer o reparar algo, se le pedía que cargara los recursos necesarios a ese proyecto y no al que estuvieran realmente desarrollando. Curiosamente, el proyecto chivo nunca tuvo un costo alarmante y no era porque los eicisoftianos tuvieran menos necesidades que el común de los cubanos, sino que los proyectos reales del centro eran muy motivantes y absorbían casi todo el tiempo e interés de sus participantes.

Con la franca decadencia de EICISOFT, decayó la motivación hacia sus proyectos y toda la creatividad reprimida fue a parar al chivo. A quienes podían organizarse para hacer un robot, no les demoró mucho elevar al chivo de proyecto personal a uno colectivo. A un grupo se le ocurrió que combinando sus habilidades y recursos podían diseñar, desarrollar y producir sistemas de recepción de televisión por satélite y así surgió el proyecto de las parabólicas. Este proyecto lo desarrollaban delante de las narices de Daniel, sin que éste se percatara que estaba ante el chivo más grande que jamás se haya intentado en Cuba. Lo peor de las parábolas, no era la desviación de recursos, ni siquiera el sacrílego hecho de que esto envolviera una ganancia en dólares, cuya mera tenencia estaba penalizada, sino que se trataba de un artículo que permitía acceder a medios de comunicación ¡no controlados!

Una imprudencia, una delación o un poco de ambas, alertó al aparato provocando que Kiki, Mandy2, Diego y Araoz fueran a parar a la cárcel. En los interrogatorios, Araoz confesó con tanto detalle los pormenores del proyecto, que más parecía un infiltrado que un implicado. Consecuencia de este asunto fue la destitución de Vicentín como director de TECUN. La intervención de influencias aparatísticas, partidísticas, hasta eclesiásticas y ante la inminente despenalización del dólar, obligó a que los detenidos fueran liberados. No obstante, Daniel entendió que los implicados debían ser expulsados del centro y así lo hizo con Kiki, Diego y Araoz. Quizá por consideración a su hermano Marcelino, perdonó a Mandy2. Lista, en solidaridad con Kikito pidió su baja del Centro (aunque más adelante regresó a EICISOFT).

El desenlace

La debacle interna trascendía a la clientela foránea. El siguiente fragmento del intercambio epistolar que sostuvo Marco desde México con el empresario español, Manuel Valladares Hermelo de *Acerta Software*, caracteriza la situación. Valladares cuenta su amarga experiencia en un negocio que inició con el remanente de EICISOFT. Reproduzco parte del texto sin edición o comentario:

> *En principio la idea era esta: crear una empresa acá para comercializar, instalar y soportar los productos, y mediante un acuerdo con EICISOFT crear un equipo de desarrollo en Cuba dirigido por Alexis. Pues bien, nos juntamos 4 personas aquí, montamos una empresa, pusimos dinero encima de la mesa, y comenzamos a tener reuniones con el gerente de EICISOFT (Daniel), al cual invitábamos a España con gastos pagados. Durante las reuniones acá todo era muy prometedor, incluso contratamos un comercial que se movía por toda España intentando vender el producto a medio hacer. Con todo ello funcionando, y alguna operación ya en curso, llegó el momento en el que Alexis se tuvo que ir a Cuba a formar el equipo en EICISOFT... y aquí comenzaron los problemas, imposibles de entender para nosotros los españoles.*
>
> *Con Alexis en Cuba ya habíamos vendido en un centro radiológico en Valencia, y comenzamos a instalar en un hospital en La Coruña, pues la previsión era que Alexis regresase en 15 días. Nada más lejos de la realidad. Ya habíamos enviado el primer pago a EICSOFT (5 millones de pesetas del 96) y de repente dejamos de tener noticias de lo que pasaba en Cuba. Llamábamos por teléfono, hablábamos con el gerente de*

EICISOFT y nos decía que Alexis salía ya para acá, pero Alexis no regresaba nunca. Mientras tanto yo tuve que encargarme como pude de seguir con las instalaciones comenzadas (y aprendiendo sobre el terreno), pero Alexis no regresó jamás. Estuvo así un año, y tuvimos que cancelar operaciones acordadas de antemano.

Nosotros acá éramos incapaces de entender lo que ocurría en Cuba, y la razón de que los cubanos dejasen de interesarse por todo. Total, que se decidió enviarme a mí a Cuba para que me explicasen de primera mano qué ocurría realmente allí, y de paso conocer EICISOFT y el supuesto equipo de desarrollo que se quería montar. Cuando aterricé en Cuba, lo que me encontré fue que en EICISOFT se montaron un lío, y la cosa llegó a oídos del ministro de industria y electrónica (o algo así) y se empezó a comentar por allí que todo esto era un business creado entre Alexis y el gerente de EICISOFT (Daniel), y entonces automáticamente se paralizó todo, destituyeron a Daniel y colocaron en su lugar al cubano más triste, corto y gris que he conocido en toda mi vida: Carlo Magno.

Con el señor Carlo Magno yo era incapaz de entenderme, parecía que yo hablaba chino y él ruso. Total, que después de varios intentos fue imposible un compromiso de colaboración. A Alexis le expulsaron de EICISOFT y se quedó en la calle, vendiendo seguros como su padre hacía. Afortunadamente a Pizarro no le salpicó nada de todo esto y pudo volver su vida normal.

La situación en España después de esto era la siguiente: Mis socios españoles, perdieron el interés por el proyecto, y simplemente se resignaron a perder el dinero. Los clientes que habían comprado el producto ya me conocían a mí por haber estado allí instalándolo, y yo no tenía ninguna posibilidad de mantener el producto pues el código fuente se quedó en Cuba. Total que era el momento adecuado para escribirles una carta a todos los clientes explicándoles que detrás del producto tan caro que habían comprado había una empresa cubana que nos dejó con el culo al aire en un abrir y cerrar de ojos... vamos como para echarse a llorar.

Alexis aclara y añade:

En la historia de Manolo hay varias imprecisiones, a Daniel no lo echan, lo habían promovido a vicepresidente de CITA (donde ya estaba Juan Fernández) precisamente por el éxito del proyecto y cuando crearon el Ministerio de Informática y Comunicaciones lo promovieron a viceministro, de algún modo metió la pata hace un par de años liándose con algún extranjero según me dijeron y cayó preso, Pizarro al que había llevado conmigo para el tema de las redes, se había movido poco después de llegar de España a TECNOSTAR, la empresa que habían abierto 2 de los hijos de Fidel (Alejandro y Alexis),empresa que funcionaba medio libre y medio dentro del Grupo de la Electrónica. Creo firmemente hoy en día que Pizarro tuvo mucho que ver con la movida que se montó y que informaba puntualmente a la seguridad de todo el proyecto, creyeron de alguna manera que me iba a quedar o que me estaba enriqueciendo ilícitamente (cosas ambas falsas) y se cargaron todo el proyecto sin detenerse a pensar que era de los proyectos con más futuro del centro y probablemente del país en materia de informática médica y a mí casi me meten en prisión un día que me fueron a buscar directo a la Embajada de España, por suerte sólo me quitaron el pasaje y el pasaporte y de ahí a la calle, como contó Manolo, ellos me 'rescataron' un año después para continuar el proyecto, pero se había perdido mucho tiempo, dinero y clientes y costó mucho encauzarlo nuevamente.

Carlomagno Vega López había entrado a EICISOFT ya después de mi salida, según Alexis trabajaba en el proyecto GIS (*Geographical Information System*) con Juan Carlos y su ascenso a director se produce después que expulsan a Alexis, de manera que no sabemos cómo terminó sus días de director este personaje, pero al parecer, según se desprende de conversaciones con Fernando, después de Carlomagno desfilaron varios y aunque por un tiempo corto, dice que hasta él mismo ostentó el cargo. En el 2003 supimos que EICISOFT había dejado de existir oficialmente.

Dónde están ahora

Abad, José

Al principio, en el exilio creí que se había quedado en Caracas, pero resultó que no, al final regresó a Cuba empatado con una softwariana del ICID, que también estaba en misión allá con el mismo empresario José Mata y se divorció de su primera mujer. Sigue en Cuba militando en las filas del Partido, tiene acceso a Internet y se ha tenido contacto con él.

Abel Álvarez

Fue expulsado de EICISOFT en cuanto se supo de mi deserción. Al poco tiempo de llegar a los Estados Unidos, cuando recién había conseguido mi primer trabajo en la compañía *Itelco USA* (filial americana de la firma italiana *Itelco* que fabrica trasmisores para FM y TV), fui contactado por quien dijo ser su hermana. No cabía dudas de que decía la verdad, pues era una versión femenina de Abel. Quería sacar a su hermano de Cuba y para esto me pedía que solicitara de *Itelco* que le gestionara una visa H1b (visa de trabajo para profesionales). Por más que le explicaba que aquello era un disparate, que allí sólo trabajábamos cuatro y que ni esa ni ninguna compañía iba a iniciar esas carísimas gestiones por alguien que no conociera, ella persistía en eso, como lo haría Abel, cualquier número de veces, hasta que un día desapareció y no la he visto más. Lo último que se supo de Abel fue que logró salir de Cuba hacia Austria (o quizá Australia, la información no era precisa) en 1994.

Agustín Morales
Vive en Las Vegas, trabaja en el difícil tema de la revisión de documentación de investigación desarrollo para una compañía en esa ciudad. En el 2007 restablecimos el contacto.

Alejandro Castro
En su jaula de oro.

Alexis Rodríguez
Vive en España con su familia, trabaja de administrador de redes médicas.

Almendral, Wilfrido
Lo último que se supo es que fue "tronado" de ETCO, pero no se sabe qué ha sido de él.

Arañaburu, José
El 15 de Julio del 2004, Arañaburu aparece como miembro del comité organizador de una carrera de Go-Karts como saludo a una "Feria y Convención de la industria metalmecánica y de reciclaje". Puede inferirse que Arañaburu sigue vinculado al giro de la sideromecánica en calidad de dirigente, quizá sea aún viceministro del SIME.

Arturo Valdés
Vive en Atlanta. Desarrolla Software

Baba, Taminori
En la Internet aparece un Taminori Baba como Presidente de Gaio Technologies. Se le Envió un e-mail a esa firma, pero nunca hubo respuesta.

Bencomo, Eduardo
Desde el 1990 sustituyó a Emilio Aragonés como el Director de la Corporación CIMEX cuando este fue arrestado en relación a

los sucesos de Ochoa-La Guardia-Abrahantes. Estuvo 20 años en el cargo hasta que Raúl Castro, que ya se va afincando en el poder y ha ido tronando a todo el que venía del grupo de apoyo de Fidel Castro, lo sustituyó por un Coronel de las FAR.

Brunet, Roberto Martínez
Vive en el Sur de la Florida, trabaja como consultor de desarrollo de software para distintas compañías.

Caballero, Juan
Falleció de un infarto al miocardio estrenando su bicicleta en 1991.

Cabilla (Roberto Hourruitiner)
Se retiró, vegeta en su casa.

Camilo Monteagudo
En Cuba, sabemos de él porque trabaja con Robertico.

Carlomagno
Ni idea

Carlos Lage
Aunque hubo un momento de oscuridad en 1999 que pensé que seguiría los pasos de Robaina, no ocurrió entonces, siguiendo de Vice Presidente de Cuba y de miembro del Buró Político del Partido. Diez años más tarde Lage "el bueno" siguió los pasos de Robaina.

Carrasco, José Luis
Murió de una complicación infecciosa post operatoria en el 2005 tras una intervención sencilla. En Cuba será olvidado como olvidaron a Ramos. (Lea una anécdota que honra la memoria de estos personajes, Corchea con Puntillo)

Castro, Jorge
Se retiró y nada más se sabe.

Conde, Ernesto
Ni idea

Cuca
Después que Isabel se retiró a mediados de 1992, Cuca siguió trabajando en la cocina de EICISOFT, hoy no se sabe de ella.

Daniel Fernández
Hasta donde sabemos...sigue preso.

Diego Navarro
Cayó preso poco después de mi deserción complicado en lo de fabricar antenas parabólicas con que captar señales televisivas de satélite y fue expulsado de EICISOFT. Nada más se ha podido saber de él.

EL Gallego, Valentín García
Sacó su ciudadanía española y calculamos que ya haya escapado de Cuba y viva en España de sus muchas habilidades mecánicas.

El Ingeniero, Oscar Rossbach Porta
Sigue al frente de IROSA, su fábrica de microscopios y niveles.

Emilio Marill
Una página de Internet actualizada en el 2011, lo pone al frente del Grupo de Refrigeración y Calderas. Considerando los cargos que tuvo antes y durante la historia de EICISOFT, o sea Director de la Fábrica de Combinadas Cañeras y después Viceministro del SIME, eso del mencionado Grupo de Refrigeración y Calderas no parece una promoción, más bien… un proceso tendiente al "Plan Payama"

Ezequiel Francis

Se fue a España donde vivió por algunos años hasta que viajó a Miami para establecerse en esa. En el 2010 se perdió el contacto con él.

Fernando González

Dirigió a EICISOFT por breve tiempo antes de su desaparición definitiva. Sigue en Cuba, como dicen allá "integrado a la Revolución".

Fidel Castro

Aunque traspasó el poder a su hermano Raúl en el 2006, está en su naturaleza el seguir mandando cualquiera sea su posición. El día que deje de ser el tirano de Cuba...la noticia será que ha muerto.

Gilbertico García

Sólo sé que está en Cuba.

Gilberto García

Después de fracasar en el intento de llevar a Abad a la dirección del centro a raíz de mi deserción, abandonó las posturas sindicatoides que exhibía conmigo y se sumió en el anonimato. Sigue en Cuba, no ha tenido contacto con nadie de EICISOFT en el exilio. Quizá se retiró y ahora se dedique a hacer las colas de la familia, que es para lo que quedan los que en Cuba se retiran.

Gilda y María Antonia

Ni idea.

Gómez Cabrera, Raúl

El Dr. Raúl Gómez Cabrera, al menos hasta el 2002, fue el Director del Grupo Nacional de Turismo y Salud, Cuba.

Gorbachov, Mijaíl

Es hoy uno de los conferencistas preferidos de las universidades americanas.

Guille, Guillermo Franco

Vive en Texas, ha trabajado como ingeniero de desarrollo para compañías tan importantes como National Instruments y Cisco.

Gustavo Araoz

Cayó preso junto con Kiki y Mandy2 por atreverse a producir antenas parabólicas con las que le resultaría posible, a aquellos que las adquirieran, romper el bloqueo informativo de la isla. Gustavo informó en detalle de toda la actividad a la policía sin demasiado temor a inculparse, de donde se desprende que, o bien era agente encubierto y el caer preso no era más que una protección a su fachada, o confiaba en que sus vínculos familiares con el aparato de la seguridad del estado le atenuarían cualquier consecuencia de sus declaraciones... No sé qué ha sido de él.

Gustavo el del Almacén

Dice Abad que trabaja en una empresa Química....es todo lo que se sabe.

Homs, Roberto

Trabajó en la Corporación CIMEX en la Habana, de los pocos en Cuba que gozó siempre de un buen acceso a Internet. Desde el 2009 trabaja 11 meses al año en el acelerador de partículas de Grenoble, Francia y regresa un mes de "vacaciones" a Cuba.

Ignacio González Planas

Del SIME pasó a Comunicaciones y de ahí a Ministro de la Informática y las Comunicaciones, cuando se creó este ministerio. En agosto del 2000 fue sustituido por Ramiro Valdés y se especula que su membresía en el Comité Central no sobrevivirá el próximo congreso del Partido.

Isabel
No he sabido más de ella.

Ismael González
Lo último que se supo en el 2005 fue que trabajaba en Desoft, empresa que radica en el edificio que se construyó para EICISOFT.

Jafet Enríquez
Se retiró después de una exitosa carrera como especialista en el PNUD. Actualmente vive en Murcia, España disfrutando su retiro.

Jamalichi, Francisco Suárez
En Cuba, sabemos de él porque trabaja con Robertico.

Juan Carlos
Vive en Islas Canarias, desarrolla software.

Juan Fernández
Su delación le valió un ascenso a subdirector de EICISOFT. Es actualmente coordinador de la Comisión de Comercio Electrónico de Cuba. Tras este inocente nombre se oculta el papel de censor que juega esta "comisión". Es la que regula el acceso a Internet o mejor dicho, la que le impide al cubano el acceso a la Internet. También es la que vigila a qué páginas acceden aquellos pocos autorizados. ¡Ha llegado lejos Juan Fernández!

Julián Pérez Ruiz de Ugarrio
Vive en el Sur de la Florida y trabaja para una de las mayores compañías de videojuegos. Los detalles de su fuga pueden leerse en una carta que le envía a Brunet explicándole su odisea.

Kiki, Armín Arocha
Cayó preso poco después de mi deserción por fabricar antenas parabólicas con que captar señales televisivas de satélite y fue

expulsado de EICISOFT. Después trabajó para la Nunciatura Apostólica en la Habana y finalmente logró irse de Cuba hacia República Dominicana con su familia. Hoy vive en el Sur de la Florida donde trabaja en temas de electrónica aeroespacial.

Labrada, Armando
Vive en el Sur de la Florida y se sigue dedicando a la contaduría. En 1997, llegamos a trabajar para la misma compañía: Brunet, Labrada y yo como consultante.

Livia Machín
Conocí que cuando supo de mi deserción se limitó a lamentarlo, pero no tuvo ninguna frase de condena. Hoy todos los hijos de Livia con Marcos Lage se han ido de Cuba y viven en Colombia, España y Miami. No supe más de ella.

Lista, Humberto
De Cuba no ha salido, pero como no tiene acceso a Internet, no tiene correo electrónico, ni teléfono...poco sabemos de él.

López, José Ramón
Cada vez más aislado, la última vez que hablé con él me habló de su giro del materialismo hacia la mística oriental y del Dalai Lama. No he sabido más de él.

Loret de Mola, Gustavo
Está retirado, supe de él cuando su hijo Gustavo llegó a los EEUU en el 2003. Más tarde le siguieron el resto de sus hijos. Uno de ellos, Camilo, es frecuentemente entrevistado en la TV de Miami y se pronuncia contra el régimen de los Castro.

Los Albita
Juan está en España, Vicente trabaja en una empresa mixta con la firma francesa Telemecanique.

Los Búlgaros

Valko Mitev, Yuri, su esposa Stefka que era la secretaria de Mitev en KAM, Ivan Primov, Peter Spasov, Robert... de estos buenos amigos y de sus vidas sabemos poco. De KAM sabemos que se transformó después de la caída del comunismo en la compañía KMS Engineering y la dirige el mismo Mitev.

Luis Blanca

No hay rastro de él en la Internet, por lo que se deduce que probablemente esté retirado o tronado.

Mabel Longres, hoy Mabel Rodríguez

Después de mi deserción, no le permitieron seguir trabajando en IPS, tampoco pudo conseguir otro trabajo. Obtuve para ella dos visas, una a Italia y otra a EEUU, pero no le dieron el permiso de salida. Estuvo dos años en la más solitaria de las marginaciones. Amigos y hasta familiares temían acercársele por miedo a represalias del régimen. Sólo después contar con asilo político derivativo en los EEUU; de estar en la lista de los rehenes que se presentó en Ginebra ante la Comisión de Derechos Humanos de la ONU, así como después de otras gestiones internacionales y de una carta de mi madre a Carlos Lage, es que le fue devuelto su pasaporte y emitido el permiso de salida. Hoy vive con Mandy en el Sur de la Florida, y aparte de otras ocupaciones a las que se ha dedicado, no ha dejado nunca de ser su secretaria.

Maeda, Masato

Ni rastro de él en la Internet.

Mandy, Armando Rodríguez

Vive en el Sur de la Florida. Ha seguido en el software, siempre en líneas vinculadas de alguna forma a la física, la ingeniería o la matemática. Desde 1997 trabaja para su propia compañía de consultoría de Software (#include Software Consulting).

Mandy2, Armando Gutiérrez

Cayó preso poco después de mi deserción por fabricar antenas parabólicas con que captar señales televisivas de satélite, pero no llegó a ser expulsado de EICISOFT como los otros involucrados.

Marcelino, Gutiérrez

En el 2005 estaba de director de exportaciones del SIME.

Marco, Pérez López

Se casó en México, tiene una hija y vive cerca del D.F., donde se dedica al software geográfico. Nos mantenemos en contacto.

Marcos Lage

No se oye hablar de él, después de su sustitución como Ministro del SIME, fue a dar a Las Tunas. Lo pusieron al frente de una inversión gigantesca para producir bloques y planchas de acero inoxidable a partir de chatarra y después de la Corporación ACINOX SA. En el 2005 su nombre ya no figuraba entre los de la junta directiva, es posible que lo haya cogido ya el "Plan Payama". Todos sus hijos han emigrado.

Mario Iván Álvarez

Vive en el Sur de la Florida con su familia, desarrolla software.

Mata, José

Suponemos que esté integrado al chavismo.

Matoses, Máximo Omar Ruiz

Estuvo preso hasta el 2009, desde Cuba sigue denunciando valientemente los horrores del presidio político en la isla.

Mauricio Hernández

No supe más de él desde que se fue de EICISOFT.

Melchor Gil

Viceministro de la Informática y las Comunicaciones, Rector de la Universidad del mismo nombre. Sigue con su triste papel de esbirro mediocre. Muestra de una reciente actuación en el sitio WEB de El Veraz en artículo de Jorge Félix. (Hay un video al final de la página).

Miret, Pedro

Lo vi por última vez en 1992, cuando pronunció un discurso de dos horas en la clausura en una reunión de directores de SIME. Su demencia senil era tan ostensible, que fue el comentario de todos, algunos se manifestaron con compasión, otros con temor de que alguien en ese estado ostentara un cargo tan alto. 14 años después, en la lista de jefes de estado y miembros de gabinete que publica la CIA en la Internet y que se actualizó en Abril 17 del 2006, aparecía Miret aún en su cargo de Vice Presidente del Consejo de Ministros.

Narciso Pizarro

No he sabido más de él.

Néstor del Prado

Una vez presidente de la FEU y vicepresidente de INSAC, no hay rastro reciente de él en la Internet, lo que indica una clara pérdida de relevancia.

Néstor Flores

Supe que su esposa había llegado a Miami y Marco supo de Néstor que estaba en Canadá, de donde le mandó un email hace ya varios años.

Oscar el Licenciado Rossbach

Se ha encargado de diversificar el mercado de la empresa Rossbach. Aunque se dice que la distancia suele enfriar las relaciones, sigue siendo mi entrañable amigo, mi familia en México.

Osmel Torres

Regresó e inmediatamente se trasladó al Ministerio de Cultura, volvió para Madrid, no se sabe en qué misión y sigue en Madrid con su esposa, la hermana de los Albita. No tiene contactos con el resto de EICISOFT en el exilio y subsiste la sospecha de que aún está vinculado al régimen Castrista.

Pablito, Pablo Pérez

Después de emigrar hacia Estados Unidos con su madre y hermano en el 1992, se casa con una prima segunda y se establece en Miami, pero en 1996 se enamora de una inmigrante reciente, posible agente castrista y abandona a su esposa, a la que dejó llena de deudas y regresa con ella a Cuba donde vuelve a "incorporarse a la Revolución". De esa etapa, llegaron al exilio fotos de Pablito con Silvio Rodríguez... pero el que ha vivido en libertad, por muy loco o confundido que esté, parece que no puede ya vivir bajo ese régimen. Su hermano, que se estableció con su familia en Texas y que llegó a puestos de dirección en una importante compañía electrónica, se fue a Rusia como presidente de una de sus filiales allá y logró volver a sacar a Pablito de Cuba, esta vez hacia Moscú. Es lo último que se ha sabido de él.

Pancho

Ni idea.

Paquito, (Francisco Castillo) Agustín narra...

Cuando la cosa estuvo peor que nunca, en el 94, con todos los líos del remolcador "13 de Marzo", los secuestros de la lanchita de Regla, etc., se corre la noticia que habían abierto las fronteras y ya el éxodo fue masivo. Aquello parecía carnaval en la Habana, pero las carrozas eran de gentes halando sus balsas por la calle para tirarse al mar. Un buen día Paquito se desaparece y no lo vimos como por una semana, cuando regresa, me cuenta que él, como muchos ya desesperados, se tiró al mar por allá por Cojímar, eso fue como a las 10 pm... con su esposa, dos hijas jimaguas, y su otra hija mayor con el esposo y un bebé de tan solo meses (nieto del Paqui); continúa que para las 2 am, cuando ya estaba como a 3 millas de la costa... la balsa se estaba hundiendo, el agua les daba por la cintura, y tuvieron que recalar para la orilla. La corriente los tiró como por la desembocadura del Almendares. Todos sobrevivieron pero fueron momentos aterrorizantes los que vivió.

No sabemos si al fin logró irse.

Peter y Mitchell Valdés
Mitchell sigue al frente del Centro de Neurociencias y Peter sigue siendo el enlace con los EEUU.

Pizarro, Francisco
Se sabe que sigue en Cuba y según Alexis:

> *Pizarro, al que había llevado conmigo para el tema de las redes, se había movido poco después de llegar de España a TECNOSTAR, la empresa que habían abierto 2 de los hijos de Fidel (Alejandro y Alexis), empresa que funcionaba medio libre y medio dentro del Grupo de la Electrónica. Creo firmemente hoy en día, que Pizarro tuvo mucho que ver con la movida que se montó y que informaba puntualmente a la seguridad de todo el proyecto.*

Popi, (Jesús Olivera)
Un poco antes de mi deserción, Popi ascendía a asesor del Ministro de Educación Superior para el tema de la computación. Siguiendo su rastro en la Internet lo encontramos dando conferencias magistrales en el 2004 en un evento auspiciado por la Empresa de Tecnología de la Información y Servicios Telemáticos, CITMATEL. De manera que sigue haciendo lo que siempre hizo.

Ramos, Orlando
El padre de la computación de Cuba murió en 1991 de un infarto cardíaco sin que el régimen le rindiera el más mínimo homenaje.

Rita Rodríguez Urquiza

Sigue en Cuba, trabaja como ingeniero en alguna empresa donde tiene acceso al correo electrónico, desde ahí nos suele enviar al foro de EICISOFT nostálgicos mensajes de aquellos "buenos tiempos de EICISOFT".

Robaina, Roberto

Sobrevive en Cuba de pintor, en lo que es como un término medio entre el clásico "plan payama" y la prisión domiciliaria.

Robertico, García

Tuvo una digna actuación cuando la detención de Kiki. Aunque existe contacto con él por correo electrónico, no puedo precisar en qué trabaja, pero sé que lo hace junto a Camilo y el Jama.

Rogel Lima

Se dice que está por Tampa, pero no he hecho contacto con él.

Romero, Orlando

Investigando en la Internet, Romero aparece como Director de Medicuba hasta 1995, después aparece como Consejero Comercial de la Embajada de Cuba en México hasta el 2003, donde se le pierde el rastro, quizá se retiró.

Sergio Pérez

Se le vio por última vez en 1994 en México cuando todavía trabajaba para los Rossbach. De ahí, trotó por el mundo y se cree que hoy vive en Barcelona.

Tanilo, (Máximo Rivero)

Terminó sus días en EICISOFT de "tester" del programa traductor y fue a España en relación a la promoción de este producto. Tengo entendido que está retirado y como le pasa a todo el que sirve al régimen, cuando ya no le sirve... es olvidado.

Tomás
Ni idea.

Ulises Castillo
Vive en el Sur de la Florida, brillante como siempre, trabaja como consultor de desarrollo de software para distintas compañías.

Vals, Dr. Orlando
Hasta septiembre del 2004 seguía en Radiología de Hospital Hermanos Amejeiras. En noviembre del 2009 participó como invitado en el II Congreso de Radiología del Sur-Occidente junto a su esposa, también radióloga, Dra. María Parrilla.

Varona, Roberto
No logró el sueño con que se fue de EICISOFT: llegar a administrar un hotel de turismo, pero al menos está cerca del giro... supimos que alquilaba el Lada que se le otorgó en EICISOFT a turistas extranjeros. Eso lo ayuda a vivir.

Venero, José
Ni idea.

Vicentín (Vicente Lanz)
Vive en el Sur de la Florida, exactamente en Boca Raton. Me resultó raro que alguien que tuvo un vínculo tan estrecho con el régimen de Cuba y en condición de sancionado (por aquello de las parabólicas), haya podido escapar tan fácilmente y hasta en compañía de su hijo. Tampoco le retuvieron a su esposa, como me hicieron a mí y a todo el que ha desertado. Todo esto me ha hecho temer que Vicentín aún trabaje para "El Aparato", por lo que me he mantenido a prudente distancia de él.

Viciedo, Gilberto
Fue expulsado de EICISOFT en cuanto se supo de mi deserción. Después de muchas penurias, logró irse de Cuba para

Venezuela y se estableció ahí con su esposa. Creyó haber escapado del comunismo castrista y quedó atrapado de nuevo en el bolivarianismo chavista. Volvió a emigrar, esta vez a los EEUU y volviendo a comenzar de nuevo el vía crucis del recién llegado. Un cáncer pulmonar terminó con la sufrida vida de nuestro inolvidable Viciedo en mayo de 2010.

Victor Padrón
Se casó con una músico y vive con ella en Madrid, donde trabaja como profesor en una Universidad de allí.

Villo, (Antonio Evidio Díaz González)
Se calculaba que debía estar retirado o que se mantenía dando clases en la CUJAE, donde se refugió después del truene[60] de Marcos Lage. La última referencia que se tuvo de él fue la coautoría del artículo *Limitaciones en la Aplicación del Teorema de Thevenin* en que su nombre aparecía antecedido por "Dr.". Poco antes del lanzamiento de este libro, llegó la dolorosa noticia de que había muerto. Villo aprendió a obtener resultados dentro de ese sistema logrando evadir los absurdos mecanismos socialistas. La forma que encontró, fue la de hacerse de un aparato administrativo corrupto y corruptor, que le apantallara las oscuras movidas que le permitían obtener algún resultados dentro de las rígidas estructuras del socialismo cubano. Gracias a Villo existió EICISOFT. Descanse en paz quien fue nuestro mecenas.

Viviana Hernández
Sigue en Cuba. Trabaja en la embajada argentina, tiene acceso esporádico a Internet cuando la titular de la cuenta se ausenta.

---

[60] **Tronar**: Destituir de algún cargo. Cuando en Granma, el periódico del Partido Comunista, sale que alguien "pasó a acometer otras tareas de la Revolución", en la calle se traduce como "lo tronaron" o "lo cogió el truene".

Wenceslao Martínez Dr.

Una búsqueda de Google...y al menos hasta el 2002, en que presidió un evento de máxilo-facial en Cuba, seguía en lo mismo.

Zayas, Alfredo

Vive en Ciudad de México. Se dedica a desarrollar software.

CUENTOS DE FUGAS

Ni me busquen, porque no me van a encontrar

Por Marco Antonio Pérez López

Mi historia es la más corta (en cuanto a relación con Eicisoft) pues yo fui el primero en desaparecer. Dice por ahí Mandy que Ulises fue el primero; pero cuando yo salí de Cuba el 20 de abril del 91, con la idea de no regresar, Ulises aún estaba en Eicisoft. De todos modos no creo que eso sea lo importante.

Al contrario que Julián, que lo recuerda todo como si fuera ayer, a mí el tiempo me ha hecho una mala jugada y hoy apenas recuerdo con claridad todo lo que ocurrió. Por ello, mi visión de lo que pasó puede haber perdido bastante precisión. Con el tiempo, uno inconscientemente altera o embellece lo que fue, para irlo ajustando internamente a lo que uno cree que debió ser. De todos modos, aquí va mi versión, donde aprovecho para externar algunos pensamientos que sólo he rumiado conmigo mismo en todos estos años. ¡Qué carajo, para eso son los amigos!

Mi estancia en España obró definitivamente como un catalizador para mí, aunque yo mismo no lo sabía en aquel momento. Recuerdo cuando estaba sentado ante el televisor en aquel apartamentico de Valdemaqueda para ver "a qué país le tocó caerse hoy". ¡Increíble! El sentimiento de entusiasmo y de euforia que me embargaba. La sensación de que después de todo, aquella vocecita interna de que el socialismo no podía ser así tenía razón —sensación que no podía comentar abiertamente de todos modos, por si las moscas—, y la gran esperanza de que al regresar a Cuba me toparía con cambios que por fin arreglasen aquello de una vez por todas, me hacían desear el regreso; aunque a la vez, lo bien que yo me sentía en un país libre, con mis amigos españoles, me jalaban para quedarme allá. Pero nunca pasó por mi mente, en serio, la idea de quedarme en

España. Recuerdo que una vez, conversaba con amigos españoles sobre ese asunto y les expuse muchas razones por las cuales debía regresar a Cuba: en la isla con toda seguridad se iban a producir cambios y yo quería estar allí para ayudar a que ocurrieran; mi familia; mis compañeros de trabajo y la confianza que habían puesto en mí; mi novia en Cuba me estaba esperando... en aquel momento todos pensábamos que yo regresaría a España, a continuar el trabajo, antes de un año.

Cuando regresé a Cuba, el primer palo que recibí fue la pérdida de todos los dólares que había ahorrado en dos años en España. No recuerdo cuánto era, creo que como mil y pico. Nunca supe, tampoco, dónde o cómo fue: sólo sé que cuando llegué al aeropuerto de Barajas los tenía en mi bolsillo, es más, cuando llamaron para subir al avión, los tenía y cuando me bajé del avión en La Habana, habían desaparecido. Ese fue el primero de una serie de golpes. Así que del aeropuerto tuve que ir a una mugrienta estación de policía en Boyeros a hacer la inútil denuncia.

Recibí otro trancazo cuando, ya en la casa, comenté a mi mamá: "Bueno, y ¿esto qué? ¿Cuándo va a cambiar? ¿Qué va a pasar aquí?" y mi madre me respondió: "Hey, hey, ya bájate de esa nube que estás de nuevo en Cubita la bella. Ya el Comandante se paró y dijo que esto no va a cambiar, que aquí es socialismo o muerte aunque la isla se hunda en el mar". Yo no lo creía. Después de haber visto todo lo que pasó en Europa, después de haberme enterado de las barbaridades que habían hecho Ceaucescu, Yivkov, Honecker y compañía, yo nunca pensé que en Cuba pudieran pasarse todo eso, como lo hicieron, por el forro de los cojones. Era evidente que Fidel tenía que saber todo lo que yo sabía, y si a pesar de eso insistía en seguir por un camino equivocado... la muy poca fe que yo tenía en aquello desapareció con ese comentario de mi madre. Sentí que mi visión del mundo tal y como yo la tenía hasta entonces, se derrumbaba a mi alrededor.

La depresión se acentuó aún más cuando Mandy me dijo que *nananina*[61] de regresar a España, que había muchas otras cosas que hacer y que Narciso Pizarro no era más que un farsante, que ya había estado demasiado tiempo fuera, que había que trabajar en el nuevo Ortognatrón, etc. Argumentos todos válidos pero que en aquel momento me cayeron como una patada en los cojones, pues si había algo que yo hubiera deseado era alejarme de todo aquello y ¿qué mejor lugar que España?

En semejante estado de cosas transcurrió el año 90, trabajando en el Ortognatrón me inscribí en unos ejercicios aeróbicos y gracias a eso agarré un poco de forma. Entre la gimnasia y el trabajo recuperé un poco el ánimo. Pero ya algo se había roto, ya había pasado una frontera. Recuerdo algunas conversaciones con Brunet en el portal de su casa, con Ulises en el balcón de su apartamento, sobre la mierda en que se había convertido la Revolución cubana. En todas partes, todo el mundo decía lo mismo.

Fidel visitó Eicisoft varias veces durante ese tiempo y algo que no olvido es el trabajo que me costaba ocultar mi expresión de disgusto por tener que dejar mi trabajo para ir a escuchar y aplaudir sus estupideces, sentimiento que (creo) muchos compartíamos. Veía al Fifo[62] despojado de su aureola mística, como un tipo engreído y borracho de poder. Me daba asco el show de segurosos, asistentes y lameculos a su alrededor.

Otro golpe: Ya saben que debido a mi trabajo y a mi dominio del inglés, tenía contactos frecuentes con extranjeros,

---

[61] **Nananina:** Originalmente fue un personaje de un programa radial humorístico de los años 50, "La Tremenda Corte", pero pasó al argot popular como una forma enfática de decir que no.

[62] **FIFO:** Término utilizado por los cubanos cuando no quieren mencionar a Fidel Castro por su nombre.

norteamericanos y canadienses principalmente, muchos de ellos fervientes partidarios de la Revolución, a los que hacíamos el favor de mantener sus computadoras en forma. Resultó que todos ellos, en la intimidad de sus casas, tenían las mismas ideas que yo sobre todas las cosas que andaban mal, y la mierda en que se había convertido la Revolución. Eso terminó de convencerme de que no era una impresión subjetiva de mi parte y de que las cosas en Cuba estaban mal, muy mal.

Y en algún momento durante ese año decidí que si me volvía a tocar un viaje afuera, para mí sería el último. Ya no aguantaba más.

Ahora bien, una vez tomada la decisión, ¿cómo ejecutarla? Tengo que confesar que estaba bien cagado porque alguien sospechara lo que había decidido. Una vez que apareció Oscar Rossbach en escena y surgió la posibilidad del viaje a México, pasé muchas noches sin dormir pensando en si lo hacía o no lo hacía, y cómo lo haría; qué iba a pensar la gente; en qué lío iba a meter a Eicisoft, por ser el primero en irme, y supuestamente uno de los más confiables, y un montón de cosas más. Por supuesto, lo comenté con mi familia y con algunos amigos muy allegados, que me entendieron y apoyaron.

Una vez que llegué a México, todavía no sabía cómo lo haría. En aquel hotel Polanco daba vueltas y vueltas en la cama pensando qué hacer. Llamé varias veces a España. Me puse en contacto con el señor Gutiérrez, a quien había conocido en Madrid y que tenía una empresita de informática. El Sr. Gutiérrez me prometió vivienda y empleo cuando llegara a España. El problema era llegar.

Mientras trabajaba en Microscopios con Oscar, traté de ir adelantando mi plan, pero las cosas no me salían bien. Visité la embajada de España pero con el maldito pasaporte rojo me pidieron un documento de la Embajada cubana, documento que evidentemente no podía ir a pedir pues mi centro de trabajo en Cuba no sabía nada de ese viaje a España. Por otro lado, vino Mandy y me pidió de todas las formas posibles, una vez que se enteró de mi decisión, que no me quedara esa vez. Me prometió que él me volvería a enviar a México en una mejor ocasión. Estuve a punto de aceptar, porque en fin de cuentas ya estaba bastante acobardado. Pero algo en mi interior me hizo persistir en mi posición, a pesar de que en su momento me sentí como un mierda por no echarle un cabo a Mandy con todos los problemas que tenía arriba.

Al cabo de unos meses, un conocido mexicano circunstancial me propone una solución: conseguir un pasaporte mexicano falso. Como los mexicanos no necesitaban visa para entrar en España, consiguiendo ese pasaporte yo podría entrar allá y luego resolver mi situación. Acepté con alegría pues era la única esperanza que me quedaba. Él me ayudó a conseguir una licencia de conducción —qué fácil fue, ¡increíble!— y luego otros documentos, con los cuales "sería muy fácil" sacar el pasaporte.

Llegó el día de mi regreso a Cuba. La tarde anterior a mi salida metí las cosas en mi maleta y en el VW Corsar que teníamos, llevé mis cosas a la casa de Anita, mi ex-cuñada (la hermana de la que fue mi primera esposa), que vive en México desde 1980 y que nos conocíamos desde los 13 ó 14 años, cuando me hice novio de su hermana. Prácticamente mi familia. Ya había acordado quedarme en su casa algunas semanas hasta que resolviera el pasaporte mexicano. Luego regresé y dejé el coche en el estacionamiento, puse la nota, las llaves de la casa y del carro sobre la mesa del apartamento, eché una última mirada y salí.

Recuerdo que pensé: "bueno, pues ya lo hice, ahora aunque quiera no puedo arrepentirme". Me fui a un viejo cine en la calle Revolución. No recuerdo que película vi. Al salir fui en metro a casa de mi ex-cuñada y así comenzó mi vida en libertad.

¡Ah, ahora recuerdo!, por lo que escribe Brunet, que me había encontrado de nuevo con uno de mis ex amores, una rubia bastante guapa, hija de mexicano y norteamericana, y con la que yo había tenido cierto affaire alguna vez. Lo que hice para justificar mi ausencia esa noche, fue comentar que me iba a despedir de ella, e incluso si mal no recuerdo, mi nota de despedida iba en ese sentido, que no me quedaba por razones políticas, etc. Esto lo hice como un intento de desviar las posibles represalias contra mi familia y contra Eicisoft, aunque definitivamente las razones de mi huida eran políticas: Cuba me asfixiaba.

De las cosas que ya no recuerdo con precisión: quiénes de Eicisoft estaban en México en ese momento. Creo que estaban Pizarro y Fernando, además de Brunet. Pizarro lo sabía pero Fernando no. Creo que Pizarro me ayudó sacando a Fernando de la casa durante esa tarde para que yo pudiera llevarme mis cosas sin problemas, a pesar de que el rumor de la rubia me cubría. Creo recordar vagamente que Brunet se encabronó cuando le dije que Pizarro ya lo sabía y que me dijo que mejor publicara en el *Excelsior* que me iba a quedar.

Me acuerdo cómo yo me empeñaba en enseñarle a Fernando todos los trucos del Ortognatrón y del *Window manager*, y Fernando me decía: "sí, Marco, ya no insistas, cuando tú regreses tú lo haces y ya" y yo le respondía: "bueno, pero y si ahora cuando regrese el avión se cae, alguien tiene que saberlo además de mí". Brunet sólo me miraba con ese gesto irónico que tiene y se reía para adentro.

Un par de semanas antes yo había hablado con Oscar y le había confiado que yo no pensaba regresar. Oscar primero se encabronó un poco pero luego me dijo que iba a ver qué hacía para darme trabajo con él. Entonces le dije que yo no podía trabajar con él si él pretendía seguir en relaciones con Eicisoft y con Cuba. Que se lo agradecía pero que yo no iba a hacerle esa mierda, que en ese caso era yo contra todo el resto de Eicisoft y Cuba y que la elección era obvia. Me abrazó y me dijo que contara con él para lo que fuera.

Yo sabía que tenía que arreglármelas solo como pudiera. Sí pasé algo de trabajo al principio, aunque en realidad no fue tanto, estando yo soltero, sin responsabilidades de familia que mantener y acostumbrado a ir a campamentos cañeros, ¿qué trabajo puedo haber pasado, si estaba en casa de mi familia, tenía techo y comida? Si acaso, eso sí, la incertidumbre sobre el futuro. Yo no sabía, o al menos no recuerdo, una movida de Oscar en el sentido de dejarme trabajando con él con un salario aparte. De todos modos, no creo que lo hubiera aceptado porque no iba a ser cómodo para ninguno de nosotros seguir trabajando juntos de esa manera.

Estando en casa de Anita, mi ex-cuñada, en algún momento me llegó una llamada telefónica, del mismo conocido del pasaporte, quien me dijo que en la Embajada cubana me estaban buscando y que al parecer ya sabían donde yo estaba. Me asusté muchísimo y empecé a buscar a dónde irme. Un amigo de Mariana me ofreció la casa de su papá, que vivía en Cuernavaca, y allá me fui. En aquella casa alquilaban cuartos para estudiantes extranjeros, y así me fui para allá. Estuve quince días allí, crispadísimo al pensar que la policía me andaba buscando. Cada vez que veía un policía daba un rodeo de dos cuadras para no tropezarme con él. ¡Je!, ahora lo recuerdo y me río de mi ingenuidad. Al final, se me acabó el dinero y tuve que regresarme a México donde me enteré que lo que me había dicho el cabrón aquel en su llamada no era cierto y que él sólo me estaba pasando una interpretación de un comentario totalmente diferente que había oído al pasar.

Yo debí regresar a Cuba a mediados de septiembre (ya olvidé la fecha exacta, creo que era el 19). Estábamos a mediados de noviembre y nada del pasaporte mexicano. Ya se me había acabado el dinero. Empecé a arreglar equipos electrodomésticos de los vecinos para poder ganarme unos pesos y no estar de gorra en esa casa, que es una familia muy cariñosa pero muy humilde. En eso me llama Oscar un día (él sabía el teléfono porque a través de Ángel Carranza yo se lo había mandado) y me dice que había un trabajo para mí, que un conocido suyo tenía una empresa con un proyecto que no habían podido terminar por no haber conseguido un buen programador. Al día siguiente voy al lugar, pensando en pedir unos cuatro millones mensuales, y por suerte antes de abrir la boca me ofrecen seis. Se abrió el cielo para mí en ese momento. Empecé a trabajar y alrededor del día 15 de diciembre ya tenía terminado un primer prototipo del programa que le presentaron al cliente (la Secretaría de Minas) y quedó muy contento. Sin saberlo, yo había salvado un proyecto que estaba a punto de hacer fracasar a esta empresa porque no habían conseguido nunca un programador de C que supiera hacer lo que ellos querían. Les había caído del cielo.

Después de aquello, el dueño de la empresa habló conmigo y me pidió que me quedara con él. Le dije que no, pues tenía idea de irme a radicar a España. Le dije que en España ya tenía oferta de trabajo, vivienda y un sueldo equivalente a unos ocho millones de pesos mexicanos de entonces. Me dijo: "Bueno, yo no te puedo ofrecer ocho, pero si te quedas conmigo, te doy siete y parte de esta compañía. Podremos hacer muchas cosas juntos."

Nunca había visto yo tanto dinero junto sólo para mí. En todo el tiempo, entre abril y septiembre, que había estado en México, sólo había logrado ahorrar un millón de pesos, y ahora de pronto me ofrecían siete veces esa cantidad todos los meses, lo cual en aquel tiempo era bastante considerable, unos $2,300 dólares al mes, y además, parte de la propiedad de una compañía. Me dije: "soy libre como el viento; si no me conviene esto en un tiempo, siempre puedo irme a Madrid" y acepté.

Así empecé a trabajar con los sistemas de información geográfica. En el mes de junio, y debido a una serie de casualidades increíbles, logré pagar el enganche para adquirir un carro nuevo y bueno: un *Oldsmobile Cutlass*. También, mis conferencias telefónicas con España se fueron espaciando y apagando: el amor a distancia no funciona. El pasaporte no llegaba aún. Y en la oficina conocí a una mujer que trabajaba como secretaria del director general de una de las dos empresas que compartían el piso (la otra empresa era donde yo trabajaba). Betty y yo nos caímos bien muy rápido y nos empatamos en casi nada de tiempo. Resultó, que ella vivía en un apartamento que estaba sólo a dos puertas del edificio donde vivían sus padres, y por ello me dijo que nuestra relación no podría continuar si no iba a ser en plan serio, porque sus padres estaban demasiado cerca y no les iba a gustar eso. Además ella tenía hijos ya grandes, nunca había llevado a ningún hombre al apartamento, y los muchachos se iban a dar cuenta. En aquel momento le contesté con la irresponsabilidad típica de los cubanos: "bueno, si quieres que sea en serio, pues que sea en serio. En fin de cuentas yo ya tengo 35 años y algún día tengo que sentar cabeza." Aquella noche me acosté pensando en que esas palabras probablemente me iban a costar el quedarme en México para siempre. Aún no sabía qué pensar.

Finalmente decidí formalizar la relación. Salí de casa de Anita y me mudé a un pequeño departamento abandonado que el hermano de Betty tenía en el mismo edificio donde vivían sus padres. Allí estuve viviendo unos meses hasta que nos casamos el 12 de diciembre de 1992, día de la Virgen de Guadalupe.

No sé o más bien no recuerdo cómo Mandy supo mis nuevas coordenadas; supongo que haya sido a través de Oscar. Si mal no recuerdo, Mandy llegó a México poco antes de mi boda (porque estuviste en ella con Oscar, ¿no?) y luego, tampoco recuerdo bien por qué, me llamó por teléfono para que le echara una mano porque la Seguridad cubana le estaba cayendo atrás. No recuerdo exactamente cómo, pero Mandy terminó viviendo en el departamento abandonado que yo había ocupado en los bajos del edificio donde vivían mis suegros. Allí estuvo un tiempo (semanas o unos pocos meses, no recuerdo) hasta que mediante la intervención de una mujer que vivía en la colonia Cuauhtémoc, logró cruzar la frontera y se fue para USA.

Y lo demás es historia. Después de algunos meses ya se me habían esfumado las ganas de irme a España, además de que con mujer y dos hijos, ya era prácticamente imposible hacerlo. Mi hija Melissa nació en febrero del 1994, pero no fue hasta el año 2000 que por fin regularicé mi situación legal en México, obtuve un pasaporte cubano normal y un FM-3 (permiso de estancia del no-inmigrante). Pronto espero pedir por fin la ciudadanía mexicana y paradójicamente comenzar de nuevo a buscar un lugar del mundo algo más propicio para vivir, ahora que los hijos mayores ya prácticamente terminaron la universidad y van a empezar a hacer su propia vida.

Si me buscaban... me iban a encontrar

Por Julián Pérez

Carta personal de Julián Pérez a Roberto Martínez Brunet

Enero 10, 2003

Hola Brunet:

Efectivamente, han pasado más de 10 años desde aquellos memorables días en que NO me encontraste en la morgue del DF, pero aún lo recuerdo como si hubiese sido ayer. Creo que lo menos que puedo hacer es contarte la historia completa. No puedo poner esta carta en el grupo Eicisoft porque algunos de sus integrantes (como Homs y Rita) están en Cuba y no es que ellos no puedan verla sino pueden resultar perjudicados por los "otros ojos" que también ven las cosas que llegan allá.

No sé exactamente cómo fue la maniobra de Marco, algún día se lo preguntaré, pero me parece claro que existía alguna persona que lo ayudaba allí en México. ¿La propia familia del ingeniero, quizás? Como en Cuba nada es lo que parece y casi nada de lo que se dice es cierto, era imposible prever cómo reaccionarían Sergio y tú cuando descubrieran mi desaparición. En el caso tuyo me atrevía a suponer que armarías el alboroto reglamentario y demorarías la búsqueda lo suficiente como para que me diera tiempo de escapar. En el caso de Sergio, con el que compartía piso, ya no estaba tan seguro. Después de todo, era militante y, en el mejor de los casos, la diferencia entre lo que "hubiera querido" hacer y lo que "no iba a tener más remedio" que hacer podía ser muy grande. La actuación posterior del Innombrable y Alexis, según la escueta versión que tengo de los hechos, confirma mis temores.

Casi en los últimos días tuve la confirmación de que, efectivamente, podía partir. Que me pusieran el pasaje por Iberia era trivial, pero el visado de la embajada española parecía imposible porque se necesitaba un papel del Ministerio de Gobernación (no recuerdo si se llama así) de México. Como eso, a todas luces, no era posible, yo casi había desistido de la idea, y toda la pacotilla (CDs, libros, juguetes, etc.) era auténtica, no una maniobra diversionista. Pero la posibilidad no se había cerrado y lo dejé todo en manos de Dios. Si su voluntad era que yo me fuera, el camino se abriría. Por mi parte, me costaba dormirme por las noches, porque irme era alejarme de todo, de muchas cosas para siempre y de otras (como Felicia e Indira) por un tiempo imposible de prever.

¡Y el camino se abrió! Intercedió, desde España, un señor ya jubilado al que todos los embajadores conocían, pues durante mucho tiempo fue jefe de la diplomacia española, y el embajador me concedió el visado.

El pasaje me lo sacaron para un sábado, pero el avión salía tardísimo, después de las diez de la noche, si no recuerdo mal. Esto constituía un gran problema. En la carta de despedida de Marco recuerdo que decía "no me busquen, porque no me van a encontrar". No sé si eso sería cierto o no, pero en el caso mío, si me buscaban SI me iban a encontrar, porque iba a estar varias horas empantanado hasta la salida del avión.

Por tanto, era necesario enmascarar lo más posible mi partida para que, cuando comenzaran a buscarme, ya yo estuviera en España. Favoreció mucho el hecho de que ese día Sergio hiciera una larga excursión con su novia. Así que lo primero que hice fue ir a Gigante, hacer la compra de la semana y ponerla en la nevera. Creo recordar que también tendí alguna ropa lavada, pero ya de eso no estoy seguro. Lo siguiente era que todas mis cosas siguieran en la casa, porque el axioma de que un cubano jamás deja atrás la pacotilla es inviolable y eso sería lo que más despistaría. Por último, dejé cerrada la puerta de mi habitación. Si Sergio no la abría al llegar (nunca lo hacía), como no había nada sospechoso en la escenografía, pensaría que estaba durmiendo. Si la abría podía pensar que había ido al cine, cosa que a veces ocurría. En medio de esta escena tan cuidadosamente montada, dejar una carta de despedida a lo Marco, era absurdo.

A media tarde, para hacerlo antes del regreso de Sergio, partí hacia el aeropuerto con lo puesto. Sólo llevaba mi portafolio con los documentos y un libro para leer. Analizándolo retrospectivamente creo que hubiese sido posible llevar un maletín con algunas cosas, pues nadie conocía un inventario exacto de mis pertenencias, pero en momentos como ésos uno está tan nervioso que no puede hacer ese tipo de razonamiento: la paranoia es excesiva.

Las horas de espera hasta la salida del avión se cuentan entre las más angustiosas de mi vida. Estaba cagado. Miraba a toda la gente y pensaba y temía que en cualquier momento se apareciera un seguroso a cogerme. Cuando por fin llegó el avión y pasó el momento de angustia de si aceptarían o no mi pasaporte visado y me dejarían o no subir a él, resulta que el vuelo se retrasó más de media hora y hasta llegué a pensar que era por mí y subiría alguien a bajarme.

Por fin aterricé en Madrid. Sólo llamé a Felicia y le dije escuetamente dónde estaba (era la única que siempre lo supo y en las conversaciones con ella a lo largo del proceso le pasaba los adelantos u obstáculos en clave).

La gente me siguió metiendo miedo y me recomendó no revelar mi paradero hasta no haber hecho la solicitud de asilo, pues sólo entonces estaría bajo la protección del estado español. Mientras tanto, nunca me movía solo. Siempre me acompañaba un par de compañeros de trabajo.

Y entonces llegó la llamada desde Eicisoft, supuestamente de Felicia y la recepcionista me la pasó, con lo cual ya todo fue revelado sin que fuese necesario el consenso de los que opinaban que aún no debía hacerse. Me pesa decirlo, pero, de no ser por esa llamada, la lamentable búsqueda por las morgues y hospitales se habría prolongado aún más, cierto es que innecesariamente.

Esta historia detallada sólo la conocía hasta ahora Jafet, que ha estado un par de veces en mi casa aquí, en dos viajes que ha hecho a España. Quizás él la haya contado a alguno más. De todas formas, aquí queda.

Aunque no ponga esta carta en el foro, aprovecharé para que la vean Mandy, Marco y Viciedo, pues les puede interesar y no están en "zona peligrosa".

Julián

Complemento a esta historia por parte de Roberto Martínez Brunet

Julián:

Estoy compartiendo este mensaje con las mismas personas a las que enviaste el tuyo pues así tendrán una visión completa de los hechos que relatas. Comparto tu opinión de tratar de no expresar ideas o comentarios que puedan tener una connotación política en el foro público porque hay personas en él que no están en condiciones de expresar libremente sus opiniones y sería injusto ponerlos en esa situación. Digo que trataré porque tampoco me gusta que se me asocie con ideas que no comparto y a veces el silencio puede interpretarse como aprobación.

No puedo precisar las fechas. Debemos estar hablando del año 91. Recuerdo que trabajamos el Primero de Mayo. Lo recuerdo porque después fuimos a comer a la Cantina El Nuevo Mundo con el Ingeniero y Rafael, el de Niveles. Recuerdo que preguntaste qué eran esos pequeños chiles verdes que estaban en la mesa y te dije que se comían con pan. Pensé que entenderías que era una broma. Creo que por poco te da un infarto. No sé si esta fue la última vez que nos vimos. Posiblemente no.

Debe haber sido un domingo cuando Sergio me llama y me dice que no habías regresado a dormir la noche anterior. Inmediatamente me fui al Departamento de San Pedro de Los

Pinos y comprobé lo que Sergio decía y la situación tal y como tú la describes. Creo que esperamos hasta el lunes para informar a Mandy y dar parte a la Embajada. La Embajada no le dio particular importancia. Creo que ya estaban acostumbrados.

Pero Sergio y yo estábamos seriamente preocupados. La idea de la deserción claro que pasó por nuestras mentes. Pensamos en eso pero nos parecía que no te atreverías a separarte de tu familia y, por otra parte, ¿por qué abandonar todo lo que tenías? Así, tu estrategia diversionista funcionó perfectamente.

El próximo paso fue Locatel, un servicio que hay —o había— en México en el cual se da parte de personas desaparecidas y ellos te ayudan a buscarlo. Eso me lanzó de cabeza a un mundo bastante sórdido: cada media hora me llamaban y me describían un muerto que había aparecido en alguna parte.

—Señor Roberto, apareció un hombre bajito apuñalado en Tlalpan.

—Tiene bigote.

—No, no tiene bigote y es más bien como indio olmeca.

—Gracias pero ese no es.

Y así por dos o tres días.

Solamente tenía una indicación de que la deserción era posible: aquella llegada tarde a la UNAM todo emperifollado... Ninguna de las dos cosas son muy tuyas.

Cuando andábamos por el miércoles o jueves la señora Armanda me dice: "Roberto, eres un buey si piensas que Locatel reporta a todos los que aparecen muertos en el D.F. Tienes que irte a la Morgue de la ciudad y a la Escuela de Medicina de la UNAM"

Ahora sí la cosa estaba poniéndose bastante fea. Una cosa es recibir descripciones de muertos por teléfono y otras es andar metido en la Morgue. Entonces llegó la idea salvadora. Recordé que habíamos tenido una conversación por los gastos de teléfono del Departamento de S. Pedro de los Pinos...

—A ver Catita, tráigame los recibos de teléfonos del departamento de los últimos meses.

—Enseguida Sr. Roberto.

Cuando me pongo a revisar los números de larga distancia llamados en seguida me llamó la atención las llamadas a España. Fue un momento llamar a Mandy darle el número y ya sabes el resto de esa ramificación.

El alivio fue tan grande que el Ingeniero dijo allí mismo: "Vámonos a la chingada". Acabamos en el Samurai disfrutando unos tequilas, Bohemias y suchis... No acabó tan mal el día. Nos pasamos el resto de la noche, entre sorbo y sorbo de tequila, hablando de lo desconsiderado que habías sido.

Quedaba el asunto de la pacotilla. Y Sergio me pregunta: "¿qué vamos a hacer con esto?". Había juguetes para tu hija, un bulto de CDs y otras cosas. Y le dije a Sergio: "Si Julián dejó atrás todo esto creo que no es mi responsabilidad ocuparme de su entrega. Haz lo que te parezca". Creo —aunque no me consta— que le regaló los juguetes a unos niños del edificio. Cuando iba a regresar a Cuba fui al departamento y me llevé una bolsa azul que me parece era tuya y todavía andaba dando vueltas por allí.

Sergio me dio un CD que no era de su gusto, una colección de éxitos de Paul McCartney. Creo que todavía lo conservo (*"Someone is knocking at the door...do me a favor and let him in"*.

Cuando bastante después Sergio llego a México (esa es otra historia) hablamos de cómo desconfiábamos —y nos cuidábamos— el uno del otro.

Creo que esto cubre bastante bien mis recuerdos. Me alegra mucho que estés bien en unión de tu familia.

Un abrazo

RMB

Complemento a esta historia por parte de Mandy

Estimados miembros EICISOFT en el exilio:

Me dirijo al subconjunto que puede ver la película completa, los que quedan allá tendrán que conformarse con la parte "editada" por su propio bien.

Estoy tomando la libertad de incluir a Ulises en la respuesta.

Pienso que mi parte de la historia puede serles interesante aunque ya se me va borrando. Me refiero a lo que pasaba allá en Cuba cuando todo lo que ustedes refieren ocurría. Debo decirles que yo conocía de varios planes de deserción, pero no el de Julián. Mi mayor preocupación era el de las represalias que se producirían cuando se conociera de la desbandada y por eso trataba que no se levantara la paloma.

El primero que se va es Ulises, pero por suerte tuvo a bien darse de baja en EICISOFT antes de marcharse. Por suerte la información en Cuba no se cruza eficientemente y nunca me conectaron con ésa ni tampoco con la de Pablito, que logró irse con su hermano pero tampoco estaba ya en EICISOFT.

Con el ánimo de mantener la paloma en el piso, es que traté que Marco no declarara abiertamente su deserción, cosa que difiere de la posición de Brunet y tampoco logré que Marco se arriesgara a volver a Cuba con mi promesa de volverlo a enviar enseguida. Realmente, reconozco que le estaba pidiendo algo bastante arriesgado, pues no podía garantizarle, no sólo el poderlo re-enviar a México que siempre pasaba por demasiadas aprobaciones, sino que ni siquiera podía contar con que yo siguiera al frente de EICISOFT.

La salida de Marco tuve que explicarla en el consejo de dirección del Ministerio, a la gente del aparato (como es de suponer) y a Carlos Lage, que me llamó para anotarme vez al bate. En unos días asisto a una reunión de todos los directores y secretarios de núcleo de todos los centros de investigación convocados por el Partido Provincial. La reunión la dirigió aquella esbirra mulata buenota de ojos verdes llamada Glenda. Las deserciones del personal científico estaban causando alarma. Recuerdo que, entre otras esbirradas, la Glenda dijo: "aquí no se va a decir más se fue, sino... se te fue", "para decir que alguien no tiene problemas no basta con que no haga planteamientos conflictivos... ¡hay que meterles el dedo! ¡Hay que provocarlos para que delaten!". Dijo más barbaridades, pero baste con estas para dar el ambiente reinante cuando cayó la bomba de Julián. A todas estas, no hay que olvidar, el antecedente del asuntico del Llamamiento al IV Congreso y la guerra que me mantenían el binomio Gilberto-Abad desde el núcleo, y Alexis atrincherado en el Comité de Base.

A todas estas, por España andaba Osmel con su novia que apenas reportaba y no contaba con que regresara. Tampoco contaba con Viciedo que estaba en Caracas y cada vez reportaba menos. Hacía gestiones para que Natasha saliera hacia México (que fructificaron) y confiaba de nuevo en que no se cruzara la información pues estaba claro que todo apuntaba a que Brunet no viraba tampoco.

Logré, en contra de la voluntad del Ministro y por la intervención del Embajador de España, la salida de Guillermito Franco, y estaba claro, aunque no se dijera de manera explícita, que con Guille no se empataban más. Para acabar de completar el cuadro, Arturo se va en una lancha y Labrada logra irse en un viaje de visita usando una carta que yo le di. En esos días, vuelve Carlos Lage y esta vez me hace referencia a un comentario de Emilio Marill sobre la "no confiabilidad" de Brunet, por suerte ya tenía una respuesta preparada, la de una antigua rivalidad amorosa que predisponía y prejuiciaba las opiniones que le habían llegado. Emilio Marill no quedó demasiado conforme, pero pasó. No obstante aprovechó para decirme: "van doooos". Solo conocía lo de Marco y Julián, no sé que hubiera sucedido si llega a saber que ya iban 6 (and counting).

Fue entonces cuando mandé una carta cifrada a Brunet que en resumen decía:

"HEEEEELP"

Armando Rodríguez

La Pelota de Juan Fernández

Por Alfredo Zayas

1992

Mientras Alejandro Rossbach conducía con rumbo al apartamento en medio del infernal tráfico vespertino de la Ciudad de México, yo me dedicaba a repasar mentalmente todos los pasos del procedimiento a seguir. Ya lo había ensayado varias veces, y sabía que podría hacerlo en unos dos minutos. Al fin y al cabo, mis pertenencias no eran gran cosa: dos trajecitos de segunda, algunas corbatas y un par de calzones. Los metería rápido en un gran bolso negro de lona gruesa, de esos que llaman "gusanos", que por suerte me había encontrado tirado en el closet a mi llegada de Cuba. Lo había mandado a componer a una talabartería porque tenía un gran descosido en uno de sus lados, y ahora estaba como nuevo.

Aunque me sentía nervioso estaba decidido a todo, incluso a matar si fuera necesario. Nada ni nadie me iba a detener. No es que yo fuera tan valiente, pero hasta un ratón se convierte en un adversario temible cuando se le acorrala. Desde hacía días no podía dormir a gusto. Eso de vivir en el mismo apartamento con alguien que simulando ser tu amigo te está preparando una encerrona para entregarte a los esbirros de la embajada acusado de "pertenecer a una célula contrarrevolucionaria", es muy estresante. Al acostarme por las noches, muy sigilosamente, luego de cerrar la puerta de mi habitación con seguro, ponía una silla inclinada haciendo de calzo entre la manija de la puerta y la pared de enfrente, de manera que si alguien la violentaba, haría suficiente ruido como para despertarme. Juan era un rubiecito de ojos claros, nariz ganchuda, espejuelitos montados al aire y complexión más bien débil, bajo de estatura y un poco cargado de espaldas, con aires de intelectual inofensivo. Sin embargo, hubiera preferido la compañía de una víbora de cascabel, a la suya. Sabía que en una pelea limpia no me costaría mucho trabajo tirarlo al piso dándole un buen trompón, pero... yo tenía que dormir en algún momento. ¿Y si durante mi sueño él le abría la puerta del apartamento a la policía política del Fifo, y entraban siete negros a buscarme? Bueno —pensaba yo— para eso me compré mi sevillana, seguramente me van a agarrar, pero de los siete negritos van a quedar seis, porque al primero lo rajo como melón. A ver quién se atreve a ir delante...

Me preguntaba con cuánta gente nos encontraríamos en el departamento. Si estuviera desocupado en ese momento, sería ideal. Entraba, cargaba mi gusano en dos minutos y... ¡libre! Sin embargo, ahí estaba Juan. Alejandro y yo nos habíamos puesto de acuerdo en el coche, de manera que él trató de darle conversación en la sala mientras yo pasaba a mi cuarto para ejecutar rápidamente lo planeado. Juan, sin embargo, no se tragó el anzuelo. Corrió hacia mi cuarto y se detuvo en el dintel. Yo estaba en plena faena. "¿Es lo que yo pienso?", me preguntó muy serio. "Sí, Juan, es lo que tú piensas", le contesté. "¿Y qué?". En el tenso instante de silencio que siguió, sentí el peso de la sevillana en el bolsillo de mi pantalón.

Y en ese preciso momento, reparé en la pelota. Era una pelota de playa de esas inmensas, que me habían dado como premio al mejor disfraz en la fiesta de cumpleaños de una amiga, a la cual había asistido con un traje de árabe que había comprado en una tienda del ramo. Sencillamente, aquella enorme pelota no cabía en mi gusano. ¿Qué iba a hacer con ella? La solución se me ocurrió en un segundo: "Toma, te la regalo para tu hijo", le dije, agarrando de pronto la pelota y poniéndola en sus manos. Por un instante, el estupor lo paralizó. Luego, sus ojos se fueron humedeciendo y por último rompió a llorar, diciéndome al abrazarme: "¡Te deseo todo lo mejor, que te vaya muy bien en tu nueva vida!, ¡snif, snif! ¡Figúrate, yo tengo un hijo y una esposa en Cuba, lo tenía que hacer o ellos iban a sufrir las consecuencias...!". Yo no podía creer lo que estaba pasando:

este tipo, que se había pasado diez días urdiendo una trama para hundirnos en la cárcel a Brunet y a mí por algo que dejó de ser delito en el mundo desde que desapareció la figura del siervo de la gleba, resulta que ahora me daba abrazos, me deseaba mucha suerte en mi vida de exiliado, y ¡me daba explicaciones acerca del porqué había tratado de clavarnos un puñal por la espalda!!!

Sentí asco. Luego me enteré que llegó a Cuba dándoselas de 007 y diciendo: "¡Se me fueron por un pelito!". Allá ellos si se lo creen. Pero en el fondo no me importa, ya mis hijos y yo vivimos del lado de acá y él todavía está allá, en las manos del asesino megalómano. Ese es su castigo.

Agarré mi gusano, y me fui.

La Aventura del Río Grande

Carta Diario

A modo de remedio para mi soledad, todas las noches le escribía a Mabel contándole de las incidencias del día. No todos los días en esta carta diario contienen historias de interés, algunos sólo describen mi trabajo en el "Castillo" de El Ingeniero, el que hacía, más que nada, para sentirme en alguna medida merecedor de tanta solidaridad. Describen, no obstante, las angustias y soledades del recién refugiado. Como albergaba la esperanza de enviársela sin saber cuándo, no usaba los verdaderos nombres de las personas y lugares, sino las siguientes claves:

El Castillo	La casa de los Rossbach
Wichi	Luis Xudiera, amigo de la infancia que residía ya en EEUU
El Pelón	Roberto Martínez Brunet
El Lichón	Eliseo Alberto Diego
Fonchi	Primo hermano, Alfonso Rivero
El Padre de Todos los Jimaguas	Medel Pérez, Padre de Pablito y colega de Física
El Expresidente	Alfredo Zayas
El Mago	Licenciado Oscar Rossbach (hijo)
Mi Hermano Negro	Coco, Manuel Hernández Vélez, Físico
La Mentol	Elsa Methol, Uruguaya, directora IPS
Macurijes	Tía, Magda Rivero
Pepe	Tío, José Rivero

El Ingeniero	Oscar Rossbach (Padre)
MandyII	Armando Gutiérrez
El Rubio	Jafet Enríquez
El Negro	Marco Antonio Perez López
La Rata	Alberto Arencibia, viejo amigo de las TCAA
El Sospechoso	Juan Carlos, de los últimos ingresos a EICISOFT
La Rusa	Natasha, esposa de Brunet.
Amigos de Niurka	Niurka era la oficial de la DSE que "atendía" EICISOFT

Lunes, 21 de diciembre de 1992

Mabel:

Hoy se supone que El Pelón encontró bajo su puerta una carta, con la que irá a la embajada a informar de mi deserción. Hoy, por tanto, es mi primer día de refugiado político, "La Eternidad al fin Comienza un Lunes", y ésta es la primera de las cartas que te escribo desde esta condición. No sé cómo te la voy a hacer llegar pero no puedo dejar de escribirte por ese menudo detalle, ya aparecerá la vía y la de traerte también.

Estoy en el cuarto más escondido del castillo que además de esa virtud tiene la de estar al lado del billar, esto me ayuda a mitigar la soledad cuando la familia está para el trabajo, pero de todas formas me siento como "Ana Frank". Ya envié a Guatemala mi curriculum pero debo quedarme aquí hasta después del 6 de enero, porque nada trabaja en esta época de navidad, que ya casi había olvidado lo linda que era. La idea de no partir de inmediato, por un lado es buena, porque es mejor pasar estos primeros malos ratos en familia, pero por otro se me vence la visa el día 2 de enero, y esto constituye una complicación adicional.

Antier hablé con tu papá y le informe de la situación. Él me reiteró que desde su situación poco podía hacer, pero que se alegraba de nuestra decisión y me dijo ya lo sabía porque ¡Marta se lo había escrito en una carta! hace ya algún tiempo. Nada, que hemos navegado con tremenda suerte de que nada hubiera trascendido al momento de mi partida.

Hable también con Wichi, que me dijo que Juanito se lo había dicho ya. Me manifestó que le preocupaba México, pero le expliqué el plan Guatemala y lo encontró muy bueno. Quería mandarme dinero y le dije que no me hacía falta que estaba bien. Me ofreció su casa y me dijo que en un final allá no tenía problema.

Ahora son las 6:30 de la tarde y hace su entrada El Pelón, viene de la embajada, me cuenta de la explosión, dice que EICISOFT era un hervidero de "amigos de Niurka", dice que habló como con cinco diferentes. La onda expansiva ha sido tal, que El Pelón me ruega que no te vaya a llamar por teléfono a ningún lugar. Tiene incluso el temor que en una de sus visitas a la embajada lo puedan secuestrar. No sé cómo te esté yendo a ti, espero que el IPS sea un buen muro contenedor de represalias. Dice que el "seguroso mayor" de la embajada empezó a leer la carta en alta voz y al segundo párrafo terminó leyéndola para sí, parece que no pudo encontrar un comentario fácil para denigrarla. Aunque saben que tengo muchísimas relaciones aquí y en todo el mundo, insisten en sospechar de alguien de la familia Rossbach.

¡Qué malos tiempos nos toca vivir...!

22/12/92

Hoy es mi segundo día de refugiado político y me dedico a reparar cuanto fénfere me cae en las manos, tratando de hacerme merecedor de la generosidad de esta familia que me acoge como un miembro más sin que logre entender plenamente por qué.

Me di una escapada hasta el Gigante (Supermercado) de aquí de las Lomas. Me compré cerveza, papitas, unas chancletas y un video VHS donde voy a grabar todas las fotos que tengo en la cámara Canon antes de que la devuelva a través de El Pelón. Este no quiere ni que me asome a la calle pensando en que puedan poner agentes a vigilarme y que después lo secuestren a él en la embajada cuando vaya.

Almorcé en casa de Ángeles (hija, la que juega billar) y por la tarde me invitó a ver una película. Ella tenía que salir y el televisor estaba en su cuarto, por lo que la invitación implicaba que me instalara en su cuarto. Me pareció un abuso de confianza y traté de evadirlo insistiendo que "mi pena" le iba a causar disgusto y con la misma dio instrucciones al personal de servicio para que fuera debidamente atendido cuando me personara allí. El sábado había ido con Román (esposo cubano) y con ella a los caballos (Hipódromo) y gané en la última carrera la ridiculez de unos tres dólares (que me permitía recuperar lo apostado, yo no tomo en serio lo del juego) pero ella que es dichosísima ganó unos $100 USD en esa misma carrera y los repartió a partes iguales entre los tres.

Tengo en el cuarto donde me escondo dos computadoras, una 386 y otra 486 (donde te escribo esto). La primera es un regalo de Reyes para el hijo de Román y la traje para acá para instalarle el WINDOWS y una tonga de juegos que le logré conseguir. Además lo instalé de tal forma que se presenta felicitándolo con un fondo de arbolitos de navidad. Román me está promoviendo entre sus amistades para venderles computadoras y que yo se las "envuelva para regalo" y le cobra $300 USD por mis servicios. Si tiene éxito su promoción pueda que inicie el 1993 con unos $1000 dolaritos para ir entrando en el juego.

He estado leyendo la novela de Lichi y cada vez la encuentro más interesante y divertida.

El Ingeniero tiene una coleccioncita de discos compactos con toda la bolerada que solíamos cantar con el Coco y Stolik. Hoy mientras "merendaba" (la cena diaria no es fuerte y le llaman merienda, sólo le dicen CENA a las grandes ocasiones) oía uno de Pedro Vargas en que figuraban números como "El Pacto" (Se te olvida ...), "Delirio", "Espérame en el Cielo", un Popourit de Álvaro Carrillo y tantas otras cosas que me generaron una nostalgia aún más grave que con Luis Miguel (que está a todas horas en el radio y me produce el mismo efecto que a ti). Cuando eso se suma con la ansiedad de saber de ti, de saber que está pasando, de saber cómo reaccionó Laurita, mis tías, Elsa. Nada, que me torturó de una manera que tuve que apagar el disco e irme a jugar billar para no hacerme daño con lo que, por el momento, no tiene remedio. He estado tentado a llamar pero todo el mundo, incluyendo a La Rusa, me aconsejan que no lo haga.

Mañana pienso dedicarme a restablecer plenamente el servicio telefónico en el castillo central. Llegan al mismo cuatro líneas de teléfono y pude contar unas diez extensiones y unos siete intercomunicadores. En todo esto voy a tratar de que a El Pelón le llegue una a su casita, que por ser originalmente un garage no tiene instalación todavía.

23/12/92

Tuve éxito técnico en todo lo que me propuse hacer ayer, trabajé como un negro. Hoy me llamó Loli de Los Ángeles. Wichi le dio el teléfono. La primera vez que llamó no le salí al teléfono (todos aquí estamos en la paranoia total) porque pensamos que era un truco de la embajada. Aquí no han querido que llame al FOCSA por miedo a que intercepten la llamada allá. Fonchi me habló para tratar de convencerme que la única solución verdadera, la más segura, que tenía era ir hasta Tijuana y que allí él me estaría esperando para pasar la frontera en su carro.

Esto implica, un año como refugiado político y al año el "green card" y entonces puedo reclamarte (EEUU accedería a darte una visa si todavía estamos casados, con esa variante no te puedes divorciar). Me horrorizó, lo que me dijo que el promedio para la reunificación de la familia de un "quedao" es de 5 años. Me dijo que si obtenía un pasaporte o una residencia en Guatemala después no podía obtener status de refugiado en EEUU, o sea que era una acción irreversible.

Hoy conocí también del caso del piloto que había huido de Cuba en un avión y regresó ayer por su familia por la misma vía. Aterrizó en una carretera donde previamente le había indicado a su familia que lo esperara, los montó y huyó burlando toda la defensa antiaérea de Cuba y después la de EEUU. Esto seguro se comentó allá por "radio bemba". ¡¡¡Quién fuera piloto!!!

Hablé con El Padre de Todos los Jimaguas, y me dio su apoyo y te va a llevar esta carta aunque tenga que metérsela en el... Pablito está con él. El Padre de Todos los Jimaguas se va a quedar en el D.F. hasta el 29 que regresa para Cuba.

¡Qué navidad más triste y angustiosa!, pero ni asomo de arrepentimiento, esto había que hacerlo.

28/12/92

Te envié con (el padre de todos los Jimaguas) mi primera carta del exilio, vas quizá a pasar algo de trabajo para descifrarla y después para leerlas porque la escribí en el WRITE de WINDOWS. No obstante comprobé que en el MS se pueden leer con alguna dificultad por los acentos. Espero que des con alguna de las claves.

29/12/92

Hoy ha sido de los días que más he trabajado. El Ingeniero me pidió que imprimiera para él unas Órdenes de Compra para lo que me había traído ayer un *printer laser*. ¡Qué complicación!, los modelos eran de un papel muy finito y el *printer* los machucaba, me di a la tarea de hacer el modelo en el Paintbrush de WINDOWS y no me alcanzaba la memoria. Le saqué un par de Megas a la otra que tengo aquí (pero que tiene que irse pues es para un REX) después de mucho trabajo combinando los dos

Paintbrush (el de Windows y el Publisher que trajo Juan Carlos) logré hacer el "machote" (así, nada menos, le dicen aquí a un modelo).

Una vez terminado el "machote" tuve que llenar 17 órdenes de compra. Terminé hace un ratico, me eché unas 12 horitas de trabajo. Hoy pensaba hacer muchas cosas, ir a El Salvador a conectar el teléfono secretarial en el Billar como quiere el Ingeniero. Nada, que me podría ganar la vida de Ingeniero principal del Castillo. Tengo contenido de trabajo por varios meses a más de 8 horas diarias de trabajo, tiene muchos equipos y años sin mantenimiento.

Hoy había una fiesta de disfraces en casa de Maru, ella me había invitado antes de... como había invitado también a los otros, no podía ir. Me contó el Pelón que el Expresidente se disfrazó de Jeke árabe, y Juan F. iba de Drácula. Parece que Alexis no se embulló. El Pelón tomo la cosa como una cuestión de principios y se negó a participar. Pienso que yo la hubiera pasado bien, sería la segunda fiestas de disfraces a la que asistiría en mi vida (la primera y la última fue a los 9 años).

El Lichón sigue sin aparecer, parece que se fue a pasar las navidades a casa del carajo, en un final ni siquiera sé si tiene la carta.

Ya me voy a acostar, hoy la polución ha estado tan violenta (debido a una calma chicha que hay en estos días) que ha llegado hasta esta loma y me arden los ojos.

30/12/92

Estoy viviendo en el cuarto del Mago cuando era soltero y hoy arreglé el teléfono que había aquí. Me siento con la tentación de llamar a alguien de allá para saber de ti y de todo en general. Claro que sé que a la casa no puedo llamar. Pensé llamar a mi hermano Negro, pero después valoré la posibilidad de que contestaran las viejas locas.

El Pelón me dijo que el Ministro estuvo ayer allá. No sé si a poner otro director o a hacerme un súper "repudio". Me comentó que Marce le había dicho que la gente había planteado sacar el director de dentro de EICISOFT y de eso nada. Al fin se realizarán los deseos de Gilberto, vamos a ver cómo le va con la nueva dirección, capaz de que salte a los primeros planos o que lo boten a cajas destempladas en la primera oportunidad.

Me pregunto cómo va Alain ahora que es el "hombre de la casa". Me pregunto si está ayudando, en fin, si ha entrado en el papel. Mami me dijo que la Mentol tomó bien la cosa y que está en un espíritu solidario contigo, de lo que no puedo alegrarme más. Me pregunto cómo lo tomaron Macurijes y el resto de las tías, nunca hubiera querido ser yo motivo de su disgusto. No me han podido decir de Laura, dice Mami que no la ha visto.

Arnol y Aldo, pienso que no me comprenderán tampoco y me pesa. Stolik, me imagino que estará hablando pestes y quizá hasta te retire la palabra. Pienso en todos porque aunque estoy aquí mi corazón se me quedó por allá.

Se acaba el año, con uno de los cambios más grandes de mi vida y, pesar de mi nostalgia, estoy persuadido de que todo es para bien. Me espera un año de trabajo, pero esta vez estaré trabajando para nuestro futuro y no "echando el agua en canastos" como hasta ahora.

01/01/93

Son las cuatro de la mañana y la pachanga sigue allá arriba. Me le logré escabullir a Ángeles, que me ha hecho sudar la gota gorda bailando, es incansable. Sé que a estas alturas estarás pensando que me refiero a Ángeles hija, pero no, la incansable es la mamá. Al Ingeniero lo despachó para la cama a las 2:00 AM, El Pelón le siguió, pero tumbó el Rey a las 3:00 y yo claudiqué después de un rock & roll hace cuestión de unos minutos. Aquí bailas una pieza y, como estamos casi a 3000 m de altura, si no eres de aquí te falta el aire.

Hoy no pude resistir la tentación y llamé a la casa, pero me dio timbre y no salió nadie, serían las 8:30 PM, hora de La Habana. Te iba a desear un buen año, lo que estaría implicando un buen año para nosotros. Te diría que te seguía queriendo y te iba a pedir que no me dijeras nada e iba a colgar. Al menos habría oído tu voz cuando salieras al teléfono, si salía Alain iba a colgar y renunciar al proyecto. Estoy desesperado por que llegue el sábado por la noche en que pueda hablar contigo desde la casa del Padre de todos los Jimaguas.

Hoy invitaron también a El Expresidente a esperar el año aquí y se va a quedar a dormir en la otra cama que hay en el cuarto en que pernocto y tengo todas mis herramientas y computadora. Hoy El Expresidente me confesó que él tampoco regresa, o sea que tendrás a Finita en las mismas circunstancias que tú. Dice El Expresidente que eso lo tenían decidido desde que salió. Dice que lo único que lo había aguantado era la lealtad que me debía y los compromisos que tiene que cumplir con IROSA. Pero que al yo dar el paso ha decidido comunicar de su decisión a El Pelón y al Ingeniero. Tiene idea de personarse en la Embajada Americana y sencillamente pedir asilo político allí mismo, pero no lo hará hasta haber cumplido con su trabajo en IROSA. El Pelón piensa que este ya es el "puntillazo" al negocio EICISOFT-IROSA.

Bueno mañana (hoy) sigo con toda mi actividad de reparaciones en el castillo y con la tarea de automatización de oficina que hago para IROSA desde este retiro.

01/01/93

Ya es la 1:30 PM, voy a empezar a trabajar en las órdenes de compra del Ingeniero. Por su parte El Expresidente ayuda a lavar ropa, Ángeles le pidió que se pasara el día por aquí.

Entre mis labores electrónicas en el Castillo estuvo la de poner música en el Salón de Juegos (Billar) que lo están remozando. Ahora puedo oír música con sólo abrir la puerta pues estoy frente por frente. Hay una emisora que se llama nada menos que "FM 103... Nostalgia" (para anunciar la emisora hacen una pausita por eso pongo los tres punticos), ponen puros tríos y boleros bonitos, en este momento escucho "Reloj". Aquí a la "bolerada" que nos gusta a nosotros es un género musical al que le llaman "Nostalgia".

Bueno voy a "chambear" (sinónimo de pinchar en cubano) un rato.

02/01/93

Son las 2:00 AM y acabo de levantarme de una mesa de poker en la que estaban todos las parejas jóvenes de la familia y yo. La suerte no me favoreció, parece que soy afortunado en amores, perdí 10 dólares, pero pasé un buen rato. Ya tenía sueño y dejé al Mago ganando.

Hablé con el Lichón, lo estaba llamando a la oficina sin darme cuenta, pero de todas formas me dijo que no me había traído carta, lo iré a ver en estos días.

Mañana tengo que terminar la chamba de las órdenes de compra y arreglar un teléfono inalámbrico de abuelo de la familia.

02/01/93

Son las 11:30 de la noche. Hoy me pase el día esperando que llegara la noche en que pensé que iba a hablar contigo, pero cuando llamé a casa del el Padre de Todos los Jimaguas, éste no te había podido localizar, dice que en la casa daba timbre y nadie salía, no había podido ni entregarte las cartas (el disco).

3/01/93

Hoy fue un día tranquilo. Terminé el trabajito de las órdenes de compra y el Ingeniero quedó muy complacido. Le baje el pito al horno de microondas que estaba insoportablemente alto y el Ingeniero lo odiaba más que nada por eso. Jugué bastante billar y conversé con El Pelón.

El tema de nuestra conversación es que nos parece que el negocio con EICISOFT se va al carajo de todas formas y hay preocupación más que nada por el REX en el que hay dinero invertido en promoción tanto por parte de IROSA como de DICA en Brasil, Argentina y en Colombia estaba a punto de comenzar. El problema no es sólo lo mío, que ya es bastante (por si fuera poco con el hecho en sí, parece que dieron la noticia de mi deserción por algún noticiero de los que llegan aquí), sino que El Expresidente no vira y hay indicios fuertes de que Juan Fernández tampoco.

Aquí todos tienen la impresión de que aquello no puede durar, pero yo no soy tan optimista, eso están diciendo en Miami desde hace treinta años, además las mañas estalinistas de pedir estoicidad ante el enemigo, que son muy parecidas a las de nuestro carismático líder, lograron que Leningrado resistiera un cerco en el que perecieron de hambre cientos de miles de personas. Tengo el temor de que pueda el nuestro lograr el mismo "éxito" con sus métodos.

Cada vez me convenzo más de la justeza de mi posición política y ha dejado de importarme un poco la opinión que de mí puedan estar emitiendo aquellos que aún apoyan a la dictadura con el nombrete de "Revolución". Pienso que todo el que aún apoya está, no sólo cavando su propia tumba, sino la de todos los cubanos que no logren emigrar y por tanto o son miopes políticos, cobardes, acomodados, comprometidos por haber hecho daño o combinaciones de lo anterior.

La novela de El Lichón la tengo de "lectura de trono" y ya voy por sus dos terceras partes, es de una lectura agradable, tiene mucho de poesía, pero no sé a dónde me lleva. El Lichón me dijo que era una novela comprometida que difícilmente pudiera publicarse en Cuba. Sin embargo aún no he encontrado alusiones directas o indirectas al proceso cubano o a la ideología oficialista en lo que he leído. Quizás reserva las mejores emociones para los finales.

El Lichón me contó del paro cardíaco que le dio al papá, parece que está delicado. Es posible que mañana le haga la visita, lo voy a llamar a las cuatro de la tarde.

4/01/93

Hoy al fin hablé contigo, aparte de que me enfurecen las represalias que toman contra ti. También me reafirma en que no sirve ninguno, ni Carlos Lage, ni el mejor de ellos. A partir de los datos que me das, después de un conciliábulo con el Ingeniero y El Pelón, hay cambio de planes.

Mañana el Ingeniero va hacer unas averiguaciones con parientes que tiene en Gobernación para ver si hay gestiones de extradición por parte de Cuba. De todas formas hay cierto sentimiento de que mi seguridad no está lo que puede decirse garantizada aquí en México y; que debo ir echando no para Guatemala como se planeaba inicialmente, sino para Los Ángeles con Fonchi. Esto no era lo que quería, pero no me va a quedar más remedio.

Al lado de estas decisiones, el resto de las noticias del día palidecen. No obstante hoy fui a comprar un LOTUS 123 para WINDOWS y me pasé el día estudiándolo, es tremendo hierro para la gestión de una empresa, nunca tuve tiempo para hacerle caso a las versiones anteriores, pero aquí con el interés de ayudar al Ingeniero he tenido que entrarle y es una gran cosa.

5/01/93

Me he pasado el día estudiando Lotus, y esperando a que el Ingeniero llegara con sus averiguaciones en Gobernación. Le dijeron que no se estilaba pedir extradición por motivos políticos, que no era concedida de oficio, sólo en los casos muy sonados de tráfico de drogas o asesinatos múltiples pudiera tener lugar una extradición. No obstante, han existido arreglos por debajo de la mesa con la policía judicial para que busque a alguna persona y se la entregue a alguien, pero esto es extraoficial, ilegal y generalmente tiene que correr bien el dinero para mojar a los cien involucrados que forzosamente tienen que haber. Esto nos tranquilizó a todos y decidimos postergar el viaje a los EEUU hasta ver qué ofrece la gente de Guatemala.

Hoy por la mañana llamé a Wichi pero sólo logré hablar con Vicki. Le conté lo que te habían hecho, y me dijo que eso viene pasando hace mucho, que ellos saben de innumerables atropellos, pero sólo que es la primera vez que me toca de cerca. Me pregunto, ¿en qué estaba pensando uno que no vio el desastre en toda su dimensión?, cuando todo estaba ocurriendo delante de nuestras narices.

Mañana sigo en el estudio del Lotus y tengo tres o cuatro cacharos pendientes de arreglo. Tengo tantas cosas que hacer que ni veo televisión.

6/01/93

Me pasé el día en el Lotus y le hice al Ingeniero unos estudios estadísticos muy bonitos de sus pedidos a China. Él se pone de lo más contento con esas boberías.

Román, el esposo de Ángeles, me llamó por la mañana y me dijo que preparara los papeles que su papá, que es un cubano activo que pertenece y patrocina la asociación de cubanos aquí en México me iba a llevar ante una persona con mucha experiencia en eso de sacar a los cubanos que se quedan en México para los EEUU.

La persona se llama Modesto Vázquez, era locutor en Cuba antes de la Revolución. Me informó que la dificultad principal de los cubanos en las fronteras, no era del lado de Guatemala o EEUU sino del lado de México. La idea de ir a Tijuana para que Fonchi me recogiera ahí o de intentar Guatemala con un pasaporte que no tiene acuñada su entrada en México era ir derechito a las manos de la policía mexicana y de ahí a la cárcel de inmigración, de donde entonces la asociación tiene que hacer maravillas para sacarme y que no me deporten. Me dijo que, sólo conocía de cinco casos en que las gestiones habían fracasado y que los habían devuelto. No obstante, me recomendó que viera a un contacto que me saca por 1,600 USD, esa persona se "especializa" en cubanos.

El problema de los cubanos es muy distinto que el de los mexicanos o guatemaltecos, los primeros deben burlar a la policía judicial mexicana, que los persigue y los detecta nada más de sacar un pasaje para alguna de las ciudades de la frontera, mientras que para los segundos, el problema es la guardia de frontera americana.

Existe otra posibilidad que voy a explorar mañana. Me van a buscar un contacto en la Embajada Americana para conseguirme una entrevista para ver si puedo obtener el asilo desde aquí mismo e irme con un salvo conducto por el aeropuerto como toda una persona decente.

Hace unos días destituyeron (entre otros) al ministro de Gobernación que era el apoyo fundamental de Fidel en el gobierno de México. También me comunicaron que la nueva administración canceló el convenio petrolero que México tenía con Cuba, por el cual Cuba refina el crudo mexicano y se quedaba con una parte del mismo. Por aquí se calcula que Castro debe estar quemando la reserva de guerra en este momento. Aquí se habla de la caída de Castro como algo inminente, pero yo que vengo de allá no me imagino cómo puede ser ese final tan fácil.

Bueno mañana hablo contigo, te mandé dinero con Mandy II y no sé si lo recibiste (él sabe todo).

Bueno ya son más de las doce y pensaba escribir un resumen de mi caso para la variante de la Embajada Americana.

07/01/93

Ya es pasada la medianoche. Había terminado de escribir, pero la luz dio un pestañazo y aún no había salvado y aquí estoy escribiéndote de nuevo. Hoy redacté la carta para la embajada, dice y argumenta que soy un perseguido político y que tengo una preparación suficiente como para no tener problemas en EEUU, ni para creárselo a su gobierno, es decir que no seré una carga para nadie. Espero que dé resultado, pues un salvoconducto de esa embajada es la única forma de salir legal hacia los EEUU.

La conversación contigo hoy tuvo muy poco de amor y mucho de angustia y miedo. Dices tú que miedo por mí, pero, yo no me siento que esté atravesando una situación más peligrosa que la tuya. Hasta vas a tener que ir "Completo Camagüey" hasta la tenebrosa Villa Marista, y eso me espanta. Eres tú la que puede ser víctima de toda la impotencia y bajeza de esos oscuros personajes.

La actuación de ellos me libera de los compromisos que hice en la carta de despedida y si siguen jodiendo voy a empezar a denunciarlos por todos los medios a mi alcance. Ellos no entendieron el mensaje de la carta —que no estaba tan difícil de interpretar—, los ofrecimientos que hice. No tenía por qué hacerlos, era una propuesta elegante de que me estaría tranquilo si no molestaban a mi familia, pero si la hostigan puedo dedicarme a publicar artículos, hablar por Radio Martí y por todo lo que se me ofrezca sin que me pese la conciencia.

Por mí no te preocupes. Últimamente, desde que me dijiste lo de las fotos, ni salgo de la casa, iba a ir por donde El Lichón y no lo he hecho. En estos días ya se definirá todo, quizá hasta antes de que hablemos otra vez el martes.

8/01/93

Hoy es de esos días que no ha pasado nada. No he podido avanzar en lo de la embajada ni un poquito, el contacto es de Ángeles (Mamá) y no logro que lo acabe de llamar.

Me metí a arreglar el video de Armanda y medio que lo compuse pero no me quedó enteramente bien, no obstante, creo que quedaron satisfechos.

Llamé a El Lichón y estaba dormido, todavía adolorido de los golpes que recibió en el choque que tuvo. Según me dijo la mujer (o ex? ya no sé) se partió la cabeza por la frente con el espejo retrovisor y tiene otras magulladuras. Mañana lo llamo, aunque no sé si vaya, porque después de hablar con el Modesto Vázquez, no quiero salir manejando para evitar que la policía me vaya a parar por cualquier infracción o cosa por el estilo.

9/01/93

Hoy fue un día importante. Establecí contacto con la Embajada Americana. Increíblemente fue nada menos que El Rubio el que me ayudó (no sé siquiera si poner esto aquí porque me pidió que no mencionara su nombre para nada, no obstante me dijo que haría contacto contigo y te diría lo que habló conmigo). El Negro fue el que me dijo que El Rubio estaba en Miami y me dio su teléfono, éste tiene una amiga que trabaja en la Embajada y habló con ella para que me ayudara en mi gestión.

Después la llamé y me dijo que iba a salir pero que le pasara por debajo de la puerta un documento por el cual solicito asilo político en los EEUU. Además me aconsejo que llamara a la embajada a un teléfono que me dio, que si eso no funcionaba ella el lunes haría llegar mi solicitud.

No obstante dio resultado y esta misma noche obtuve una cita para el lunes a las nueve de la mañana con un funcionario que me esperará en la puerta para hacer la entrada expedita. Lo único que quiero es poder salir de México y entrar a los EEUU de manera legal. Mi caso es muy claro y no creo que sea necesario arriesgarme en una frontera.

Para sacarte de allá el factor más importante es el dinero y en EEUU es donde más rápido puedo adquirirlo. Además la comunicación desde allá, aunque parezca raro, es la más expedita porque hay muchas compañías que se dedican a eso debido a la cantidad de gente que tiene familia en Cuba, lo que no pasa por aquí. Por último, lo difícil es entrar a EEUU no salir. Por estos motivos es que tengo desmayado[63] lo de Guatemala.

10/01/93

Hoy fue un día de espera, casi que la actividad más importante fue que le instalé el Stereo en el carro de Alejandro. Dormí por la tarde y acabo de ver una película americana vieja que se desarrollaba en Cuba en la época del Machadato. Mañana va a ser un DIA tenso por lo que procedo a dormir de inmediato.

11/01/93

Bueno el Ingeniero me dejó a las 9 menos cinco de la mañana en el lobby del María Isabel Sheraton, que está al lado de la embajada. Me dirigí hacia la puerta de la misma y vi una cola de gente con aspecto campesino. Me dije que esa no era para mí y me acerqué al policía (mexicano) de la puerta y le dije que tenía una cita. Me pidió una identificación, le di el pasaporte y miró solo la foto, no sé si se dio cuenta de que era cubano, me dejo pasar y una vez en la puerta no me senté para dejarme ver. Inmediatamente uno de los Marines que está detrás de un cristal me hizo señas de que pasara, me cachearon y entré. Tal como me habían dicho, había alguien esperándome. Era un negro tipo

---

[63] **Desmayar**: Jerga cubana para significar el acto de desistir, descontinuar, abandonar algún proyecto.

Coco que respondía al nombre de David y se encargaba de asuntos políticos (Political Affairs Councelor).

Primero tuvimos una conversación preliminar, (en el mismo local de los Marines) en la que me preguntó porque pedía yo asilo político y le expliqué (parece que con bastante elocuencia). Una vez claro ese punto me pasaron a otra habitación, más confortable, donde me brindaron café y donuts, donde continuó la conversación ya con más detalle, fotocopiaron todo mi curriculum y demás documentos, y me explicaron con claridad mis opciones y oportunidades.

Tengo dos opciones de tratamiento, una como refugiado político, que según me explica es un estatus de Naciones Unidas y el de *defector* que es una categoría interna de EEUU. Dice que él iba a tratar por ambas vías pero que la más probable era la segunda. Me dijo que seguramente yo conocía del déficit fiscal por el que atraviesa EEUU, y que estaba bastante restringida esa condición últimamente, pues lleva implícita una responsabilidad financiera del gobierno de EEUU sobre mí. Es decir que, por ejemplo, si me enfermo y tengo que pasar a retiro me tiene que dar una pensión. Claro que mi preparación técnica aleja la probabilidad de que tenga que haber un desembolso por parte del gobierno, lo que va en favor de la aprobación. También mi relativa relevancia en Cuba es un argumento a favor. Esta condición tiene que ser sancionada por el Congreso a petición del Departamento de Estado.

Quedamos en que nos veíamos el viernes por la mañana en un restaurant cercano de la Embajada y que me diría si el Departamento de Estado estuvo de acuerdo en la solicitud al Congreso. Si la respuesta resultaba positiva, él me recomendaba esperar la sanción del Congreso pues sería casi segura.

De ser negativa la respuesta, me dijo que sencillamente siguiera los consejos de Modesto Vázquez y cruzara la frontera. Me dijo que aunque hay riesgo, no es demasiado grande, que está por ver el primer cubano deportado de Estados Unidos y que esa gente sabe bien su negocio. No obstante, el primer estatus es preferible.

12/01/93

Mami opina que la seguridad cubana se ha portado muy bien contigo. Es verdad que a la gente allá se le atrofia el sentido de lo que son sus derechos como un ser humano. Aceptar que por el simple hecho de que el esposo abandone el país, cosa que en cualquier otro lugar no reviste la menor relevancia, se haga merecedora de un registro, la incautación de todo lo que les pareció y ser víctima de una investigación policial, y decir que se han portado bien... le ronca. Que lo que se llevaron está sencillamente "retenido", ¿con qué derecho?, ¿qué ley?, ¿adónde fueron a parar lo tales bienes gananciales que los abogados se gastan discutiendo en un divorcio? Cuando la política está de por medio, la ley se va al carajo. Es posible que en otros casos se hayan portado peor, pero eso está lejos de significar decencia.

Me pregunto qué puede haber malversado quién vive como nosotros en esa casa de mierda, ¿qué daño puede haber hecho quien no hacía más que trabajar? A mí es al que se le quedaron debiendo vacaciones y con nada me quedé, que pude haberlo hecho. Peor, fui un "Mirlo Blanco" hasta el final, ni con la cámara Canon me quedé. El destino de todos esos esbirros es que los arrastren, llegado el momento, y lo van a hacer las mismas masas que ellos dicen que los apoyan. Lo que les da más roña, es que no actuaron a tiempo conmigo, cuando se dieron cuenta ya había escapado, y esa roña la estas pagando tú, y por eso no puedo odiarlos más.

Hoy Ángeles (chica) me peló, más bien me trasquiló, y quedó sorprendida de la cantidad de pelo que recogió en el piso. Primera vez que me pelan ante tanto público, además de Román y la señora que trabaja en su casa, mi pelado era la delicia de los tres niños que se divertían esperando el desastre y que me dejaran como un PUNK de un momento a otro, pero nada de eso sucedió y quedé de lo más bien.

Llamé a La Rata, ya todo el mundo en Miami está al tanto de mis asuntos y todo el mundo me ofrece dinero, la casa y trabajo, y están muy contentos de que haya logrado escapar. Todos temían que, de un momento a otro, yo cayera en desgracia pues, lo que sí ha sido una "aberración del socialismo", como dijera Emilio Marill refiriéndose a nuestra casa de mierda, es que alguien como yo haya durado tanto tiempo al frente de algo allá.

Después de hablar contigo me llevaron al cumpleaños del abuelo, que se acerca increíblemente a los 90 años y aún maneja, atiende sus negocios y va a jugar a los caballos. Ahora llegamos y son las 12:30 AM del 13/01/93.

13/01/93

Hoy trabajé todo el día en un asunto de la fábrica con el LOTUS 123, apenas salí del cuarto hasta que fueron casi las 4 de la tarde en que me apresté a encontrarme con el "loco amigo de Pepe" en el lugar acordado, el mismo restaurancito de por aquí, cerca del que el viernes me reuniré con el de la embajada.

Esperé una hora y no compareció, Armanda me había dejado allí y a una llamada mía venía a buscarme. Esta llamada no se dio, pues todos los teléfonos que había por allí no eran de monedas sino de tarjetas (ya las monedas casi no se usan) y allí no vendían, al no poder llamar tuve que regresar a pie un par de kilómetros.

Mientras esperaba en el VIPS (restaurant) me puse a husmear, en el pequeño mercadito adjunto, los discos compactos y me antojé de uno de Los Panchos que tiene muchas de esas cosas que solíamos cantar en casa de Stolik (que debe odiarme ahora, o al menos decir que me odia).

Lo llamé después y sucedió que se complicó por Toluca y no pudo llegar a tiempo, quedamos en desayunar juntos mañana en el mismo lugar.

14/01/93

Hoy fui y tampoco compareció, esta vez se enfermó y quedé en ir por la noche a su casa mañana.

Mañana es también la entrevista con la gente de la embajada.

Hoy he computeado el día completo, excepto un momentico para un "Happy Birthday" a uno de los hijos de Armanda.

Llamé a El Lichón y le leí "El Castor y los Salmones".

15/01/93

Día de grandes definiciones, por la mañana, tal y como se planeó, me entrevisté con David. Éste, visiblemente apenado, me dijo que en el año 93 no se daría ese tipo de condición a nadie hasta nuevo aviso, por recortes en el presupuesto fiscal debido al déficit.

Me informó que, a modo de rutina, chequearon con INTERPOL y apareció un reporte mío de Japón, donde hablaba elogiosamente de mi comportamiento y relaciones en contraste con la de otros cubanos en que los informes de la misma fuente eran negativos. Dice que tengo un buen expediente en inmigración y que aconsejaban tanto él como sus jefes que entrara en los EEUU a como diera lugar, que una vez adentro no tendría ningún problema. Los podía invocar a ellos en caso de cualquier dificultad aunque pensaba que no iba a tener ningún tropiezo.

No obstante, el riesgo de que me detenga la policía de México no me lo pueden evitar. Me comuniqué con Modesto Vázquez y me dio el teléfono del contacto. Me dijo que invocara su nombre y que si acaso, lo citara a una reunión en su casa.

También llamé a Loli y le dije de mis planes, además le he pedido prestados $2,000 USD para la operación, pues no quiero aumentar mi deuda, ya impagable, con el Ingeniero. Loli me dijo que no había problema y que ella quería irme a buscar a la frontera para que no fuera a caer en manos de policía estúpida, especie que parece abunda en todas partes, que no sepa cómo proceder en caso de cubanos y me vayan a devolver.

También hoy le hice la visita al amigo de Pepe... está completamente loco, no sirve para la misión, por suerte dijo que él no podía hacer eso pues estaba muy comprometido con Raúl, Vilma y Cuauhtémoc. Imagínate que, después de dos embarques, me invita a merendar (aquí eso es la comida de Cuba) en su casa y cuando llego a la casa me recibe en payama. Me pasa al cuarto y se dispone a escucharme. Apenas había comenzado y de pronto se quita los pantalones y comienza a untarse una crema en los muslos y a comentarme lo mal de los nervios que estaba, que casi se queda inválido del dolor en las piernas que le proporcionaba su neurosis. Cuando hubo terminado la soba y la descripción de sus males, me pidió que continuara. Por supuesto, a esas alturas había perdido totalmente el hilo de la conversación y la esperanza de haberte encontrado un "esposo". No obstante, volví a empezar y no había avanzado mucho cuando la situación se repitió con idénticos detalles.

Al parecer, venía una tercera, cuando se excusó y me pidió desayunar conmigo el domingo en el María Cristina (Hotel donde se hospedó Pepe). Está claro que buscaré afanosamente una excusa para evitar esa inútil reunión.

Entre las pocas cosas que pudo decirme, es que Pepe, al conocer de mi deserción, comentó que con eso le hacía mucho daño a mi madre. Realmente me decepciona de Pepe ese comentario tan poco brillante. Pues pienso que Mami está más allá de bien y del mal donde ya no le llegan las presiones políticas del régimen y si es que me extraña estando en México, peor sería estando en la cárcel. Además por mucho que ella sea mi madre, tú, aunque sólo fuera por la fuerza de la costumbre, me tenías que extrañar mucho más, aparte de que sobre ti sí que están y pueden seguir obrando las presiones políticas. Y, ¿qué de Laura?, nada, que el comentario no ha estado a la altura de su prosa habitual.

Hoy vi en el mismo lugar donde compré el compacto que te dije, un grupito de cuatro, en el mismo estilo de aquellos que compré con música de Broadway y del cine, pero de grabaciones originales, de todos los tríos famosos con toda la carga de Nostalgia concentrada que te puedas imaginar. No me alcanzó el dinero que tenía arriba.

16/01/93

Hice contacto con la gente con la que me conectó el papa de Román y ya todo está listo, hasta fijé fecha: la partida será el viernes. Mañana tengo que ir a ver el contacto (la contacto) que me cruzará la frontera. Se llama Gloria, me acordé de aquella Gloria de la película que en el momento más inopinado sacó una pistola que parecía una bazooka y abrió fuego contra la Mafia. Ella tiene una casa en una ciudad fronteriza que se llama Juárez y tiene un hijo que vive en USA y él es quien saca el pasaje y me espera del lado de allá en El Paso.

El Paso... ¡mira que hemos visto películas en que algún perseguido escapa por El Paso!, ni en mis sueños más irreales me pasó por la mente que en algún momento de mi vida me las viera escapando por El Paso.

De ahí, iré en avión a Los Ángeles donde le pediré a Loli que me espere y que renuncie a la idea de irme a buscar a la frontera. Para lograr esto tendré que ocultarle el punto de mi entrada.

Esta operación cuesta la bobería de $1,600 USD, el Ingeniero me va a poner la plata más los gastos del viaje y me va a comprar abrigo porque por allá hay frío ahora. Cuando llegue, le pediré a Fonchi que me preste el dinero para devolvérselo. Claro, que nunca podré pagar con dinero lo que esta familia ha hecho por mí, Amor sólo con amor se puede pagar.

17/01/93

Hoy me reuní con Gloria, no se parece en nada a la Gloria de la película, es gorda y con una fuerte contribución india en su genética. La cosa será así: Me voy para Juárez con una amiga de ella llamada "Lupita", a la que conoceré el martes para que pueda darme las instrucciones para el viaje y para poder identificarla en la estación de autobuses. Ella irá conmigo como si fuéramos una pareja, sé que esto te disparará el dispositivo de celos pero debe ser así para no despertar la menor sospecha. En Juárez, otro hijo de Gloria que trabaja en El Paso, me estará esperando para que le dé el dinero y comprarme el pasaje El Paso-Los Ángeles y me esperará del lado de allá para llevarme al aeropuerto, otro hermano pasará conmigo la frontera al amanecer del domingo.

Gloria se dedica a esto desde 1975, en su primera década de "trabajo" sacaba a 50 cubanos a la semana. Hace unos tres años que el esposo le pidió que no trabajara más y sólo recibe ahora los que le manda la gente de la "Fundación Cubana" como yo. Me tranquiliza saber que no ha fallado nunca.

17/01/93 (lunes)

¡Qué horror!, acabo de hablar contigo para informarte lo de que Juan Fernández: por la tarde logró sacar mi carta de un disco rígido. Inmediatamente llamó a los segurosos de la embajada y echó para alante la cosa. El Sospechoso, en un gesto invalorable, le informó a El Pelón lo que Juan Fernández había hecho. El "chiva" es Juan Fernández, no El Sospechoso.

Esto cambia completamente todos los planes, El Pelón venía tan irritado conmigo que pensé que me iba a pegar. Me dijo que no tenía derecho a ponerlo en peligro, que no debía haberte contado nada ni por carta y que había sido una gran irresponsabilidad no borrar el disco. De momento me sentí tan miserable, tan estúpido y mierda que si me hubiera pegado no me hubiera defendido y quizás hasta me aliviara el alma la golpiza.

Más tarde recordé que sí lo había borrado, el mismo día que hice el traspaso de disco. Parece que Juan Fernández utilizando alguna herramienta, y buscando quizá otra cosa, dio de casualidad con algún cacho de texto que le motivó la curiosidad y empezó a recuperar el resto. La cosa es que saben que al menos estuve en la casa de los Rossbach, el papel de El Pelón, posiblemente el del Padre de Todos los Jimaguas y pudieran inferir que El Expresidente está complicado también. Saben que tú y yo estábamos de acuerdo.

Soy un comemierda por escribir y no borrar con formateo físico (El Pelón opina que lo soy tan sólo por escribir), pero no cabe duda de que Juan Fernández es un hijo de puta redomado, porque sabiendo como perjudicaba a todo un conjunto de gente que él conoce y les debe algún afecto… ¿cómo va a entregar eso? No estaba obligado, lo hizo por puro gusto. Yo siempre pensé que era un buen oportunista y calculador, pero hacer eso en este momento que el régimen se desmorona no es siquiera inteligente. A El Expresidente le estuvo diciendo que él no tendría problemas, que lo estaba meditando, pero que él preferiría hacerse imprescindible para que no lo pudieran sacar de México y que le enviaran a su familia (¡¡que iluso!!). Era opinión de El Expresidente que al fin y al cabo cuando se le calmara la veta amarilla, él saltaba. Esto, lo obliga a regresar y de forma precipitada, porque aquí más le vale no quedarse.

Mañana voy a hablar con Gloria para precipitar la fuga, tengo que perderme a toda carrera.

28/01/93 (Los Ángeles, CA.)

Hace ya once días desde la última vez que pude escribir en este diario, al que le he llegado a tomar miedo por la anterior experiencia. Ya hace unos cinco días que estoy aquí en casa de Loli y Fonchi, —al que ahora le dicen RT (suena Arti) en su casa y Al en el trabajo—, pero no fue hasta hoy que me pude hacer de una computadora para reanudar este escrito (en particular esta fue alquilada por RT para que pudiera ir trabajando).

En cuanto cayó la bomba de que la carta había sido descifrada, tuve que abandonar de manera precipitada el Castillo. El Pelón consideró que mi imprudencia: la de escribir el diario más que el aspecto técnico del borrado no irreversible era imperdonable y, de hecho, a partir de ese momento me retiró su amistad. Por más crítico que quiera ser conmigo mismo, no se me equiparan todas las muestras de amistad que tuve para con él durante toda la vida, con el peso de la imprudencia. La Rusa lo secundó diciéndome horrores con lágrimas en los ojos en el momento que abandonaba la casa. Decidí no hacer ninguna defensa en mi favor y dejar que el tiempo les recuerde los riesgos que corrí para que hoy estuvieran juntos en México con una seguridad del futuro mucho mejor que la que yo puedo tener ahora. No sé si el tiempo logre borrar en mí el que me hayan privado de su amistad en los momentos más duros de mi vida.

El Negro me acogió en el cuarto donde él se refugió durante los primeros tiempos de su exilio. Me acompañó a comprarme abrigo y a mis reuniones con los que me iban a sacar hacia los EEUU. Para qué veas, se tomó más de una molestia conmigo. El Ingeniero me facilitó unos $2,300 USD para toda la operación de fuga (Compra de abrigo, $1,600 USD de la fuga, $400 USD de bolsillo y $300 de abrigo).

El jueves a las 7 de la noche partí con la "guía" hacia Ciudad Juárez y 24 horas más tarde, en un viaje en el que debía procurar no hablar para que nadie me identificara el acento cubano, llegué al mencionado destino. Aproveché para leerme 1984 de George Orwell, de haberlo leído antes podría haberlo citado en las "Ilusiones Perdidas", ahí encontré descritos los mecanismos mentales que utilizaba para mantener la ilusión.

En la noche del viernes el que me recibió me llevó a ver el río Grande para evaluar su profundidad, con vista a decidir si lo pasábamos a pie o en balsa. Me hace un mapa del lugar por donde voy a cruzar el rio, la autovía que tengo que atravesar, la cerca que debo saltar y el lugar donde me espera el contacto. La primera variante es más cómoda, pues evita el contacto con el agua helada del rio y la embarrazón de fango en sus riveras, pero es más arriesgada respecto a la policía por ser mucho más aparatosa. El lugar exacto del cruce estaba bastante lejos de la casa, y sólo se asomó al río cerca del uno de los puentes para estimar que "no estaba tan mal". Me dio una vuelta por Juárez, nos y tomamos unos "wiskitos" para dar tiempo al contacto que me esperaría del otro lado y que había conocido unos momentos antes de salir a la inspección, llegara a su casa, después de haber asegurado lo de mi pasaje a Los Ángeles.

Después de algunos wiskitos más de la cuenta, hacen contacto telefónico mis dos "contactos" y quedaron en pasarme a las 8 de la mañana. Yo que no sabía la diferencia de una hora entre El Paso y Juárez, no se me ocurrió precisar. Hoy en día las ciudades de El Paso y Juárez son como una sola dividida por un rio.

Me acuesto a dormir con una rara serenidad que a todos (incluyéndome) sorprendía. A las siete de la mañana me llaman, ya estaba despierto desde que apareció el primer rayo de sol. Me llevo sólo el portafolio y una bolsa de nylon con mis zapatos. Salgo hacia el punto de cruce —el viaje demora unos cuarenta minutos—, y llegamos al árbol que marca el sitio donde el río es más atravesable y él se quita los pantalones, porque de ahí debía ir al trabajo, y comienza a atravesar. Pasa con la bolsa con mis zapatos en alto y atrás lo sigo con mi portafolio en alto. El agua parecía la de un "highball" y llegó a la cintura. En todo momento me alertaba para evitar que el jacket de cuero, que había comprado con El Negro, se me mojara. No obstante, se me mojaron los pantalones *jean*, los zapatos (que me regaló Alejandro) y la camisa escocesa, (¿te acuerdas?). Él se quedó en la rivera, yo atravesé sólo la autovía y después salté la cerca. En el momento que lanzó mi portafolio y la bolsa de nylon con mis zapatos y me dispongo a saltar la cerca, todos los perros del mundo empiezan a ladrarme.

Era una zona residencial, como las que nosotros llamamos repartos. Ya había saltado y los perros seguían ladrando. Avancé hacia la calle donde se suponía que me estuvieran esperando y los perros seguían ladrando. Al cruzar una calle, veo una patrulla, pero está vacía, después me entero que es que el policía vive allí y además no tiene que ver con inmigración. Me interno en la calle donde se supone que me encuentre con "el contacto", pero nada, brilla éste por su ausencia.

Me decido a esperar unos minutos, ¡qué remedio! Comienzo a caminar por el reparto y los perros dándome una serenata. Creo que si alguno llega a brincar una cerca me lo como yo a él, así era el nivel de agresividad que tenía en ese momento. La espera ya llevaba media hora y me "cagaba" de frío con los pantalones y zapatos mojados. Fue entonces que decidí cambiarme en plena calle los pantalones, los zapatos y las medias, a pesar de que ya era de día y alguna gente había empezado a aparecer. La ropa mojada la metí en el nylon en que traía los zapatos y la tiré en un latón de basura de una de las casas. Hice mi entrada a los Estados Unidos con lo que tenía puesto y mi portafolio con mis floppies y fotos, o sea el clásico "con una mano alante y otra atrás".

Pensé que había sido estafado y que ya no aparecerían, cuando, una hora después, me dirigí hacia la parada de guagua más próxima en dirección al "downtown" (la orientación mía no es mala). Pensaba allí tomar un taxi hacia el aeropuerto y allí comprar un pasaje hacia Los Ángeles cuando apareció el contacto: hubo un mal entendido respecto a las horas de Juárez y El Paso.

Me explicó que no había podido conseguir aún el pasaje por ser sábado y la agencia sólo abría a partir de las nueve. Nos fuimos entonces a desayunar para dar tiempo, entramos a un restaurant, que aún no había abierto y dijeron que aún no tenían nada para el "lunch" y que desayuno no solían servir. No obstante, si queríamos un poco de café nos lo daban gratis y aceptamos. En el baño de ese restaurant terminé mi metamorfosis de "espalda mojada", más bien "culo mojado", me puse la camisa blanca y la corbata que traía en el portafolio.

Cuando fue la hora, fuimos a recoger los pasajes para el vuelo 692 de la Southwest Airlines y escondido tras mi recién adquirido aspecto ejecutivo y mi inglés sin acento (casi sin acento) me dirigí al aeropuerto. El riesgo, ya a estas alturas, no era otro que el muy remoto de que algún policía de inmigración fuera lo suficientemente ignorante como para no conocer la política migratoria de su gobierno respecto a los cubanos y me enviara de vuelta a México. No obstante, los de la embajada me recomendaron que tratara de no contactar a nadie hasta no llegar a Los Ángeles y que una vez allí buscara la policía del mejor barrio que me fuera posible, sugirió que una buena opción sería el de Eddie Murphy en Beverlly Hills.

Una vez en el aeropuerto tenía que hacer contacto con Loli para decirle que me encontraba en El Paso y que tomaría el NW 692. Me dirigí a unas cabinitas donde habían unas cosas que vagamente recordaban a lo que conocemos por teléfonos, más bien parecían computadoras. Tenían una pantallita con un menú donde una de sus opciones, por suerte, era Help!!!. Después de estudiar un rato el curioso aparato, me decidí a tocar tímidamente algunas teclas para hacer una llamada a pagar en casa de Loli y me salió la operadora. Le dije lo que quería y cuando pensé que había dado todos los datos, me preguntó que por cuál de las compañías quería efectuar la llamada, no tenía ni puta idea de una posible respuesta a semejante pregunta y le respondí en el mejor bocadillo de slang Hollywoodense "Miss, I couldn't care less". Una risita como respuesta y la llamada estaba en camino. Le digo a Loli que había pasado hacia El Paso con todo éxito y "California, here I go" (letra de una canción). Pasé los chequeos que tiene la policía para armas, drogas y no sé cuantas cosas más y abordé el avión sin contratiempos.

29/01/93 (Simplemente continúo)

Disfruté mi viaje en el avión que sobrevolaba los desiertos de Arizona y Nuevo México así como las montañas Rocosas. Casi dos horas de vuelo y aparecía la vista de la ciudad de Los Ángeles con su enorme extensión cubierta de casitas de dos plantas. Se veían muchos reflejos brillantes aparecer y desaparecer y no entendía lo que veía, hasta que el avión descendió un poco más para reconocer que se trataba de piscinas. ¡Todas las cabronas casitas tenían piscinas!

En el aeropuerto de Los Ángeles me esperaban Loli y Fonchi, al él lo hubiera conocido a pesar de su barba. Él me hubiera conocido a mí sólo por mi parecido con mi padre. Loli, no es Loli sino Marlo Baker (Mar-lo de Mari-Loli) y Fonchi es Al Rivero o RT (Rivero Torres), por mi parte, lo de Mandy tendré que hacerlo desaparecer pues aquí es nombre de mujer y pudiera sugerir que soy "gay".

La casa donde viven Fonchi (bueno... este vive con la novia), Loli y Lola es preciosa, tiene las consabidas dos plantas, jardín, biblioteca (donde estoy en este momento que te escribo esto), una cocina con todos los aparatos empotrados, hay cable TV en cada uno de los tres cuartos y tres baños. Aquí son amantes de todos los animales y sabes que eso a mi me encanta. Tienen un conejo lindísimo y en el jardín cuelgan cuatro depósitos con un líquido rojo y con unos tubitos que lo conectan a unas florecitas de plástico amarillas, donde se pasan el día libando los colibríes. Hay momentos en que he contado más de 10 colibríes.

La contaminación es baja aquí y pululan muchas especies de aves, ardillas y cuanto bicho bonito hay. Te impacta el silencio y la limpieza que te rodea. RT y Loli me presentan a sus amistades y a todos le dicen que soy un inmigrante reciente, que pasé la frontera de "wet back" y la invariable respuesta es la misma que todo lo que me rodea parece darme, aliviando un tanto todas mis penas: "Welcome to America".

Sólo la burocracia rompe este ambiente y tanto el abogado con el que me entrevisté, como todos mis amigos, me recomiendan hacer los trámites en Miami, ya que ahí la mayoría de los jueces son cubanos y los que no, están imbuidos del problema. El abogado decía que el día que viraran a un cubano en Miami se podría esperar disturbios callejeros y la inexorable caída del gobierno de Washington. Los cubanos constituyen la minoría más exitosa de la historia de los EEUU y es envidiada y no muy bien vista por las demás minorías. Un juez negro aquí en Los Ángeles pudiera estar prejuiciado o quizás no estar "educado" (como se suele expresar por aquí) en el problema cubano. No obstante el abogado dijo que mi caso es uno muy claro, dada mi antigua posición y mi preparación técnica, y piensa que es ganable en cualquier estado, pero que existiendo La Florida, ¿para qué correr ningún riesgo?

En este momento preparamos mi viaje a Miami donde me espera Luis Xudiera. Mucha gente está al tanto de esos acontecimientos: La Rata, Juanito, Pablito, etc.

Salgo el domingo a las 10:50 AM.

29/01/93 11:00 PM

Acabo de regresar de un recorrido que Fonchi me acaba de proporcionar por Los Ángeles. La extensión de esta ciudad es inimaginable, es mayor aún que ciudad México. El recorrido ha sido de unas 6 horas en la que sólo bajamos del carro unas cuatro veces, el tiempo efectivo en el carro sería de unas cuatro horas, según Fonchi, mañana me va a enseñar lo ridículo del área que recorrimos comparada con el área general de la ciudad.

Primero fuimos a una zona donde se recrea el antigua ambiente del Oeste en la época de la fiebre del oro, digo se recrea, porque de lo auténtico queda muy poco y casi todo es reconstruido al estilo de la época. Nos metimos en un bar donde afuera parqueaban las motos de los "Hell Angels", esos terribles "matones sobre motos" que aparecen en las películas. Dice Fonchi que son totalmente inofensivos, todo lo que hacen es hablar de motos y cambiarse y venderse accesorios. De ahí tomamos el Boulevard Ventura, que fue en la época de los españoles, algo así como la arteria principal del valle de San Fernando, se llamaba "El Camino Real" y unía todas las misiones. Pienso que caminamos más de una hora por esta calle, visitamos Hollywood Bowl (el famoso anfiteatro que sale mucho en los cartones), Hollywood, Westwood, Belair, Beverly Hills, UCLA, nos detuvimos en Tower Records, donde me compró unos discos de Los Platters y Nat King Cole de parte de Kathy (su novia).

Nos tomamos un batido en una cafetería donde todo parecía de los 50, la vitrola y la música, las copas, los anuncios, los aparatos de guardar las pajitas. Me llevó también a los estudios de Universal Pictures y nos tomamos un whisky en un bar que imitaba la estación Victoria de Londres (de las películas de Sherlock Holmes), por el día se pueden admirar las maquetas de King Kong, cosas de la Guerra de las Galaxias, etc. Nada que me faltaba por ver la parte del mundo de la que más referencias he tenido en mi vida. Pensé que me moriría sin conocer directamente todo esto.

20/01/93

La idea que uno se hace de Los Ángeles a partir de las cosas que uno lee y ve en las películas, es que es una sociedad loca, extravagante, liberal en extremo: vicio, drogas, sexo, en fin el adjetivo en inglés sería el de "wild". Hoy Loli me llevó a una fiesta en Santa Mónica, una de las playas de la gente de Hollywood, donde una gente de su trabajo celebraban la terminación de unos video clips. Ya por el camino Loli me venía alertando que las fiestas de por aquí eran lo más aburrido del mundo, pero yo seguía pensando que no era posible que todo el "desaguacate" que se vendía en el cine no podía ser completamente falso. Lamentablemente, no pude enriquecer mi cosecha de nuevas experiencias con la fiesta, era tal y como Loli me la había descrito, peor que la más aburrida de las fiestas a la que podamos haber asistido jamás.

La abundancia de comida era exorbitante. Había comida como para unas cien personas y sólo concurrieron cerca de 25. La palabra comida seguramente sugiere nocturnidad, pero llegamos a la 1:00 PM, o sea más temprano que las piñatas en Cuba. La bebida que se ofrecía, sin embargo, no era abundante, ni en cantidad, ni tipo, sólo "soft drinks", es decir cervecita suavecita de la de aquí y sangría. Loli dice que estaba muy bien de alcohol, ya que abundaban las fiestas "alcohol free". Pero bueno, ¡si se tratara de que se divierten sin alcohol!, pero no, creo que lo más excitante que ocurrió en toda la fiesta fueron mis cuentos del Río Grande. La música era sólo para fondo, aunque era bailable (salsa), no había actividad central y se conversaba en pequeños grupos de a dos o tres.

El clímax de la fiesta fue el estreno de los video clips en un gran televisor de 60 pulgadas, allí aparecieron muchos de los presentes en sus respectivos roles. Curiosamente una de las muchachas de la fiesta, que fue con su pareja y que casi pasaba inadvertida por su timidez, salía en cueros en uno de los video clips, en una actuación de gran sensualidad y todos los presentes se comportaron con la mayor naturalidad. Es sólo un trabajo, una actuación, sin el menor vínculo con la realidad de aquellas personas. Parece que así es Los Ángeles. Todo el sexo y la violencia se concentra en las películas, fuera de ahí es casi inexistente.

02/02/93

Estoy en casa de La Rata que tiene una tremenda computadora y esto me permite continuar mi carta/diario. Llegué a Miami el domingo y en el aeropuerto me esperaban Luis, Vicki y Juan José Lleonart, tío de Wichi que estuvo con nosotros en la alfabetización y que se fue desde los sesenta.

Wichi y Gretel gordos como yo, Vicki igualita y Silvita lindísima. Esa noche fotos, recuerdos y añoranza. Llamé desde ahí a Fonchi y a todos los que estaban pendientes del viaje.

Al otro día Juan José me llevó a la Fundación para hacer la solicitud formal de mi asilo. Me atendió una señora llamada Lourdes Quirch que se encarga del tema del éxodo.

Hoy me vino a visitar otro miembro de la Fundación y al parecer esto no avanza como espero, parece que quieren que hable por radio Martí y yo no quiero arriesgarme a ulteriores represalias. Mañana voy a conversar de nuevo con ellos. No sé, si no hay mejor claridad voy a ir derechito a la policía de inmigración y acabar con el problema de una buena vez.

4/02/93

Fui a inmigración y sólo logré que me dieran las planillas. Para hacer una pregunta debía venir a las 7 AM y marcar en una colita. Llamé a dos abogados, el primero es una mujer que tiene un espacio en una emisora que se llama La Cubanísima donde discute casos para que la gente esté informada de las leyes migratorias de EEUU. Ésta me dio una cita para el martes, por escuchar cual es mi problema, me cobraría 75 USD. Llamé a otro de los que se anuncia en el periódico y éste me dijo que me recibiría mañana y no me cobraría nada por escucharme pero el estimado que me dio para toda a operación es de unos 800 USD.

Volví por la tarde a la Fundación y sucede que por un error me mandaron a irme antes de tiempo. Me dijeron que fuera mañana para llenar los papeles y que me darían la asesoría legal gratis.

Pablito me llamó y me dio el teléfono de Ulises, le dejé un recado en la casa y me llamó enseguida que llegó, se alegró muchísimo que estuviera por aquí, me viene a ver el sábado y dice que tiene propuestas de trabajo para mí y me quiere contar de muchísimas cosas.

Hoy conocí a tu padre, mi suegro, Matanzas. Estuvo jovial conmigo, pero tuve que insistir en lo de la invitación, tuve que esperar que sacara un poco sus remordimientos de cuando tú te incorporaste a la Revolución y de que no le escribiste en diez años, pero poco a poco la idea de volverte a tener cerca lo fue enamorando, hasta que se despidió diciéndome que en cuanto averiguara bien como era la cosa, lo fuera a buscar para hacer la carta de invitación. Tratamos de comunicar desde su casa pero no fue posible, parece que se quedó descolgado el teléfono de Ferrer. Tengo que ver cómo te hago llegar las instrucciones de los planes que estoy urdiendo, que pasan por que debo conseguir un trabajo cualquiera por imbécil que sea y estoy estudiando la conveniencia del divorcio para que puedas decir que eres divorciada en las entrevistas que sostengas.

Sigo en casa de La Rata que está mejor conectado para estos menesteres que Wichi, además tiene una computadora que me permite readquirir mis habilidades de programación.

4/10/93

Cada vez tengo menos tiempo de mantener al día esta carta diario que no sé si podré enviar alguna vez.

Las cosas más importantes que han ocurrido en estos últimos días son:

1. Ya solicité mi asilo político. Al parecer tengo un buen caso para que me sea otorgado. (No hay que preocuparse por una deportación, con los cubanos, lo peor que pudiera ocurrir es que te quedes en lo que se llama "repatriación voluntaria" que es una especie de limbo en el que puedes trabajar y vivir pero no te dan la residencia y si sales de los EEUU no puedes volver a entrar.

2. Localicé a Ulises y me ha estado aconsejando sobre el problema de conseguir trabajo.

3. Me preparo para sacar la licencia de conducción, tengo que volver a examinarme.

4. Juanito me consiguió, un contrato para buscarme algunos pesos de momento y un trabajo permanente en JVC de *computer consultant* de la Vicepresidencia para en cuanto tenga mi permiso de trabajo (8 semanas).

5 Parto el día 23 hacia New Jersey para sostener entrevistas relativas a mi futura posición y ejecutar el trabajo del contrato.

El trabajo del contrato consiste en hacer una biblioteca DDL (para Windows) a partir de la cual se puedan desarrollar aplicaciones para un nuevo producto de JVC que es un video cassette recorder controlable por RS 232. Increíblemente este trabajo se conecta con el REX. Con este sistema se puede hacer un REX que permitiría, no sólo solo Rayos X para vías digestivas, sino que, como llega hasta 30 cuadros por segundo, sirve para corazón y como puede registrar colores sirve también para endoscopia.

Le hice la propuesta a El Pelón y se interesó muchísimo (ya parece habérsele pasado su disgusto, sin embargo, aunque sabes que no soy rencoroso y suelo olvidar rápidamente ofensas pasadas, no puedo decir que haya olvidado lo ocurrido, queda aún alguna cicatriz). Es posible que esto me permita ir comenzando mi propia compañía con La Rata (su jefe actual le daría el financiamiento) con la que ir ganando algún dinerito adicional.

Hay una persona que va para Cuba y pienso enviar esta y otra carta codificada en un disco.

Mabel, la que se quedó

Había escapado, pero dejaba a Mabel a su suerte. Aquella imagen de Mabel tras aquella altísima cerca Peerless, que impedía el acceso de la gente a la pista de despegue, quedaba en mi mente como grabada al aguafuerte. Esa imagen se reiteraba en mis recuerdos con ese tipo de efecto en que todo se ve en tonos de grises, excepto el ente protagónico, que resalta en colores.

Todo lo que podía hacer para suavizarle el golpe, lo había hecho. Aunque estuvo yendo conmigo a la oficina hasta el día anterior a mi partida, ya desde unos días Mabel había empezado a trabajar en la agencia de prensa italiana IPS (InterPress Service). Ese traslado logré justificarlo con menos dificultad de lo que podía esperarse; mi tía Magda trabajaba allí, las oficinas de IPS estaban en el FOCSA donde vivía mi madre y además, ya eran varios los que de EICISOFT se habían ido hacía organismos internacionales y empresas mixtas en busca de una mejor retribución. No era que ese proceder se aprobara, ni mucho menos se aplaudiera, pero al menos no provocaba sospechas que apuntaran necesariamente a una inminente deserción mía.

La carta con que hacía oficial mi deserción fue dada a conocer desde ciudad México por Roberto Martínez Brunet, en la mañana del 18 de diciembre de 1992. A pesar del tono conciliador de la misma, en que ofrecía mi silencio, así como la promesa de no participar en activismo político alguno, no se hizo esperar demasiado el registro de mi humilde casa en la calle Amistad 221 por parte de la Seguridad del Estado. Esa misma noche, haciéndose acompañar de Ismael, aquel infeliz presidente del CDR, que poco después moriría aplastado por un derrumbe cuando hacía la cola del pan, irrumpieron tres agentones del "aparato" y Niurka. No sé si ese sería su verdadero nombre, pero era como se hacía llamar la oficial de la Seguridad del Estado que "atendía" a EICISOFT.

No había trascendido aún la complicidad de Mabel, que jugaba el papel de turbada y abandonada. El registro se concentraba en lo referente a mis viajes, se llevaron todas las fotos y películas que encontraron. Aún considerando a Mabel una víctima de mi abandono, le exigieron entregar las llaves de nuestro carro, ese que no nos regalaron sino que pagamos (cuatro mil quinientos pesos cubanos) durante varios años y se fueron a buscarlo al garaje del FOCSA donde lo guardábamos, por no tener gasolina para moverlo. Se lo llevaron sin mediar acta de ocupación ni explicación alguna. Poco después del registro y a instancias del presidente del CDR, Mabel llamó por teléfono a los agentes de la seguridad del estado para indagar el motivo por el cual el automóvil había sido ocupado y le dijeron que estaba a disposición del fiscal, como única explicación.

Los empleados cubanos en empresas extranjeras se contrataban a través de la empresa CUBALSE, reedición socialista de la trata de esclavos. CUBALSE cobraba en moneda dura el valor de mercado de la mano de obra que ofrecía, pero le pagaba a la gleba criolla en míseros pesos cubanos. Aún así, para el plebeyo cubano, trabajar para una empresa extranjera era un privilegio, ya que estos crueles explotadores del proletariado siempre se las arreglaban para hacerle llegar alguna regalía a sus empleados. Aunque salí de Cuba en el mes de noviembre, mi deserción no se produce hasta el mes siguiente y durante ese tiempo Mabel trabajó en IPS, pero en cuanto se conoció de la misma, le pidieron que no fuera más hasta que se le avisara. Los contactos familiares dijeron que fue el director y éste que CUBALSE, pero Mabel piensa que nadie quiso arriesgarse a meter la mano en la candela a favor de la mujer de un desertor.

Después del registro, "misteriosamente" el teléfono de la casa dejó de funcionar, para recuperar el tono unos días más tarde. Estaba claro que estaba "cogido". Logré hablar con Mabel por el teléfono de mi madre en el FOCSA y ahí acordamos en lo sucesivo, hacerlo por el teléfono de un viejo vecino llamado Ferrer, que nos hacía los mandados y a veces comía en la casa.

Aún no trascendía su complicidad con mi fuga y algunos amigos, de los aún integrados al proceso, pasaban por nuestra casa como para darle a Mabel una especie de "pésame" por su pérdida. Otros, quizás sospechando, se alejaron cautelosamente. Nuestro círculo de relaciones, otrora grande, reducía su radio a toda velocidad.

A Mabel la citaron telefónicamente para una entrevista en la tenebrosa Villa Marista, la mismísima sede del "Aparato". Siguiendo los consejos de un abogado que se consiguió, aceptó de palabra pero no compareció, tampoco lo hizo a otras dos citaciones telefónicas. En esos días un avión de Cubana de Aviación lleno de pasajeros era desviado de su ruta a Miami y ese mismo mes, un piloto desertor llamado Orestes Lorenzo, en una avioneta, hacía aquel sensacional rescate de su familia, a la que, por tratarse de un desertor, negaban reiteradamente el permiso de salida de Cuba. Lorenzo burló la defensa antiaérea del régimen y aterrizó una avioneta en una carretera en construcción que accedería a Varadero, allí recogió a su familia y huyó con ella hacia Miami.

Todo esto opacó el revuelo que levantó mi deserción y dejaron tranquila a Mabel hasta el 17 de enero cuando se produce la delación de Juan Fernández. Este hizo llegar a la Embajada cubana en México unos documentos que yo accidentalmente había dejado en el disco rígido de una computadora que tuve que devolver, por ser parte de un equipo de producción. Entre esos documentos figuraban dos cartas-diario a Mabel, una que ya había enviado con un colega de cuando era profesor en la Facultad de Física y otra que escribía con la esperanza de podérsela enviar algún día. En ella se hacía evidente su complicidad, así como la de otros amigos mexicanos y cubanos. Fue entonces que la citaron a "Villa" por escrito con un mensajero que tomó su aceptación firmada. Ahora sí no tenía evasión; estaba obligada a comparecer.

Pude enterarme de esta citación un poco antes de que se produjera, temía que en el interrogatorio Mabel se complicara y la dejaran detenida allí. Se me ocurrió pedirle a un amigo periodista "free-lance", Lionel Martin, que había vivido en Cuba desde los primeros años de la Revolución, que llevara a Mabel a la entrevista, de manera que la vieran bajarse de un carro con chapa de Prensa Extranjera, con obvio propósito de intimidación, pero el que se intimidó fue Lionel, que se excusó diciendo que lo comprometía y podían acusarlo de injerencia. En lo adelante, evitó todo contacto con ella o conmigo. Al igual que el resto los muchos amigos extranjeros que conocí en Cuba, a ninguno le interesó más mi amistad, bien por sus posiciones de izquierda o porque ya de igual a igual... no era lo mismo que cuando era de la casta inferior.

Mabel se portó "macho" en el interrogatorio. Éste consistió en mostrarle lo que sabían por las cartas, como para que pensara que lo sabían todo y que por tanto no tenía sentido que les ocultara nada. Mabel les dijo que si ya lo sabían todo, pues para qué entonces le preguntaban a ella. Los interrogadores se pronunciaban amenazantes de lo que harían con el colega que se prestó a traer las cartas, a lo que Mabel decía, en descargo de este último, que posiblemente no supiera de mi deserción, ni del contenido de la carta que portaba. A este colega nunca lo llamaron.

Comenzaban para Mabel dos largos años de aislamiento, sin trabajo, ni transporte. Estos son los castigos sutiles del totalitarismo que no comprenden los bienaventurados que viven en democracia. Esos que se preguntan ¿si aquello es tan malo, por qué el pueblo de Cuba no se rebela? El detalle de que en el socialismo totalitario haya sólo un empleador, hace que "desafecto al régimen" sea igual a desempleado, pero aún más, alguien que trata a un desafecto pone en peligro su empleo, su promoción o más importante aún, su posible selección para una misión al extranjero. Un desafecto no puede estudiar en la universidad. "La universidad es para los revolucionarios", gritaba la consigna y alguien que tratara a un desafecto podía convertirse en candidato a ser depurado en la próxima limpia. Es el terror lo que explica el aislamiento que sufrió Mabel por parte de amigos y hasta familiares, no el repudio revolucionario, como sería la explicación oficialista.

De cierta manera la intimidación llegaba hasta mí. Varios programas radiales me ofrecieron sus micrófonos para que denunciara esos abusos, pero temía a las represalias de que Mabel podía ser víctima. Margarita Ruiz, entonces comentarista radial, fue una de las que me propuso una entrevista, cuando le expresé mis preocupaciones, me dijo: "yo sé que no es fácil decidir cuando el riesgo es ajeno, pero por mi experiencia, te digo que la denuncia defiende más que el silencio". Al principio estaba muy defensivo, ¡era tanto lo que no sabía de este mundo nuevo del exilio!, que mantenía un temor permanente a ser manipulado. Aquella frase lapidaría de Margarita de que la denuncia defiende más que el silencio, aunque no hiciera efecto inmediato, quedó grabada en mi mente.

A partir del momento de mi deserción, comenzó una etapa nómada que duraría más de seis meses: de casa de los Rossbach tuve que ir a una buhardilla que me consiguió el primer desertor de EICISOFT, Marco Antonio Pérez; cuando logré cruzar la frontera, mi primo Alfonso Rivero me albergó en su casa de Los Ángeles; un abogado amigo de mi primo recomendó que no solicitara asilo en California porque era preferible que lo hiciera en Miami; allí me alberga mi amigo de la infancia Luis Xudiera y después mi compañero de los cohetes, Alberto Arencibia. Con idea de que trabajara en JVC, mi antiguo alumno y amigo, Juan Martínez me alojó en su casa de New Jersey durante tres meses y me presentó al presidente de JVC que me dio la bienvenida a la compañía, aunque el empleo formal no podía producirse hasta que no formalizara mi status migratorio. Luego viajé a Las Vegas con JVC, regresé a Miami a recibir el asilo político que me había sido aprobado y me albergué nuevamente en casa de Arencibia.

El aislamiento caracterizó mi estancia en New Jersey y esto me persuadió que no era el lugar para desarrollar la actividad que tenía en mente para sacar a Mabel de Cuba, por lo que renuncié a trabajar como empleado de JVC y decidí permanecer en Miami. Pero mi vida nómada seguía. Arencibia me presentó a un empresario que tenía un almacén, quien no sólo me dio un trabajito temporal sino que me permitió pernoctar en el mismo. A los pocos días asistí a una comida con un importante empresario italiano, el profesor Eugenio Fumi, a la que Arencibia me llevó con el pretexto de servir de intérprete y terminamos ambos empleados por Itelco USA. Como presidente de esta recién creada compañía, era nombrado Alberto Georgini y me permitió vivir en su apartamento hasta que, con mi salario, pude reunir lo suficiente para alquilar algo que poder llamar *mi casa* y así terminar con mi ya larga etapa nómada.

Guardo una inmensa gratitud a estos italianos, no sólo por albergarme y darme trabajo, sino por su solidaridad con mi situación. La esposa del profesor Fumi estaba emparentada con el que a la sazón era Embajador de Italia en Cuba e hicieron con él la gestión para que le otorgaran una visa a Mabel para viajar a Italia. Itelco pagaría por su pasaje y el profesor Fumi la albergaría en su casa hasta que lograra viajar a Estados Unidos a reunirse conmigo. Así hubiera sido, ya que el propio embajador le entregó su visa y fue en extremo amable con ella, pero nunca obtuvo el permiso de salida.

Aún pernoctaba en el apartamento de Georgini cuando logré hacer contacto con mi suegro Gerardo Longres, quién salió de prisión predelictiva[64] hacía Miami cuando la noria[65] del

---

[64] **Prisión predelictiva**: Aporte cubano al totalitarismo, también conocido como "Ley de la Peligrosidad". Esta permite condenar a prisión a alguien por estimarse que es propenso a delinquir, aún cuando todavía no haya cometido el delito a que se le supone es propenso.

[65] **Noria**: Una noria es una bomba de agua primitiva que consistía en una rueda con cubetas que sacaba agua de un lugar y lo vertía en otro. La prensa hizo la analogía de este dispositivo aquella flota de barcos que, en el 80

Mariel en el 80. En esos días, sus médicos debatían si lo operaban a corazón abierto o le insertaban un marcapasos. Se me ocurrió usar esa coyuntura para solicitar una visa humanitaria para Mabel. Llené las planillas correspondientes y le adjunté una carta que obtuve de su cardiólogo y la visa le fue otorgada en muy breve tiempo. Tan breve fue, que tuvo la entrevista en la Oficina de Intereses antes de que solicitara el permiso de salida para la de Italia, eso fue a finales de 1993. Cuando Mabel presentó su solicitud para el permiso de salida tenía dos visados en su pasaporte.

Todas las gestiones avanzaban sin mayores tropiezos hasta que algo más de un mes después recibe la citación del departamento de inmigración del municipio Centro Habana. Cuando se disponía a recoger la "tarjeta blanca" se le informa que el Estado Cubano no le concedería el permiso de salida y que su pasaporte quedaba retenido.

Al día siguiente Mabel se dirigió a la Dirección Nacional de Inmigración con la intención de quejarse por el atropello del que había sido objeto. Allí fue recibida por un oficial que después de escuchar los hechos le preguntó si ella tenía algún familiar que hubiera abandonado ilegalmente el país. Ella respondió que ya sabía de antemano por qué no se le había autorizado viajar, por ser la esposa de un desertor y agregó: "yo vine aquí a preguntar por mis derechos como ciudadana y usted me ha confirmado que no tengo ninguno. También me pudieran quitar el carné de identidad y meterme presa por tiempo indefinido, ya que no tengo trabajo ni familiar alguno que pueda interceder por mi". El oficial bajó la cabeza y Mabel le dio la espalda y se dirigió al parqueo de bicicletas, recogió la suya y volvió a su casa con muy pocas esperanzas.

---

cuando el Mariel, cargaban gente en la Habana y las descargaban en Miami para regresar a repetir la operación.

El MININT es una excelencia en lo que se refiere a reprimir e infiltrar, pero en cruzar información no es ni regular. Por eso creo que asociar a Mabel Longres, la hija de Gerardo Longres, el de la operación del corazón, con la esposa del desertor Armando Rodríguez no fue el resultado de la magia de las computadoras, sino más bien una delación.

En cuanto supe la noticia, recordé la frase de Margarita Ruiz –*más defiende la denuncia que el silencio*- pero ya su programa no estaba saliendo al aire por lo que comencé una campaña epistolar. Escribí en inglés y español una denuncia a nombre de mi suegro y las envié a:

Organizaciones de Derechos Humanos:

- Freedom House, en carta al Sr. Frank Calzón (para acceder al Relator Especial)
- International Republic Institute, en carta dirigida al Sr. Norberto Santana
- Americas Watch, en carta a Mary Jane Camejo
- Padres por la Libertad, en la persona del Dr. Andrés Suárez
- International Amnesty, en carta a quien corresponda

Las siguientes personalidades:

- Lincoln Díaz-Balart
- Carlos Alberto Montaner
- Armando Valladares

Y hasta organizaciones y personalidades amigas del régimen como:

- Pastores por la Paz, en Carta al Rev. Lucius Walker
- Gabriel García Márquez, a través de

Eliseo Alberto Diego.

La denuncia rezaba:

Diciembre de 1993

DENUNCIA:

A **Mabel Longres Sosa,** nacida el 23 de Julio de 1949, con domicilio en la Calle Amistad #221 Segundo Piso Esquina a San Miguel del Municipio Centro Habana de la Provincia Ciudad Habana, Cuba, le fue otorgada visa para los Estados Unidos de América con el número 003679 el 14 de Diciembre de 1993 por una carta de invitación que le hiciera su padre Gerardo Longres Sangróniz de 80 años de edad vísperas de una operación para la implantación de un marcapasos.

El lunes 20 de Diciembre cuando Mabel fue a las Oficinas de Inmigración de Centro Habana para recoger el permiso de salida que había sido solicitado ya hacía más de 35 días, le fue informado que no podía concedérsele dicho permiso y ahí mismo su pasaporte le fue retenido sin más explicación. Al día siguiente se dirigió a la instancia nacional de Inmigración y allí le dijeron que era una cuestión del Consejo de Estado y que no podían darle más explicaciones.

Añadieron que no era definitivo, pero era indefinido, que el permiso podía serle otorgado lo mismo en tres días que en tres años.

No teniendo Mabel causa pendiente con la justicia, o información estratégica militar o de estado que pudiera justificar el hecho en alguna medida, que no se le permita abandonar el país, teniendo el correspondiente visado, viola flagrantemente el artículo concerniente a la libertad de movimiento de la Declaración Universal de los Derechos Humanos de 1948.

El Canciller cubano, cuando acusaba a EEUU de ser responsable de la muerte de los balseros en el mar ante la prensa que lo esperaba a su arribo a Colombia en la primera quincena de este mismo mes de Diciembre, mintió cuando dijo que Cuba no retenía a nadie que teniendo el correspondiente visado solicitara su salida del país.

Firma la denuncia:

Gerardo Longres Sangróniz

Esta denuncia las encabezaba con alguna carta que personalizaba mi llamada de atención, por ejemplo:

Miami, 29 de Diciembre de 1993

Lincoln Diaz-Balart

Estimado Congresista:

Conozco de que a pesar de sus no pocas funciones y responsabilidades inherentes a su cargo, Ud. se preocupa y ayuda a sus compatriotas en cuestiones migratorias. Acompaño esta carta con una denuncia al Gobierno de Cuba por violar los derechos humanos al no permitir la salida a una persona a la que se le ha otorgado visa en los Estados Unidos de América.

No aspiro a que resuelva el problema del pobre viejo que quiere ver a su hija por última vez, quiero que tenga este argumento más para cuando tenga que defender la posición de no normalizar relaciones con un gobierno "anormal". Sería suficiente ayuda el que la dé a conocer a las instancias que le competan en el Gobierno de este país, para que en algún momento les retorne a Cuba que esas infamias tienen un costo político.

Jessie Jackson, llevó a Cuba una lista de disidentes y presos políticos en circunstancias similares a la que describe la presente denuncia y dijo haberla obtenido del Departamento de Estado, sería conveniente que en algún momento el nombre de Mabel Longres también apareciera en alguna lista.

Le escribo en nombre de Gerardo Longres, me llamo Armando Rodríguez Rivero y para cualquier información ulterior me puede contactar en los siguientes teléfonos.

Casa	(305) 597 5389
Oficina	(305) 715 9410
Fax	(305) 715 9414

Por otro lado, Alberto Arencibia me presentó al periodista Adolfo Rivero Caro y éste ofreció entrevistarme por Radio Martí. En esa entrevista denuncié, no sólo la práctica del régimen de castigar a los que le desertan con la retención de sus familiares en la isla, sino cuanta práctica violadora de los derechos humanos mi testimonio diera pie a denostar, como por ejemplo, la prisión predelictiva y el condicionamiento del acceso al estudio o a alguna plaza laboral a la incondicionalidad política.

Hice una historia condensada de EICISOFT y añadí lo que un reciente desertor me había contado de una de las asambleas de repudio que se me hicieron allí al conocerse de la mía. Me dijo que en ella, un oficial de la Seguridad del Estado se había dirigido a la asamblea para decir que habían enviado a unos "compañeros" a buscarme a México, que éstos harían las gestiones pertinentes para mi extradición (como si yo fuera un delincuente ante la ley de ningún otro lugar), pero que si estas fracasaran, me encontrarían y traerían de todas maneras para arrojarme ante ellos allí a ser repudiado y condenado. En otra oportunidad, destilando odio, el mismo personaje mencionó un "caso" que se había casado con una italiana, pero aún así ellos le habían negado el permiso de salida y anunció que "a la mujer de Mandy, ni aunque se case con Mitterand la vamos a dejar salir" (El muy ignorante confundió a Francia con Italia). No sé si habrán mandado realmente a alguien a buscarme en México o si aquello fue sólo una burda maniobra de intimidación para desestimular ulteriores deserciones, pero es aborrecible cualquiera que haya sido el caso.

La entrevista terminó así:

Entrevistador:

¿Algo que quisieras agregar?

Mandy

Si algo me contenía a ofrecer entrevistas era el temor a más represalias contra mi familia que quedó de rehén, eso hasta que llegué a la conclusión que más protege la capacidad de denuncia que el silencio. Por eso, lo único que pido que si se produjeran represalias, me permitan denunciarla por esta vía.

Entrevistador:

¡Estos micrófonos son tuyos!

La campaña empezó a dar resultados y una carta a Frank Calzón hizo que el nombre de Mabel Longres fuera incluido en la lista de rehenes que Cuba mantenía como castigo por separación familiar a aquellos que le habían desertado y que fue presentado por Estados Unidos en la Comisión de Derechos Humanos de la ONU.

En Cuba Mabel apenas conocía de estas gestiones y se deprimía en su desesperanza. Se hizo de un nuevo círculo de amistades marginales, pero de magnífica calidad humana, gente a la que difícilmente pudiera perjudicar su compañía. Gente de empleos nada envidiables y muy ajenos a nuestras anteriores actividades. El tiempo se había detenido para ella, pero yo, en cambio, trabajaba mucho y prosperaba. Viví en un apartamento que había alquilado y que compartía con Eugenio Pousín, otro cubano exilado hasta que logré ahorrar para una casa propia y mudarme a ella en septiembre del 94. Me movía hasta entonces en un carrito de uso, muy modesto, pero ese mismo mes logré comprarme uno nuevo; tenía una cuenta bancaria y hasta una tarjeta de crédito. Viajé a Italia por Itelco USA y trabajaba como consultor por contrato con JVC.

Cuba fue sancionada en 1994 por violación de los derechos humanos y en agosto de ese año ocurrió el Maleconazo[66]. A Mabel le llegó la aprobación del asilo derivativo[67] y mi madre, Cuca Rivero, célebre antes de la Revolución por dirigir el coro que llevaba su nombre en el programa de mayor "rating" en la televisión, y después por su programa radial de educación musical infantil, decidió intervenir en su ayuda. Al contrario que yo, mi madre siempre tuvo fe en la Revolución y con esa misma fe le escribió una carta a Carlos Lage, al que conocía más por ser hijo de su amiga, la escritora Iris Dávila, que por vicepresidente del país, pidiéndole que liberara a Mabel. Nunca sabré cual de las gestiones fue la que al final fructificó o si fueron todas, pero Mabel recibió su permiso de salida y llegó al Aeropuerto Internacional de Miami el 13 de Octubre de 1994.

Estaría separada de su hijo Alain Rivas por otros 5 años hasta que éste desertó de un espectáculo musical en República Dominicana a finales de 1999 aunque no se reuniría con nosotros en Miami hasta el 2006. Estos sufrimientos dejaron huellas indelebles en su modo de ser, antes emprendedora y decidida, hoy insegura y deprimida. Todos en el exilio tenemos alguna triste historia que contar y ésta es la nuestra.

---

[66] **Maleconazo o Maleconaso**: Término usado por el exilio cubano y la prensa de Miami para referirse a las masivas manifestaciones callejeras del 5 de Agosto de 1994 en la Habana.

[67] **Asilo derivativo**: Término legal que se aplica a las personas que obtienen el asilo por pertenecer a familia inmediata de un asilado.

Historias asociadas

Mis graduaciones

Un acto de graduación es ese pequeño homenaje que se les da a las personas cuando éstas alcanzan algún grado académico o militar de cualquier nivel. Es raro encontrar en la civilización a alguien que no tenga alguna foto de graduación con toga y birrete o uniforme de gala. Pues creo tener un record Guinness: el de un profesional que logra llegar a los 60 años sin haber participado jamás en un acto de graduación en calidad de graduado.

Pues sí, mi primaria la hice en una escuela privada habanera, que a diferencia de otras, no estilaba ofrecer actos de graduación al pasar de la escuela primaria al nivel secundario. El caso con este colegio (Columbus School) es que seguía simultáneamente dos sistemas educacionales, el americano y el cubano, este último era más cercano al sistema español. El "high school" realmente empezaba ya en el séptimo grado, que al mismo tiempo preparaba para el ingreso al bachillerato que se producía al año siguiente. Es comprensible que esta transición suave no marcara un hito que justificara un acto de graduación. Esto se guardaba para el gran acto que se celebraría al final del Bachillerato y que sería también la despedida de la escuela.

En mi caso ese momento nunca llegó, lo que si llegó fue Fidel Castro con su revolución, que casi de inmediato quitó las escuelas privadas. Pasé entonces a los institutos de segunda enseñanza para cursar lo que se llamó "liquidación de bachillerato". El gobierno revolucionario, con el propósito de reclamar el título de mejor educación de la Galaxia, rompía totalmente con el pasado. Los cinco años de bachillerato ahora se volverían tres de secundaria Básica y tres de preuniversitario. No obstante estos cambios, me debía haber tocado, como a otros, un actico de graduación al terminar mi "liquidación de Bachillerato"..., pero eso no llegó a ocurrir.

Cuando casi terminaba el cuarto año apareció el "Llamado a Armas Estratégicas" y éste, me estaba llamando a mí. Entrenamientos en Cuba y la URSS (por cierto, sin esos aladrillados actos de graduación tan comunes en las escuelas militares), movilizaciones y encierros impidieron por dos años mi regreso al mundo académico. Cuando al fin, después de una lucha contra todas las instancias militares intento subirme de nuevo a ese tren, el bachillerato había sido liquidado para siempre. La nueva y creciente burocracia estaba ante un problema sin solución: no podía ingresar a la Universidad porque no era bachiller, ni podía entrar a un preuniversitario, pues los programas de estudio era demasiado diferentes. Al fin, un corajudo funcionario de la Universidad, rompiendo los esquemas, me aceptó en un curso llamado de "Nivelación para Bachilleres" (sí, porque la universidad bajo la Revolución se proyectaba tan superior a la antigua, que la segunda enseñanza del pasado no podía ser que tuviera el nivel suficiente) bajo la condición de que lo pasara todo con sobresaliente. Ahí me encontré con mis antiguos compañeros de cuarto año del Instituto, que se habían graduado el año anterior en un acto en que debí haber estado..., pero no.

Pasaron cinco años de universidad combinada con ejército. Este último me libera con el grado de soldado raso, aún habiendo llegado a ostentar el cargo de Ingeniero de Sistemas de Alta Frecuencia a nivel nacional. Como no quería hacer carrera militar y entonces se entendía que los grados eran sólo para los "cuadros permanentes", nunca me ascendieron, de manera que durante mis seis largos años de servicio nunca figuré ni en el más modesto de los actos de graduación.

Logré terminar los estudios de Física en la universidad, en 1970: "Año de la Zafra de los 10 Millones". Como la historia recoge, no hubo tales 10 millones de toneladas de azúcar, un mejor nombre hubiera sido "Año del Extremismo Socialista", porque la producción de consignas si estuvo cerca de los 10 millones. Pues acorde con el "momento histórico", la gran idea del partido comunista de la Facultad de Ciencias fue la de que los

Físicos se graduaran de "Cara al Campo", o sea, en un trabajo agrícola de una semana que culminaría en un acto de graduación en horas del mediodía, que tendría como escenario la piscina en construcción de lo que sería el Parque Lenin. Los graduados, con sus ropas de trabajo y sin la compañía de familiares ni amigos, escucharían desde el asco-charquito en el fondo de la piscina las consignas que gritarían sus dirigentes a pleno pulmón desde el borde de la misma. Un solo diploma sería entregado al entonces Secretario General de la Juventud Comunista del año (Néstor Cota, personaje abyecto repudiado de sus compañeros), éste lo recibiría en nombre de todos los graduados.

Eso no hubiera contado como acto de graduación para ningún sentido común, pero el hecho es que no cuenta en ningún caso, porque me negué a participar en esa grosería humillante. Curiosamente, a los pocos días de aquello y como para que los Físicos constatáramos nuestra poca valía, los estudiantes de leyes y ciencias políticas se graduaban en el Aula Magna con toga y birrete. A los varios meses se me informó que podía pasar por una oscura oficina a recoger mi diploma, que ya estaba listo.

Ya me desempeñaba como profesor en la Escuela de Física de la Universidad de La Habana, cuando la reserva de la Defensa Antiaérea me comunica que sería ascendido al miserable grado de subteniente, para lo cual me cita durante cuatro fines de semana para los ensayos de la ceremonia que tendría lugar en la fortaleza de La Cabaña. Estos consistían en detestables marchas al sol durante horas. En el último ensayo, un oficial de la comisión organizadora me saca de la formación para informarme que mi ascenso no había sido firmado por el Ministro Raúl Castro, no pudo decirme por qué, pero el caso es que no participé tampoco en ese acto de graduación. Unos meses más tarde me llegó por correo, sorpresivamente, una carta certificando mi ascenso. Una vez más obtenía el grado, pero no la ceremonia.

Me dan la oportunidad de optar y gano una beca en Suecia. Con el trabajo realizado allí escribí una tesis para el grado de Maestro en Ciencias que defiendo exitosamente, pero el acto de graduación nunca se llega a producir, pues en el ínterin, el recién creado Ministerio de la Educación Superior decide adherirse al sistema de grados científicos soviético, con lo que el grado de "Maestro en Ciencias", legado del sistema americano, deja de existir.

No obstante, se me dice que cuando defienda el PhD en Suecia, eso se me convalidaría directamente con el grado de "Candidato a Doctor en Ciencias" del nuevo sistema. A Suecia nunca pude volver para defender mi tesis en modelaje digital de dispositivos semiconductores, pues ya la desconfianza política se cernía sobre mí.

Como opción se me ofrece defender directamente el grado de Candidato a Doctor en el país, para lo que tendría que escribir otra tesis que pudiera ser tutoreada en Cuba. Durante un año escribí sobre un proceso tecnológico que tenía que ver con plasma a baja presión llamado "sputtering". Tutor, oponente, tesis publicadas ... cuando al fin llega el momento de la defensa aparece una nueva normativa, nieta del viejo principio generador de aquellos horribles procesos depurativos y que rezaba que la Universidad era sólo para los Revolucionarios. Este establecía que los aspirantes a cualquier grado científico debían ser aprobados por el Partido Comunista. Es común en la legalidad socialista que las resoluciones, decretos y demás instrumentos tengan efecto retroactivo y esta normativa no fue la excepción. ¿Adivinó? ... Claro, el Partido me negó su aprobación. Esta vez no sólo se me negaba el acto de graduación, sino el grado mismo.

Pero dicen que lo "bailao" no hay quien se lo quite a uno y a esto se le podía añadir que los conocimientos tampoco. Puede decirse que, aún sin un acto de graduación, mi vida profesional ha sido exitosa, tanto en Cuba como en los Estados Unidos, a donde al final tuve que ir a buscar asilo político. Ya con 60 años en las costillas, el trabajo docente se presenta como una buena opción de final de carrera, pero no me acompaña la documentación académica necesaria para aspirar a una posición de profesor. Un colega y antiguo compañero de aula en la Escuela de Física, el hoy Dr. Luis Fuentes, una autoridad internacional en la ciencia de materiales, me ofreció defender el Doctorado en el CIMAV (Centro de Investigaciones de Materiales Avanzados en Chihuahua, México), donde hoy trabaja. De manera que este cuento aún no termina aquí, tiene como que un final abierto, como esos que gustan a los intelectuales del cine. Pueda que al fin tenga un acto de graduación por primera vez, en lo que es ya una larga vida... o que una vez más este se malogre por algún retruécano del fractal de la historia.

Epílogo

Lo anterior lo escribí a mediados del 2006 con un final abierto, pero con la confianza de que al año siguiente se podía cerrar la historia. Resultó que al no poder presentar un documento probatorio de haber alcanzado el grado de Maestro en Ciencias, ni el original de mi título de Licenciado en Física, el CIMAV no pudo matricularme como aspirante a doctor, de manera que los exámenes y la tesis sólo servirían para una maestría. No obstante, el CIMAV me daría la flexibilidad de defender un doctorado al año siguiente con sólo unos pocos requisitos más.

Pues defendí mi tesis y obtuve una vez más el grado de Maestro en Ciencias, cuando en enero del 2007, el mencionado colega (Dr. Luis Fuentes) trata de matricularme para el doctorado, choca con que había aparecido una nueva normativa del Gobierno Federal de México. Esta consistía en que todo estudiante que aspirara a un postgrado, a partir del primer día del año 2007, tenía que someterse a un examen del CENEVAL (Centro Nacional de Evaluación para la Educación Superior). Este examen se convocaría dos veces al año y consistiría en pruebas de inteligencia, de aritmética, redacción y cultura general.

Un examen del CENEVAL ni siquiera se acerca en dificultad a los exámenes que tuve que aprobar para la maestría, como por ejemplo, el de Magnetismo que incluía el "Coco" de la mecánica cuántica, pero ese cuadro de estar sentado en un aula junto a muchachos que bien pudieran ser mis nietos, cuidada por alguien que pudiera ser mi hijo, haciendo un examen de, digamos, aritmética o tomando un dictado... no, eso sobrepasaba mi ya elevado umbral de tolerancia a la humillación.. De manera, que se concluye que lo más cercano que en mi vida tuve y tendré a un acto de graduación fue ese "juramento" que acostumbra hacerse en al CIMAV al final de la aprobación de una tesis. Este, en mi caso, consistió en emitir la palabra "juro" con el brazo extendido cual saludo hitleriano ante un jurado de 3 personas que igualaba en cantidad al "público" allí presente para el acontecimiento.

El Cochinito Cortés

Los Cochinitos ya están en la cama, muchos besitos les dio su mamá... solía cantar esa canción infantil para dormir a mi hija Laura desde sus primeros días. Aunque no sé si fue la intención de Cri Cri hacer una nana, resultó muy efectiva en esta función. Cuando Laura tuvo dos añitos tenía que combinarla con un cuento de cochinitos, pero todavía entonces mantenía su efectividad. Fue por aquella época que eso dejó de ocurrir al divorciarnos su madre y yo.

Apenas a un año del divorcio se me presentó un viaje a la antigua URSS. Habían pasado ya diez años de aquel viaje a la Universidad de Uppsala en Suecia, a donde mi padre, exiliado en Miami, me fue a visitar con la idea de volverme a ver después de 11 años de separación. Durante ese tiempo siempre mantuvo el contacto conmigo y me enviaba regalos, como aquel par de tenis AllStar con que me cansé de jugar basketball y que los tuve hasta mucho después de que les quedara alguna utilidad, no recuerdo cómo fue que lograron desaparecer pero yo nunca los boté. Cuando él se fue de Cuba, el stalinismo era aún incipiente, no podía imaginar cómo habían evolucionado las cosas; esto hizo que actuara con torpeza y en el afán de localizarme, delató su presencia e intenciones a la misión cubana en Estocolmo antes de que me llegara a mí la noticia de su arribo. Inmediatamente se me prohibió hacer contacto con él y se me alertó de la grave debilidad ideológica que constituía eso de "quererlo ver". A pesar de las tenebrosas advertencias, logré verlo de manera subrepticia y aunque no fui sorprendido infraganti, siempre quedó abierto a la especulación. Esto fue suficiente para que me negaran la salida del país cuando tuve que regresar a Suecia a defender mi tesis de PHD en Física, pero no conformes aún, tampoco me dejaron defender otra tesis que hice para obtener el grado científico en Cuba, por "falta de confiabilidad política" y para evitar que me botaran, terminé renunciando a mi cátedra en la Universidad de La Habana. Ya en la industria, pasados diez años de aquel incidente y cinco del suicidio de mi padre, se me iba a dejar salir de Cuba de nuevo, esta vez para participar en una feria de equipos médicos en Riazán, un pueblo del interior de la URSS que se abría por primera vez a los extranjeros, por lo que una deserción era imposible.

Le pregunté a Laura qué quería que le trajera y después de varias explicaciones de lo que significaba que yo me iba y que iba a regresar con regalos —concepto que tampoco le era familiar—, se transó por decirme lo que ella más quisiera tener: "¡quiero un Cochinito Cortés!". No me fue posible obtener especificaciones más detalladas de que lo que me estaba solicitando, pero en su cara se podía leer de manera inequívoca que lo que pudiera ser aquello, lo deseaba con gran intensidad.

En Riazán lo más interesante que pude adquirir fueron unas limas y unos dados de roscar M3, ni siquiera pude encontrar una tienda de juguetes. En Moscú sí habían jugueterías, en el "Mundo de los Niños" había gran variedad de muñecos, gaticos, perritos, ardillas, elefanticos y hasta recuerdo que habían unos cocodrilitos inflables, pero ni un cochinito, ni siquiera uno descortés. Registré otras cuatro jugueterías sin éxito; claro en estas pesquisas del Cochinito Cortés ya había algunos comprado regalos sustitutivos.

A pocas horas del regreso, en una tiendecita, de esas que en Cuba llamábamos "quincallas", donde lo mismo venden hilo de coser que caramelos, y en la que entré sin un motivo que pueda recordar, lo encontré. En ese momento no me cupo duda que era el Cochinito Cortés de Laura, un cochinito sonriente vestido de traje, era de espuma de goma, de unas 7 pulgadas de alto y pintado en vivos colores. Quedaba uno solo para vender, sentí que había como algo de magia en todo esto.

Cuando regresé le di todos los regalos y dejé el Cochinito Cortés para último, con éste sí que se le iluminó la cara. Lo tuvo un rato como quien no sabe que va hacer con él y fue entonces que me pidió que la durmiera. Aunque extrañado por esa petición en medio de la excitación de los regalos, me dispuse a hacerlo. Sin soltar al Cochinito, se acurrucó en mis brazos como solía hacerlo cuando le cantaba.

Hoy he comprendido que el Cochinito Cortés no era más que un representante material de aquel acto: de su padre durmiéndola y cantándole. El Cochinito Cortés era yo y aquel muñeco sólo un consuelo a mi ausencia post divorcio. ¡Ah, y aquellos AllStar que mi padre me regaló, esos fueron mi "Cochinito Cortés"!

Los Tres Cochinitos

Autor: Cri Cri *(Tiempo de vals)*

Los Cochinitos ya están en la cama
muchos besitos les dio su mamá.
Y calientitos todos en Piyamas
Dentro de un rato los tres soñaran
(Tema instrumental, invocando sonidos alegóricos a cerdos)
Uno soñaba que era Rey
y de repente quiso un pastel,
su gran Ministro hizo traer
cuatrocientos pasteles solo para él.
(Tema igual)
Otro soñaba que en el mar
en una barca iba remar
mas de repente al embarcar
se cayó de la cama y se puso a llorar
(Otra vez el tema)
El más pequeño de los tres,
un cochinito Lindo y Cortés,
ese soñaba con trabajar
para ayudar a su pobre mamá

Y así soñando sin despertar
los cochinitos suelen jugar
ronca que ronca y vuelve a roncar,
al país de los sueños se van a pasear
(Otra vez el tema, pero con variación para finalizar)

El aparato

1998

El aparato es el más reciente nombrete que la gente le ha buscado en Cuba al siniestro "Departamento de Seguridad del Estado del Ministerio del Interior". Tengo los más oscuros recuerdos de mi relación con El Aparato, no porque me haya detenido, interrogado o aprehendido, sino porque me utilizó y logró sacar lo peor de mí para sus propósitos. El episodio que me apresto a contar, aunque llena la más oscura época de mi vida, no es sobre mí, es sobre el Aparato y sus métodos.

No sé a cuanta gente habrán reclutado como a mí, pueden que a muchos y, si la vergüenza les remuerde, es posible que nadie se anime a contarlo. Pero es injusto que esta parte de la historia, que tan bien caracteriza la esencia de un régimen totalitario, se quede sin contar, permaneciendo, como única imagen de este engendro, la de los seriales de televisión.

El Reclutamiento

Todo empezó en aquella llamada "Escuela de Verano" organizada por la Facultad de Ciencias de la Universidad de París (FCUP). Un grupo de profesores e investigadores asociados a la FCUP (1970), que visitaron la Escuela de Física de la Universidad de la Habana sugieren la Física del Estado como el tema ideal de investigación debido a su actualidad y que demanda mucho menos recursos que otros temas como "partículas elementales", "astronomía" o "fisión nuclear". En 1971 regresó la Escuela de Verano con la participación de profesores y alumnos ayudantes de la Escuela de Física; es en esta ocasión que tengo la posibilidad de participar. Rápidamente hice amistad con algunos de los profesores extranjeros. Alguien dio el pitazo de este acercamiento y fue entonces cuando mi jefe

Antonio Cerdeira y Altuzarra, que además era dirigente del partido —no recuerdo si también su Secretario General—, me dice que hay una persona que quiere hablar conmigo. Aquello sonaba extraño.

La tal "persona" resultó ser un oficial del Aparato, éste me dijo que se me había seleccionado por mi trayectoria y por la relación que había logrado establecer con los profesores de la Escuela de Verano, que la CIA solía infiltrar agentes entre esos grupos que visitaban el país y que se requería que diera "el paso al frente" como lo había dado cuando aquello de las "Armas Estratégicas". Me alivió pensar que se me devolvía la confianza que se me había retirado cuando en el 1970 la Juventud Comunista planteó que no debía dejárseme graduar, por haber expresado cosas como que "el materialismo implicaba un acto de fe" junto con otras "dudas filosóficas". En aquella oportunidad acepté gustoso la tarea, aunque mis informes no deben haber sido de su agrado pues sólo decían cosas positivas de aquellos visitantes.

No volví a saber del Aparato hasta 1972 en que me gano aquella beca a Suecia. Fue en medio de mi fiesta de despedida, grande como pocas de las muchas que se dieron en aquel apartamento del piso 17 del FOCSA, amenizaban, José María y Sergio Vitier, Sara González, Portillo de la Luz y aún otros más que ya no puedo detallar, cuando suena el teléfono, una llamada urgente para mí de una tal Nadia... "es Nadia de la Seguridad... baja que tenemos que verte impostergablemente...". "Pero estoy en medio de mi fiesta de despedida..." "No hay caso, si no te vemos no puede haber salida mañana". Estaba claro que el poder del Aparato sobraba para eso. Bajé, me montaron en un carro y me llevaron a otro apartamento de un edificio, no muy lejano, donde había varios oficiales más, me dan a firmar un papel donde aceptaría ser agente para el Aparato. Aquella encerrona con más tragos de la cuenta arriba y viendo el viaje a Suecia en "el pico del Aura"... nada, que firmé todo lo que pusieron delante. Me preguntaron qué nombre quería como agente, engurruño el ceño y me explican que nadie operaba en el Aparato con su nombre de cuna, todos los nombres por los que los conocía eran "nombres de agente". " ¡Ah... Luis!", les dije, no sé porque fue el nombre de mi amigo Luis Xudiera el primero que me vino a la mente. Con la misma, me dan la misión de recopilar información de inteligencia sobre asuntos que se me informarían a través de alguien que me contactaría allá en Europa. Me devolvieron a la fiesta, la gente estaba tan arriba, que muchos ni cuenta se dieron de mi ausencia. Yo necesité unos cuantos tragos más para disipar los efectos del mal rato.

El tiempo pasaba en Suecia y nadie me contactaba, hasta que en una ocasión coincidí en París con Magaly Estrada. Fui allí para reunirme con uno de aquellos profesores de la Escuela de Verano que ahora iba a ser el tutor de mi tesis doctoral. Magaly Estrada, físico también y esposa de mi jefe en la Escuela de Física, sí, aquel que me introdujo por primera vez a la "Persona" del Aparato. En cuanto se pudo quedar a solas conmigo me dice que viene de parte de Nadia. Bomba... yo que pensaba ya que me había librado, pero para mi sorpresa no viene a darme una misión, sino a pedirme los informes sobre una que ya debía haber cumplido. "¡¿De qué me estás hablando?!" Muy misteriosa ella me dice: "tú sabrás, esa era tu misión..." "¿Qué misión?". "Se suponía que alguien aquí me diría lo que querían que yo hiciera...". "Entonces, ¿no tienes informes...?". " ¡Pues no!..." "¡HUMM!, allá tú, prepárate, con esto no se juega, Armando...", y me abrió los ojos como quien no quisiera estar en mi pellejo.

Quedé muy preocupado después de aquel encuentro, ¿habré estado tan borracho que olvidé la misión? Dudoso, el terror de aquella noche había sido tal que todo lo recordaba en buen detalle, ¿cómo iba a ser posible que olvidara lo principal? A mi regreso a Cuba otro oficial, Onel (nombre raro y posiblemente tan falso como el Luis que adopté aquella noche del reclutamiento), me volvería a pedir la información, y de nuevo se repetiría... ¿qué información?... se te dijo bien lo de la información sobre el SIDA (no el Síndrome, en esa época aún ni se hablaba, sino el Swedish International Development Authority)... de alguien habérmelo dicho le hubiera contestado que eso era absurdo. No tenía ningún acceso a esa institución, me llevaron una sola vez de visita. Yo ni siquiera vivía en Estocolmo, solo sé que es la que pagó la mitad de mi beca, la otra la pagó la UNESCO... Tenías que buscar la forma de obtener la información que te pedimos… ¿qué información?... nada, nada... ya no vale la pena, nos fallaste... Una veta amarilla me corría por la espalda, ¿qué consecuencias iba a tener aquello? Por cierto en aquella entrevista me pidieron los documentos que traje de Suecia para fotocopiarlos y algunos nunca me los devolvieron, y no tenía a quien reclamarle, quedaba claro que estaba impotente ante el Aparato.

No me daba cuenta entonces que estaba siendo víctima de un procedimiento estándar, que después practicarían conmigo una y otra vez. El agente se tiene que sentir que no está a bien con el Aparato, que está en deuda, que te tienen anotada "vez al bate". En resumen: inseguridad ante el Aparato. El agente debe sentirse siempre como "objetivo" y nunca como miembro. La relación del Aparato con el agente no se basa en la confianza, sino en que este último actúe por miedo al primero. Al Aparato ni siquiera le importa la ideología del agente, el miedo es más confiable que todas las convicciones. El Aparato es un diseño diabólico capaz de funcionar hasta con puros disidentes.

El encuentro con los canadienses

A mi regreso de Suecia me encuentro conque otra especie de Escuela de Verano está sucediendo en la CUJAE (Ciudad Universitaria José Antonio Echevarría, un *spin off* tecnológico de la Universidad de la Habana). En esta ocasión la organización era CUSO (Canadian University Services Oveseas) y ya algunos miembros de mi laboratorio, el LIEES (Laboratorio de Electrónica del Estado Sólido), participaban en los cursos sobre Circuitos Integrados que se impartían. Enseguida establecí contacto con aquellos profesores por un interés profesional. En esos días el grupo de profesores hizo una fiestecita para despedir a algunos que ya regresaban y fui de los invitados, el dominio del inglés facilitaba las relaciones. Conocí a mucha gente en aquella fiesta, gente a las que ya el resto de mis compañeros de laboratorio conocían, pero yo no por estar recién llegado.

Algún otro reclutado, como yo, reportó mi presencia en aquella fiestecita y enseguida me citaron para pedirme informes escritos sobre todos los presentes y regañarme por no haber sido yo el que los llamara para informar. No entendía por qué todo extranjero resultaba automáticamente un objetivo del Aparato. Toda aquella gente parecía muy bien intencionada y su actividad no trascendía el área, ni el personal de la Universidad. Bueno ante la insistencia de Ricardo (nuevo oficial que me atendía), escribí una caracterización de cada uno, no eran mucho más que primeras impresiones, al que más conocía lo habría visto un par de veces.

Al siguiente día, me llama Ricardo y me dice que baje al lobby del FOCSA que me pasarían a recoger. Me extrañó tanta gentileza. De un VOLGA me hacen señas, iba uno al timón que no conozco pero vi a otro ya conocido (Onel) por lo que me acerco y monto. No había aún terminado de arrancar bruscamente el carro, cuando Onel saca su pistola Macarov y la pone ruidosamente sobre la pizarra, con la misma me dice amenazante: "¿Tú crees que vas a poder jugar con nosotros?". Todo fue tan rápido que ni tiempo le dio al miedo a apoderarse de mí y respondí con otra pregunta... (todavía en poder de mi dignidad) "¿De qué se trata esto?..." "¿Tú crees que estamos todavía aquí (aquí implicaba "frente al imperio") por comemierdas?...". El corazón se me salía por la boca porque pensé que habían descubierto lo de aquel encuentro secreto que había tenido con mi padre cuando éste me visitó en Suecia viajando desde Miami. Siempre tenía terror de que el Aparato fuera a descubrir aquello, pero en ese momento sacó el informe que le había hecho a Ricardo sobre los canadienses... ¡qué alivio, fiuuuu...! El carro corría a unos 100 Km/h por las calles de El Vedado como para demostrarme que ellos estaban por arriba del cualquier ley, que estaban locos y que no les importaba morirse, querían meterme miedo y... lo estaban logrando a la perfección... Miré a Onel a los ojos mientras descargaba su ira y no pronuncié palabra alguna por temor a que me tremolara la voz. ¡Si esto era por un informito, no quería imaginarme lo que sería el que se enteraran de lo de mi padre! El carro seguía en su loca carrera Paseo abajo, Onel seguía su descarga mientras sujetaba la pistola que amenazaba con volar de donde la había puesto. El carro saltaba incapaz de dibujar el relieve de terrazas a esa velocidad, por poco arrollan a un negro a la altura del Potin y Onel interrumpe su diatriba para comentar jocosa e irresponsablemente con el chofer: "le llevaste el estampao e'la camisa al negro"... y con la misma sigue... "¿Quién es este Lionel Martin que tú dices que es un americano comunista?... ¿tú le viste acaso el carnet del partido?..." A duras penas logro articular: "Bueno... es una forma de resumir la manera en que se manifestaba...". "Nunca más me digas que un objetivo es comunista o buena gente", vociferó Onel.

Aquella descarga sugería una intensión de apañar al enemigo, pero yo seguía sin saber adónde me llevaban ni que sería de mí. El carro que había tomado una derecha chirriante de Paseo a Malecón, entró por la calle 19, por el costado del Hotel Nacional y se detuvo de golpe en el "Pare" de 19 y M (esquina Sur Este del FOCSA) después de haberse llevado luces rojas y Pares *ad libitum*. "Te puedes bajar," me dice Onel (creo haber respirado por segunda vez en ese momento, la primera fue el... fiuuuu). "De ahora en adelante voy a revisar todos tus informes y recuerda que aunque tenemos muchos enemigos, tenemos también muchos amigos... Hace una pausa y con una sonrisa irónica añade: "Como tú... Luisss". El carro se alejo chirriando.

¡Qué confusión! No sabía si estar abochornado u ofendido. Yo no me veía como contrarrevolucionario. No era su enemigo, pero había comenzado a odiar a ese Aparato. Que mal me sentí, y aún me siento, por no haber tenido los c... de decirles que si no confiaban, que se buscaran a otro, que no aceptaba aquella relación humillante e indigna con el Aparato. En resumen hubiera querido decirles: "váyanse a agitar a otro comemierda a casa del carajo..." pero no los tuve, ni ese día, ni en ninguno de mis encuentros con el Aparato en mi época de agente.

El Psiquiatra

A pesar del susto, mis informes sobre los canadienses no mejoraron mucho. Es que no había mucho que informar, pero le describía en detalle las tertulias y conversaciones, aunque insulsas y al menos esto no provocó más la ira de Onel.

Las reuniones con Ricardo se hacían en una casa por la calle Zanja, no me era fácil llegar pues no tenía carro en aquella época, parece que eso motivo que me cambiaran el oficial para uno con una de las casas secretas más cerca. Estas casas eran auténticas casas de familia, que accedían a cederla para que algún oficial se entrevistara con sus agentes. Cuando uno llegaba a ella, ya el oficial tenía que estar allí. El nuevo oficial se nombraba Mauricio y su casa secreta era una grande y bonita que estaba en la acera oeste de la calle 27, a tres casas de J en el Vedado.

Mauricio no sólo me preguntaba sobre los canadienses, sino que comenzó también a pedirme informes sobre mis compañeros de la Escuela de Física. Mauricio me explicó, que al principio de la revolución los gusanos proclamaban estar en contra de la revolución y entonces estaba claro quién era amigo o enemigo, pero esos ya se fueron o están presos, y hoy en día no hay gusanos sólo "adaptados". A un "adaptado" se le conoce por alguna que otra manifestación contraria que se le escapa, por la ausencia de pronunciamientos positivos, por relacionarse con otros "adaptados", por alguna creencia religiosa oculta, por hacer referencias positivas a productos, artistas o autores capitalistas. Me preguntaba sobre algunos adaptados en especial, como por ejemplo, Norbe López, el vidriero; Juan

Chirolde, el Jefe del Taller de Electrónica y Raúl Portuondo, un profesor que era católico. Debí decirles que "¡esta bueno ya!, que operar contra infiltrados fue lo que yo acepté, no contra esos infelices compañeros míos", pero de nuevo no tuve lo necesario para eso, tampoco me ubicaba frente a la revolución en aquel tiempo. Todo aquel miedo se mezclaba también con una tremenda confusión de dónde estaba el bien y el mal.

Hoy pienso que el objetivo de aquello era, más que interés en la información, ver si el miedo que les tenía alcanzaba como para echar pa'lante[68] a mis propios compañeros. Si no lo hacía es que podría estar necesitando un refrescamiento del miedo, es decir otro "frío" como el del Volga. El miedo debía ser más fuerte que toda amistad.

Aún con el miedo y la confusión, no informé nada que pudiera perjudicar a los mencionados, pero sabía que no podía insistir mucho en aquello de "to er mundo é bueno" y lo que se me ocurrió fue despacharme con algunos hijos de puta del Partido y la Juventud que me estaban haciendo la vida difícil. La variante resultó un éxito que aplacó al Aparato. Les interesaba saberle algo, sobre todo, a quien nada se le sabía aún. Eran boberías, simples chismes de tarros, pequeñas malversaciones y rivalidades internas.

También aprendí que la cosa era hablar mucho para que quedara poco tiempo para la escritura de los informes. Es curioso, esta idea me la dio alguien que se decía estaba muy vinculado al Aparato, Arnol Rodríguez, que luchó en la clandestinidad contra Batista con el 26 de Julio. Me decía Arnol refiriéndose a otros de sus compañeros de la época del clandestinaje: "la gente se dejaba matar para no denunciar a sus compañeros, cerraban la boca y no decían nada. Error… la cosa es ganar tiempo, en un interrogatorio lo que hay es que hablar

---

[68] **Echar pa'lante:** Acepción 1: Enfrentar alguna tarea con coraje; Acepción 2: Denunciar a alguien o algo ante la autoridad.

mucho, eso crea la ilusión de que la información que esperan los interrogadores está al salir y eso te compra tiempo".

Tenía que hilar muy fino. Cada vez que tenía una de esas reuniones el stress era enorme y tenía al menos una por semana. Esto mantenido por muchos meses afectó mi sistema nervioso y empecé con extrasístoles cardíacas y otros síntomas psicosomáticos. Mi madre me sugirió que viera a Gali García en el llamado Hospital de Día del Calixto García. Fui a un par de consultas y me puso un tratamiento de pastillas fortísimas para calmar las crisis de ansiedad, algunas las tenía que tomar hasta cuatro veces al día. Estas me mantenían como en un sopor pero aún así lograba dar clases y seguir con mis trabajos de investigación, pero esto era debido a mi estado de ansiedad anormal. En una oportunidad mi madre, que por haber estudiado farmacia, estimaba que eso le permitía auto medicarse, tomo una de las que yo tomaba cuatro al día, de las llamadas SONAPAX, por estar, dijo, un poco nerviosa y estuvo entre boba y medio dormida por tres días.

Una vez en una de las reuniones con Mauricio, este me ve tomar una de las pastillas y le cuento lo de mis síntomas y el psiquiatra. Inmediatamente, me dijo que de ninguna forma podía seguir yendo al psiquiatra porque este terminaría sabiendo de mi trabajo con el Aparato. Me dijo que el Aparato me asignaría uno para continuar el tratamiento, que esto era "típico" y que les ocurría a muchos agentes y que ya para eso existía un procedimiento.

Deje de ver a Gali García ante el estupor de mi madre y ahora tenía el doble de reuniones: las del siquiatra y el oficial. Las dos resultaron igualmente tensas, el psiquiatra no hacía más que buscar el origen de mis tensiones en mi subconsciente ideológico. Todos sus cuentos, pruebas y preguntas iban buscando la causa del desequilibrio en contradicciones ideológicas con el sistema. Me pregunto si esto también sería el caso "típico" o es que sospechaban especialmente de mí. Recuerdo que en una de la "consultas" habló cerca de media hora apologizando sobre la época en que él había estado en los

Estados Unidos, y se concentró sobre las hamburguesas y el magnífico servicio de los McDonald's, me miraba a los ojos mientras me contaba aquello como estudiando mis reacciones. Reacciones que yo cuidaba celosamente para que se mantuvieran entre la cortesía y el desinterés.

A aquel médico desnaturalizado, por cierto nunca me constó que fuera médico siquiera, lo que menos le interesaba era mi salud mental sino obtener más información para el Aparato. Un día dejó de venir y se limitó a suministrarme, a través de Mauricio, las pastillas del tratamiento que me puso Gali García, las que estuve tomando como por cinco años. Yo mismo me fui disminuyendo las dosis, hasta que me quedé sólo con el Valium (ya no me las daba Mauricio) que tomé hasta alrededor del 1982, dos años después de abandonar la Universidad hacia una empresa perdida en la Industria Sidero-Mecánica y por tanto lejos ya de los Intereses del Aparato que nunca más me contactó como agente.

La Corchea con Puntillo

Parece a que a medida que me pongo viejo, voy viviendo más de mis recuerdos o quizá es que los aprecio más al parecerme que ya la vida corre a un ritmo en que se generan menos cosas a contar. Hace unos días visitaba una página de Internet donde alguien tuvo a bien publicar unos files MIDI de temas escogidos de distintos géneros cubanos (los files MIDI no son grabaciones como los WAV, sino un código que hace que la tarjeta de sonido de la computadora sintetice la música). La intención era mucho mejor que la factura de estas melodías, todas sonaban a "música de caballitos" y eso hace rato que no puede justificarse con limitaciones de los medios de computación.

Mi memoria viajó a La Habana, era el año 1971, se celebraba el 1er Encuentro de Técnica Digital auspiciado por la institución que, en Cuba, se había situado a la cabeza en esa tecnología, el CID o Centro de Investigación Digital. En aquella época, el CID pertenecía la Facultad de Tecnología de la entonces pujante Universidad de la Habana, que después pasaría a ser el ISPJAE (Instituto Superior Politécnico José Antonio Echevarría) y el CID que pasaría a ser un instituto independiente, el ICID (Instituto Central de Investigación Digital), para, en ambos casos, dejar de ser cabecera y/o pujantes. Pero regresando al encuentro, aquel fue el momento de su apogeo, habían logrado construir una computadora que, a pesar de estar inspirada una PDP-8 de la Digital Equipment, no dejaba de ser un logro a reconocer y celebrar. Su director, José Luis Carrasco, compañero mío de cuando el ejército y los cohetes, tuvo el mérito de reunir y coordinar los esfuerzos de un equipo muy competente, entre los que se encontraban Orlando Ramos, que fue el diseñador principal del hardware y Luis Vals el diseñador principal del software que lograba correr en aquellos primitivos ingenios.

Vals era un tipo muy singular, no era una persona fácil de tratar, cuando estaba ensimismado en sus pensamientos, no sólo es que no saludara, tampoco contestaba el saludo, ni cualquier otro tipo de interpelación, a no ser que ésta fuera, no sólo violenta, sino persistente. Una de las modalidades más comunes de esos estados meditativos de Vals era la de urdir sus complejos algoritmos mientras tocaba el piano, sí, porque además tocaba el piano y lo hacía muy bien. El piano le permitía justificar eso de ignorar cualquier comentario o pregunta que se le hiciera. Cuentan que una vez se encerró en su cuarto y tocó piano durante dos días sin apenas salir de ahí, pero cuando salió, pegó a escribir y casi botó el sistema operativo de la CID 101 de una tirada.

Aquel fue un grupo de leyenda, pero volviendo al encuentro, para hacer que la compleja técnica digital atrajera también la atención de los legos en la materia, entre Ramos y Vals habían logrado que aquella computadora tocara música. La altura de los tonos seguida por el tiempo, esto en una cinta de papel perforada (era aún la época del confeti y las serpentinas, todavía faltaba para las cintas magnéticas) constituía la data que el dispositivo de Ramos convertiría en sonido por una bocina unida a un puerto. Vals, antes de partir hacia el extranjero, había dejado una cintica de papel con los datos que lograban interpretar el "Para Elisa" de Beethoven.

Carrasco me lleva ante la obra de su colectivo, y aunque me impresionó el logro, se me ocurrió decirle que la gente iba a pensar que tenía una cajita de música adentro, ese "Para Elisa" es el tema más abusado de las cajitas de música. Lo dije como una broma, pero noté que Carrasco, que tenía una beta de "businessman" digna de Wall Street, no había tomado el comentario tan a la ligera, fue entonces que añadí "¿por qué no le programan el Son de la Loma?". A una computadora cubana le pegaría más tocar a Matamoros que a Beethoven. Acababa de vender la idea y de pronto, sin proponérmelo, acababa de integrar aquel equipo. Ramos arguye que Vals no está, quién iba a programar el Son de la Loma? Carrasco le dice a Ramos: "Este es hijo de Cuca Rivero, él tiene que saber algo de música" (en ese error ha caído más de uno), sin chance a aclaración alguna, Ramos me entrega un documento donde se describía como se programaba aquello.

Desde sus orígenes, las computadoras, en vez del sistema decimal que utilizan los humanos de 1,10,100,1000… como ni aún las más primitivas tuvieron que contar con los dedos, internamente usaron el sistema binario de numeración, uno que va en potencias de dos o sea 1,2,4,8,16… Para CID 101, la música fue reducida también a lo binario, los valores de tiempo eran la redonda 1, blanca ½, negra ¼, corchea 1/8…; las notas eran sólo doce frecuencias distintas y las demás se obtenían dividiendo entre potencias de dos esas doce. El programa era también sencillo, tocaba un compás de acuerdo a los valores que había leído de la cinta, de manera que leía cinta y tocaba el compás, leía y tocaba. Para que tocara sin interrupción, sólo había que empatar la cinta para que formara un lazo, logrando así una versión electrónica del Órgano de Manzanillo.

No hay que olvidar que en las computadoras de aquellos tiempos todo era en Kilo y hoy la cosa es a nivel de Giga. Cuando ya había entendido cómo era que aquello funcionaba, le dije que lo que es la teoría la entendía bien, pero que el solfeo no se me daba. En efecto, con una partitura podría hacer una cintica de datos, pero era incapaz de escribir una a partir de conocer sólo la melodía. Fue entonces que propuse, "y por qué no voy a buscar a Mami y la traigo para que nos ayude con esto?". La presencia de una "celebridad" ayudaba a patrocinar mejor aquello, Carrasco, en su gran talento comercial, ya estaba viendo el cartel sobre la computadora…"Melodía programada por Cuca Rivero".

No me fue difícil reclutar a Mami para aquella aventura, ella conoce bien de mi insistencia, lo que hubiera hecho inútil cualquier intento de resistirse y además, en el fondo, la curiosidad le roía, por lo que conseguir a Cuca, fue un ir y virar al FOCSA que no estaba ni a tres cuadras del lobby del Habana Libre, que era donde se iba a celebrar el encuentro. Una breve explicación y comienza Mami a poner numeritos en un papel que le había preparado. No había puesto el tercer numerito cuando pregunta con esta inocencia que aún la acompaña hoy a sus 87 años: "¿y cómo se pone aquí una corchea con puntillo?". Se hizo un silencio, hubo miradas... hasta que Ramos con cara de quien le bajan de pronto los pantalones, hace la pregunta que se caía de la mata: "¿y qué es eso de una corchea con puntillo?". "Ah, eso es muy frecuente en la música cubana", le dice Mami y, sin dejar que nadie la interrumpiera, comenzó una conferencia musicológica sobre la síncopa cubana, sus orígenes africano-flamencos, la habanera, la contradanza y no fue hasta el *Son de la Má Teodora* que paró para coger aire, lo que aprovechó Ramos para preguntar: "ese puntillo... no pudiera ponerse como una combinación de fusas y semifusas o algo así?". Mami: "no, no se trata de que sea una forma de abreviar la escritura, significa que el sonido se alaaaarga la mitad del valor de la nota". Ramos enseguida se percató del desastre: "¡Queeeé!, ¿o sea que esa corchea con puntillo no es ni un octavo ni un cuarto, sino un tres dieciséis?". Mami: "sí". Un "sí" corto, seco y esbirro. Ramos subió las cejas y suspiró un casi inaudible "¡ñó!"con evidente resignación. Mami en tono de disculpa: "si quieren puedo escribirla sin el puntillo, pueda que aún se parezca algo al Son de la Loma pero no creo que...". Enseguida nos transamos por ésa y en un dos por tres escribió los numeritos, hicimos la cintica pero tal como nos previno... aquel Son, no era de la Loma. Se probó sustituir el puntillo con una semicorchea, un compás para cada nota y cambiarlo todas las veces, más otras tantas cosas sin demasiada lógica que acumularon confeti y serpentina como para un carnaval... pero nada. *¿De dónde serán?*, pues quizá de Galicia. Mami y su corchea con puntillo acabaron con aquella flamante primera computadora cubana que dirían que era capaz hasta de tocar a Beethoven, sin embargo, no pudo tocar a Matamoros.

Sirva este cuento de homenaje a Carrasco, Ramos y a Vals, de éste último no sé en qué rincón del olvido se encuentre. Ramos murió de un infarto masivo, los periódicos oficiales no encontraron ni siquiera un pequeño espacio para decir que el que fue el padre de la computación en Cuba había muerto. Carrasco, me contaron el otro día que murió por complicaciones de una operación sencilla debido a una contaminación en un salón de operaciones. Y, aunque en Cuba, a los artistas no le faltan homenajes y menos a la "Profesora Invisible" de tantos cubanos, que sirva también de homenaje a Cuca Rivero, que es mi Mamá... ¡que caraj!

Puede Venir de Sport

Las relaciones internacionales que cultivaba mientras dirigí a EICISOFT, aquella empresa cuasi-clandestina, no se asemejaban a las que estaban oficialmente previstas en la Cuba de los 80. El dirigente perfecto para el concepto oficial, era aquel que le "sacara" todo lo que el extranjero se dejara sacar sin establecer la más mínima relación de amistad. En aquella Cuba, cualquier extranjero era visto como un enemigo potencial, independientemente de cuán comunista y/o amigo de Cuba dijera ser. Esta paranoia se cernía en especial sobre aquellos de países capitalistas, aunque los provenientes de países "amigos" tampoco estaban completamente excluidos.

En cada organismo había departamentos encargados oficialmente de la atención a extranjeros y estos debían ofrecerla dentro de marcos estrechamente establecidos. Las tales atenciones estaban jerarquizadas, los visitantes extranjeros, de acuerdo a la categoría que les tocara, se les invitaba a restaurantes de tipo A, B o C, podía tocarles una noche en Tropicana o quizá hasta una excursión a Varadero, todo dependía de cómo fueran clasificados y en ningún caso les faltaría uno o más informantes de la seguridad del estado para acompañarlos a dondequiera que fueran.

Los socios comerciales de EICISOFT, salvo raras excepciones en las postrimerías de su esplendor, venían a Cuba por sus medios y sin invitación oficial, de manera que tenía que hacer malabares para corresponder a las atenciones que éstos me hubieran dispensado en sus países. Si en aquella época, uno invitaba a un extranjero a un restaurant normal, uno que no fuera de esos de protocolo a los que yo no tenía acceso, la administración de los mismos estaba instruida de no aceptar el pago en moneda nacional y como la mera tenencia de divisas por parte de un cubano estaba penalizada, pues era el invitado el que debía pagar. La única forma que había encontrado para la correspondencia de atenciones era aquello de invitar a alguna velada musical, de esas que eran comunes en casa de mi madre.

En 1957 mis padres compraron un apartamento en el entonces muy elegante edificio FOCSA, que era y sigue siendo todavía, después de más de 50 años, el más alto de La Habana. Yo viví allí mi niñez, adolescencia y hasta los 35 años. Después de casarme me mudé, pero frecuentaba a mi madre que aún vivía allí con mi hermana, el esposo de ésta y su nieto. El edificio aún cuando sus servicios y comodidades no eran ya ni la sombra de los que una vez fueron, todavía "daba el plante" y me servía como casa de protocolo particular. Mi madre, Cuca Rivero, había trabajado desde los albores de la televisión como directora coral y musical en los programas de mayor rating, podía decirse que todavía clasificaba como celebridad. El que si era un pianista y compositor célebre del momento, era mi cuñado José María Vitier, el esposo de mi hermana. La presencia de celebridades traía otras y en aquellas tertulias musicales, que se formaban por generación espontánea, solían participar los mejores músicos de Cuba. Ningún concierto, recital o show, que organismos oficiales pudieran ofrecer a un visitante, podían competir en nivel musical con aquellas tertulias.

Ya había ido múltiples veces a Japón y disfrutado allí de la hospitalidad de Taminori Baba cuando este visitó La Habana por primera vez. Se imponía pues, el invitarlo a una de las mencionadas tertulias. Llegado el momento, formulo la invitación que es inmediatamente aceptada y hasta con entusiasmo. Al término de la jornada de trabajo, le dejaba en el Habana Libre donde se había hospedado. Éste era el antiguo Havana Hilton, que está a unas cuatro cuadras del edificio FOCSA. Ya casi me iba, cuando me pregunta- "How should I dress?". Le contesto con una traducción directa al inglés de la expresión cubana "puede venir de sport", cuando la respuesta debió haber sido - "You may wear casual".

Otra de las ventajas del FOCSA era que, al ser tan alto, se veía de todos lados, no podía haber pérdida, por lo que Baba San (Señor Baba en japonés) me dijo que no era necesario que lo fuera a buscar, que el sabría llegar a mi apartamento. Unas horas más tarde, ya se animaba la reunión cuando Baba San toca a la puerta, le abrimos y este aparece de blanco, con short, medias largas y tenis. No, no traía raqueta ni pelotas de tenis consigo… estaba simplemente vestido de "sport". Los asistentes a aquella tertulia, aunque acostumbrados al estrafalario vestir del mundo farandulero, coincidieron en un silencio que se hizo ostensible. Estarían todos como yo, tratando de imaginar lo que debió haber sido ese trayecto del hotel al FOCSA… un chino atravesando la Rampa por L y 23, a las nueve de la noche con ese estalaje.

Pasado el estupor, sorprendía Baba San a los asistentes con su aguda percepción de la influencia de Handel en la música de Jose María, la cultura no iba con el atuendo. Aquella tertulia, aunque especialmente divertida con la presencia de un Baba San en perfecto ajuar de tenis, no pudo durar mucho, el Partido del Ministerio de Comercio Exterior donde trabajaba Silvia, mi hermana, había abrazado las directivas que hacía años estaban vigentes para las Fuerzas Armadas. Éstas prohibían a sus miembros cualquier contacto con extranjeros, ahora los de Comercio Exterior caerían también en pecado mortal de acercarse a algún extranjero sin mediar algún tipo de permiso, que, en los tiempos que corrían, nadie se atrevía a otorgar. Ese día Silvia tuvo que evitar estar presente y cuando llegó, fingió un ataque de asma para justificar el no sumarse a la tertulia. Una situación como ésa, no era prolongable y esto obligó a abortar aquella inolvidable velada.

Fulontu Desku

Esta historia es de esas que son demasiado buenas para ser inventadas por humorista alguno. Sucedió en un viaje que hice a Japón en 1986 como parte de un esfuerzo de EICISOFT de exportar software a ese país y adquirir hardware producido allí. Estas operaciones las hacíamos a través de Medicuba, firma de importación de productos médicos. Terminando con la descripción del escenario, introduzcamos al personaje central de la historia, Tony, que sería el representante permanente de Medicuba en la Oficina Comercial de Cuba en Tokio. Tony acababa de llegar a Japón hacía apenas una semana; todavía no le llegaba su familia, ni sabía manejar en Tokio. Para un cubano, esto último no es nada trivial, baste imaginar lo que sería manejar por una de esas estrechas calles de la Habana vieja, como por ejemplo Obispo, con timón a la derecha, doble sentido y parqueo a ambos lados... en fin que aún había que llevarlo y traerlo.

La noche anterior al día del cuento, Tony había estado de guardia en la Oficina Comercial. Sí, porque en todas las misiones de Cuba en países capitalistas siempre alguien debía estar de guardia, por aquello de si el imperialismo se atrevía a atacarla. Como no creía que existiera antecedente que justificara esa medida, no podía evitar que esas guardias me recordaran aquellas "guardias imaginarias" con que se acostumbraba a castigar las indisciplinas menores en las escuelas militares: " ¡Elemento! de las cero 100 a las cero 300 horas usted va a cuidar que ese árbol no se me mueva de ahí!". Pero volviendo a la guardia de Tony, por la mañana como no había quien lo llevara a su casa y en Tokio todo el mundo vive lejos, le ofrecí mi habitación del hotel para que descansara de su "imaginaria". Con ese propósito, Tony partió hacia el hotel IBIS que estaba a unas cuadras de la Oficina. Lo que él no sabía, ni yo sabía que él no sabía, era que el día anterior, a mi solicitud, el hotel me había cambiado de habitación para una con televisión bilingüe. Tony llegó a la carpeta y pidió la llave por el número de mi habitación original siendo ésta ya la de otra persona.

Sin fijarse demasiado Tony entró en la habitación, realizó todas sus operaciones de aseo y se acostó a dormir. Algo no le dejaba conciliar el sueño sin que lograra darse cuenta de lo que era, cuando de pronto lo golpeó: "¡¿Donde está la pacotilla?!". Se levantó de un salto y comenzó a registrar closets y gavetas. Definitivamente, aquel cuarto estaba desprovisto de toda aquella mercancía barata, ropa, electrodomésticos ligeros, etc. que todos los cubanos, sin excepción, íbamos comprando con el dinero de la dieta para llevar a nuestras casas en Cuba y que solíamos llamar "Pacotilla" o la "Paco" para abreviar. Estaba claro: aquella habitación no era de ningún cubano, sin terminar de despertar completamente recogió todas sus cosas, trató de borrar toda huella de su presencia en el cuarto y huyó de allí despavorido, temiendo el encuentro con el verdadero huésped. Bajó a la recepción y esta vez, en lugar de un número de habitación, mostró una tarjeta de presentación mía y le dieron otra llave, en esta ocasión, la correcta.

Entró a mi habitación y una vez que comprobó la existencia de Pacotilla, exhaló un suspiro de alivio y se dispuso a entregarse a su merecido y reparador sueño. Durmió varias horas hasta que regresé de la oficina y lo desperté. Enseguida comienza a contarme de su aventura como protagonista de una nueva versión de "Ricitos de Oro", pero noté que su voz sonaba extraña, como con demasiadas efes, con un cercano parecido a aquel personaje bufo que gritaba: "por efo eftamof como eftamof". Cuando sonrió la cosa quedó clara, Tony no tenía un sólo diente en aquella boca, pero con la dentadura postiza no lo había notado hasta ese momento. Dándose cuenta de que lo miraba raro, sin terminarme el cuento, se excusó y partió hacia el baño a ponerse los dientes. De pronto, un grito de espanto: "¡¡lof dientesf, sfe me quedaron losf dientef!!". Todavía sin comprender, de manera atropellada me escupe aquel cuento, en lo que me halaba por el pasillo en pos de la habitación en la que había entrado por equivocación. Sin éxito traté de escapar de aquella situación ridícula preguntándole porque tenía que ir yo con él, pero se trataba de que no se sentía seguro con su inglés para esa trascendental gestión.

A jalones y empujones llegué ante la puerta del transgredido japonés a la que toqué tímidamente, segundos más tarde entreabrió la puerta el transgredido con una sonrisa abundante en dientes y se inclinó japonesamente o como decíamos los cubanos "dándonos lomo". Acto seguido comencé a explicar aquella increíble situación. La historia avanzaba en mis labios y el transgredido, no decía nada, sólo mantenía la misma sonrisa conque abrió la puerta. Una vez concluida la penosa parte de la trasgresión, viene el puntillazo: "but you see... he left his teeth in your room". Eso Tony lo entendió y apoyó mi explicación apuntando con su dedo hacia sus desnudas encías mientras le ofrecía una patética sonrisa. Al parecer eso fue lo único que el transgredido logró o quiso entender de toda mi diplomática y larga intervención y fue cuando dijo aquello de:

—Fulontu Desku.

Ahora era yo el que no entendía nada. "What?" y era yo el que ahora apuntaba hacia la boca de Tony, que apoyaba mi gestión volviendo a enseñar sus encías. El japonés repetía: "Fulontu Desku" y apuntaba hacia abajo. "You dropped the teeth!?". El japonés apelaba a toda su mímica mientras repetía: "Fulontu Desku". Hubo un momento en que hizo como quién atendía un teléfono y en medio de aquello que se enredaba cada vez más se me hizo la luz: "disku dulaivo" es *disk drive* dicho por un japonés, MacDonald es "MacDonaldo", la línea del metro Grey Ring es "Guley Lingo". ¡Coño! "Fulontu desku" era Front Desk. El trasgredido ya había enviado los dientes a la carpeta del hotel. Le dimos muchísimos lomos al trasgredido al tiempo que nos alejábamos hacia el Fulontu Desku.

Cuando llegamos ante el fulontudeskero, empecé por la misma explicación. Aquel japonés no mostraba indicios de saber de qué se trataba, pero cuando vi que amenazaba con repetirse la misma ridícula escena del cuarto del transgredido, me detuve y apunté hacia la boca de Tony, que gentilmente me apoyó con una patética sonrisa… El carpetero sin que se le escapara el más mínimo gesto, se retiró hacia una oficinita y regresó con una bolsa plástica conteniendo una dentadura postiza. Al verlo Tony puso una patética de oreja a oreja, el fulontudeskero nos dio un par de lomos y Tony le devolvió una decena de ellos en lo que nos retirábamos.

Es curiosa la forma sutil que tienen los nipones de gozar un buen ridículo. Estoy seguro que tanto el transgredido como el carpetero sabían de qué se trataba desde el mismo momento que nos presentamos ante ellos. Un occidental no hubiera podido resistir la tentación, de demostrarle a la víctima del ridículo que éste no había pasado inadvertido. De sólo verlo aparecer, un cubano, por ejemplo, le hubiera espantado algo como: "¿Así que loj dientej, no?". Un británico: "Mr. Teeth, I presume?". Un español: "¡Vive diosh, shi esh el tio de losh dientesh!". Pero el japonés, mucho más sutil, saca el máximo provecho de la situación con sólo callar y esperar. Esto obliga a la víctima a explicarle su ridículo, logrando que haga otro peor aún. A mí no me queda duda de la superioridad del "vacile" japonés.

Si alguna vez volviera a ver a Tony, es muy probable que no lo reconozca hasta que no se quite los dientes.

El Castor y los Salmones

1991

Aunque con nombre de fábula, y sin carecer de moraleja, lo que voy a narrar no es fantasía sino una historia real.

Hace ya algunos años, me encontraba en la casa de un americano que era, como muchos, aficionado a la colección de las revistas *National Geographic*. Mientras esperaba a que mi amigo terminara un trabajo que estaba haciendo, me dediqué a hojear alguna de esas revistas y tropecé con un artículo que me llamó mucho la atención. Lo que ahí leí, lo conté después en múltiples tertulias como una simple curiosidad, no fue sino años más tarde, ya cuando no podía recordar los datos de la revista, que comprendí la tremenda enseñanza que contenía.

Narraba el artículo que los empresarios que operaban hoteles de turismo en cierto lago de Canadá decidieron financiar una investigación con el fin de estudiar el control biológico sobre la población del salmón en el lago. Esto era de mucho interés para esas empresas, ya que el principal atractivo de los turistas que acudían a esas instalaciones era la pesca del salmón.

Se contrataron los servicios de un grupo de biólogos especialistas en estos menesteres y comenzaron las investigaciones. Después de algún tiempo de observación el mencionado grupo produjo un informe en el que se concluía que el castor era el que controlaba la población de salmones en ese lago ya que la alimentación de los salmones no era limitante y el castor era el único depredador de salmones en el mismo. Se presentaron cálculos de las toneladas de salmón que consumían los castores, y además que solían capturar, sobre todo, los ejemplares más envidiables para cualquier pescador.

La solución para ampliar el negocio hotelero, de acuerdo al modelo propuesto para la explicación del sistema ecológico en cuestión, estaba claro que pasaba por la eliminación de los castores. El objetivo era que los pescadores fueran el control biológico de la población salmonera. No se hizo esperar mucho la segunda parte del plan y los trabajos de eliminación de castores comenzaron a ritmo violento. El artículo narraba como tuvieron que llevar a cabo esto sin matar a los animales ya que es una especie protegida, pero no es el tema de nuestro interés aquí, baste señalar que no fue una tarea trivial.

Curiosamente comenzó a observarse una disminución en las capturas que, como todo lo incomprensible, encontró las más variadas explicaciones en el mejor espíritu de "todo va a salir bien". Pero llegó el momento en que ya la disminución de las capturas era inequívoca y ostensible. Volvieron entonces a solicitar ayuda profesional de la ciencia para encontrarle una explicación a este fenómeno. Esta vez el nuevo grupo de trabajo estudió a los castores en condiciones de laboratorio y aparte de profundizar en la dieta del castor observaron atónitos que éste ni siquiera intentaba la pesca de los salmones que le eran provistos para observar la acción. Estudiando más detenidamente los movimientos de ambos animales, la velocidad y profundidad del nado, llegaron a la conclusión que ¡el castor no podía pescar salmones! Sin embargo era de conocimiento general que "si comían salmones". El enigma se disipó cuando los salmones comenzaron a enfermar, disminuían su velocidad de nado y buscaban la superficie y, eventualmente, la orilla y entonces el castor entraba en acción. El castor eliminaba al salmón enfermó evitando que propagara la epidemia. Quedaba así explicado el fenómeno de la disminución de la población de salmones en el lago y se imponía el recuperar los castores sin los cuales el salmón corría peligro de extinción. Por suerte el daño, en este caso, no fue irreversible.

El método de elaborar un modelo para explicar aspectos de la naturaleza ha sido el recurso más empleado por las ciencias exactas para la explicación de los fenómenos de la física y la química. La biología ha sido más una ciencia de observación y recopilación de datos y el estudio de "mecanismos" y "leyes" es más reciente. La conciencia de la complejidad del problema ecológico es totalmente de la segunda mitad de este siglo. Casos como el que acabamos de describir demuestran que subvalorar esta complejidad y tomar acciones para alterar drásticamente el equilibrio ecológico sobre la base del estudio de un modelo obligatoriamente simplificado de un ecosistema, puede traer resultados inesperados que pudieran ser desastrosos y no reversibles.

Pero no son los ecosistemas los únicos problemas con infinita complejidad, están los flujos turbulentos, el movimiento de las galaxias, los pronósticos del tiempo, entre otros a los que se les intenta aplicar la teoría del *caos* y la geometría *fractal*. Existe, no obstante, otro problema que es **la sociedad,** cuya complejidad se ha subestimado en repetidas ocasiones a la manera del "castor y los salmones".

Carlos Marx, después de un estudio de la sociedad que plasmó en su obra "El Capital", elaboró su proyecto social al que llamó "Comunismo". El proyecto tenía el noble objetivo de eliminar la pobreza eliminando las diferencias de bienestar entre lo que él llamó clases sociales. Para lograr esto había que eliminar a los "burgueses", especie social supuestamente inútil que no incorporaba valor a la producción y que, sin embargo, gozaba de mayores ventajas económicas, privilegios y reconocimiento social, en fin de un bienestar mucho mayor que el de los obreros, que eran los que, a su juicio, incorporaban todo el valor. Al igual que en el lago cuando eliminaron a los castores, la eliminación de los burgueses no eliminó la pobreza, ésta se entronizó y produjo daños irreversibles a los países que sufrieron el experimento. Tanto los *castores* como los *burgueses* jugaban un papel no contemplado en los modelos simplificados hechos para sus respectivos sistemas.

La moraleja de esta "fábula" no es el agnosticismo de plantearse la incognoscibilidad de estos sistemas complejos, ni el fatalismo de "no hay nada que hacer". Cambios, no sólo es que se puedan hacer, sino que deben de hacerse. El no hacer los cambios que corresponden exacerba la pobreza y provoca las revoluciones. Las revoluciones puede que sean un efecto de la pobreza, pero no han resultado nunca una solución para la misma. Los cambios que nos propongamos hacer con el fin de modificar la ecología o la sociedad en beneficio de la humanidad, cuando se plantean en una manera radical, como los casos aquí descritos, conducen a resultados imprevisibles. Los cambios deberán ser acordes a la profundidad de nuestro conocimiento. Sólo hay que actuar sobre las tendencias y de a poco para que los errores no adquieran categoría de catástrofes.

Nota: Ya en EEUU me he encontrado con personas que recuerdan haber leído también el referido artículo pero me dicen que el mismo no trataba de Beavers (Castores) sino de Weasels (Nutrias). De la lectura original hace ya 20 años, es posible que haya leído weasels y traducido castores, no puedo asegurar la especie exacta y es probable que tengan razón. Pero el cambio en la especie del animalito no cambia la esencia de la moraleja.

Las ilusiones perdidas

Escrito en Cuba, 1991

Algunas consideraciones sobre el término "Ilusión"

Desilusionarse es bastante difícil. Una vez que una ilusión ha prendido no es fácil su desarraigo. Es como el hombre enamorado que no es correspondido, pero siempre alberga una esperanza, siempre cree que los repetidos indicios —que para el resto del universo son prueba evidente de desamor irremediable—, no representan eso que parecen y que todo puede cambiar para bien de sus aspiraciones. La ilusión hace que el corazón encuentre explicación para lo que la razón no puede.

No sólo el amor genera ilusiones, toda obra es el resultado de una ilusión. Sólo el arraigo de una ilusión logra la perseverancia que requiere el éxito. Claro que hay ilusiones que no culminan: Charles Babbage murió sin conseguir su inalcanzable computadora mecánica. Otros, en raptos de objetividad, logran abandonarla antes del final de la vida, pero tienen que enfrentar algo terrible: la desilusión.

Mientras más tiempo y esfuerzo se emplea en materializar una ilusión más difícil resulta la objetividad, funciona aquí por tanto el efecto "póker". Este es el mecanismo que opera sobre el jugador de póker que ha percibido que su mano tiene escasas posibilidades, pero no se resigna a perder lo ya apostado y sigue aumentando la apuesta.

Una desilusión implica más dolor que, por ejemplo, dejar de fumar, pero una vez superada la etapa uno se cuestiona cómo no lo hizo antes. De pronto, como en una revelación, todo se explica con argumentos sencillos y la desilusión se reafirma por minuto. La razón siente un alivio, pero queda el sabor amargo del fracaso, de la conciencia de haber errado, del tiempo perdido en ese autoengaño del que a nadie puede culparse. Recuerda uno entonces a aquellos de los que se separó por no compartir su ilusión, a los que quizá hasta hizo daño en su afán, a los que logró contagiar y que tendrán que pasar por la penosa cura.

La ilusión a que voy a referirme aquí es la ilusión de la Revolución Cubana. Esta fue para mí como un mal adquirido en la niñez por contagio: mi familia por parte de madre estuvo vinculada a la lucha contra el Batistato. Recibí aquel Primero de Enero como la victoria de "mi equipo", el de mi familia, el de mi mundo. Todos los que me rodeaban estaban llenos de ilusión. El contagio era general.

La lucha del grande contra el pequeño suele generar la solidaridad con el pequeño y, más por esto que por una comprensión verdadera de lo que sucedía en el terreno político y económico, me incorporé a lo que estaba a mi alcance incorporarme. Primero fue la alfabetización, después las actividades políticas en el instituto y el enrolamiento voluntario en el ejército.

Toda esta actividad pasó por la decisión de no abandonar el país cuando mi padre lo hizo en 1961. Mi determinación jugó un papel en la separación de mi, hasta entonces unida, familia.

Cuando en 1965 vi las primeras depuraciones en la Universidad ya había hecho una inversión lo suficientemente grande como para provocar el "efecto póker" y encontrarle una explicación a lo que en el fondo rechacé. Era culpa de las personas, no del sistema, quise creer. También consideré un fenómeno local en tiempo y espacio lo que sucedió en el ejército: cómo se utilizaba al partido que entonces se creaba en las fuerzas armadas para obligar a sus maltratados técnicos a que se quedaran como "cuadros permanentes" y como se me pretendió enviar a Camagüey con el fin de castigarme con la pérdida de mis estudios por aclarar que no deseaba ser "cuadro permanente".

Logré revitalizar la fe profundizando en la teoría marxista e intentando entender un poco más el proyecto del Comunismo Científico. No obstante, en mi afán de profundizar, hice preguntas que sirvieron para que el oportunismo de los "sargentillos políticos" de la época hicieran de las suyas. Aseveraciones como que "el idealismo es irrefutable con la discursiva" y "que el materialismo implica también un acto de fe" junto con preguntas como "¿no cae Marx en lo mismo que le critica a Hegel al decir que el Comunismo es el fin de las contradicciones antagónicas?" eran las de alguien que quería reafirmar su fe en el conocimiento profundo, pero eran tomadas como alguien que dudaba. La duda es enemiga del dogma, pero por contradictorio que parezca en el socialismo la "Teoría de la Praxis", la antítesis del dogmatismo, se convertía ella misma en un dogma a catequizar. El apego a la ilusión logró que la comprensión de la dialéctica se confundiera con la aceptación de su, también discutible, implicación, "el Comunismo".

La razón iba en su lógica aplastante hasta que tenía que cuestionar la "Revolución", hasta que ponía en peligro la ilusión, entonces era como si saltaran los circuitos de protección deteniendo el pensamiento.

La ilusión tuvo, a pesar de los circuitos de protección, sus momentos de crisis. El primero de ellos fue la "Ofensiva Revolucionaria" de 1968, nunca me pude explicar el cierre de los centros nocturnos, la ley seca, la eliminación las relaciones comerciales entre empresas, de los carnavales, la desaparición de las organizaciones estudiantiles no políticas, más depuraciones, la universidad sólo para los "revolucionarios", entendiéndose por esto "los que no expresen ideas contrarias a las oficiales", graduaciones en el campo para los físicos, los políticos en el Aula Magna y todo aquel oscurantismo que vino a tener alguna apertura en 1970, como válvula de escape al fracaso de la zafra.

Esa válvula, junto con que se produjo la deserción de los mencionados "sargentillos" devolvió presión a la ilusión. En aquel tiempo hubo corrientes renovadoras en la Escuela de

Física donde ya trabajaba. Se sustituyeron algunos de los textos soviéticos introducidos por los primeros graduados de la "Lomonosov" que nos llegaron por la "serie de los Berkeley" y el PSSC (Physical Science Study Commitee). Por otra parte las escuelas de verano con los franceses insuflaron nuevos aires a la física del estado sólido. Los valores del conocimiento de la física subieron y, como consecuencia, los míos también.

Fue por aquella época que llegó la segunda crisis: el viaje a Suecia. No fue el encuentro con la riqueza del primer mundo lo que generó la crisis, el intercambio desigual justificaba eso y hasta las faltas de libertades de prensa y asociación podía explicarlo en términos de riqueza. Decía a quien atacaba las prohibiciones en los países socialistas, que quien tiene poder sobre la gran prensa no le importa que alguien tire algunos miles de ejemplares de cualquier cosa diciendo lo que le plazca, decía también que el derecho de viajar implicaba dinero y hasta las libertades migratorias las justificaba con la fuga de cerebros. Sin embargo, la gente de allí era más "gente" que aquellos cubanos de la misión llenos de intrigas y temores paranoicos. Conocí hasta americanos con una mente más abierta que la mía, más desinhibidos y mejor informados de todo. Me sentía más cómodo y seguro entre mis amigos suecos que entre los cubanos.

Nada hubiera pasado del plano teórico de no ser por la visita de mi padre a Suecia. Esto desató la mayor de las intrigas. El que yo deseara ver a mi padre constituía una "debilidad ideológica, una manifestación del espíritu pequeño burgués". Así decía el secretario del partido de la misión que trataba de convencerme de la justeza de su decisión de no permitirme ver a mi padre. Los suecos, que conocieron del caso, no por mí, no podían comprender que yo rehusara ver a mi padre después de 11 años, no les parecía que estuviera actuando como una persona. Unos cuatro años más tarde mi padre se suicidó. Aún así, la secuela de un posible contacto —del que nunca tuvieron más que sospechas—, increíblemente me vetó para salir del país por unos 9 años y motivó que no se me permitiera defender mi doctorado en tres oportunidades y 18 años más tarde se usó como argumento para no dejarme ingresar al Partido.

Era común que a los antiguos combatientes de las FAR, el MININT los utilizara como informantes y yo no fui una excepción. Los primeros contactos me llenaron de orgullo, me sentía que me consideraban "de confianza" y sólo me pedían alguna información intrascendente sobre algún profesor extranjero, corría el año 71. Después de Suecia este vínculo se convirtió en algo insoportable que me obligaba a establecer amistades forzadas con los canadienses que estaban en el proyecto con la CUJAE. Se pretendía de mí, que lograra intimidad con ellos a partir de una amistad totalmente fingida, pero que en el fondo se les despreciara por ser, no ya anticomunistas, sino ideológicamente impuros. Estas relaciones a que me obligaban, eran desaprobadas por las instancias políticas de la Universidad que desconocían su vínculo con la contrainteligencia y al final tuve que irme del Ministerio de Educación Superior (MES). Esta época la recuerdo como la más infeliz de mi vida, las intrigas políticas en la universidad, la política del promocionismo, el abandono de los métodos modernos de enseñanza de la física (por no ser completamente compatibles con el materialismo dialéctico) y el "trabajito" llegaron a enfermarme de los nervios. Me enfermé, pero no dejaron que me tratara con un buen médico, me pusieron uno del MININT al que tenía que ver de manera encubierta. Pienso que al final me curé solo. El verdadero origen de aquel cuadro clínico, de aquella infelicidad, era sencillamente el inicio de una desilusión.

La salida de la Universidad y el cambio hacia un ambiente industrial donde la persecución política de que había sido objeto, así como "el trabajito" cesaron, volvió a darle fuerzas a la ilusión. "Era una tormenta en un vaso de agua; la Universidad no era la Revolución", pensé y las cosas que estaban mal allí se iban a arreglar. Mis valores resaltaban más en mi nuevo centro de trabajo que en el anterior. El Quijote volvió a la carga, me lancé a defender un trabajador contra unos politiqueros del sindicato y el partido del CNIC, les puse "de cabeza" una asamblea demostrándole que lo que querían hacer estaba en contra de lo que decía un periódico "Trabajadores" que tenía en la mano. Les gané, y al politiquero que me miraba amenazante le hice llegar que me acordaba perfectamente que era un "rajao" de los que no se fue al ejército en el llamado a las "Armas Estratégicas" y que mejor no se metiera conmigo. En fin me sentí que podía ayudar a arreglar las cosas y que éstas tenían arreglo.

Comienza una nueva etapa donde, a pesar de toda la historia, la ilusión se fortalece como nunca antes. Adopto la táctica de lograr que las cosas se aceptaran por la fuerza de los hechos y no por una discusión de principios. Las batallas, ganarlas en el trabajo y no en las asambleas y discusiones. Los logros en la creación y desarrollo de EICISOFT reforzaron la ilusión, pensé que podría modificar el socialismo con los éxitos logrados bajo métodos más espontáneos, más descentralizados y más orientados a la rentabilidad.

Cuando después de algunos éxitos en el terreno de la computación médica y la robótica, Fidel Castro nos visitó en noviembre de 1987, estuve convencido de que había logrado alcanzar la influencia que me permitiría generalizar los principios, que a mi juicio, habían sido la clave de nuestro éxito. Pensé que había vencido en contra de los paladines del centralismo, el INSAC, el MES y la Academia de Ciencias; interpreté que la dirección del Partido me había dado la razón y que iba a participar, con un papel relevante, en una rectificación que iba a dejar detrás todo aquello que nos frenaba y oprimía. No comprendí que realmente con la llegada a la cima había comenzado la última y definitiva desilusión.

La gran desilusión

EICISOFT me acercó a muchos dirigentes del equipo de gobierno. Con el primero que tuve un acercamiento fue con Marcos Lage, entonces Ministro de la Sideromecánica. Gran técnico, trabajador y, aunque padecía de favoritismos, pienso que era un buen empresario en el medio en que se desenvolvía. Pronto pude percatarme que Marcos Lage no era la regla, sino más bien la excepción (años después fue destituido misteriosamente por razones nada convincentes).

Una de las primeras desilusiones fue Guillermo García cuando era nada menos que Ministro de Transporte y Vicepresidente de la República. "Este debe ser un guajiro inteligente", me dije. Pero aunque a la sazón, sólo rebasó al consciente que lo que pasaba era que se había vuelto loco. Realmente, a la luz de hoy, veo que era más bien el producto de años de corrupción; de un poder que nunca correspondió a su desarrollo, sino más bien a una proclamada incondicionalidad a Fidel. Le gustaba escucharse decir frases, frases vacías, repetidas de algún asesor o totalmente absurdas y no le faltaba el "guataca" que las escribiera en su agenda como algo trascendente, con el comentario implícito de que "el genio ha hablado". Pero el mismo Fidel, al llamar siempre a sus detractores "grupúsculos", "microfracción", "pandillas de bandidos" o "algunos delincuentes"; nos inculcó a nosotros, sus seguidores, el truco para no desalentarnos ante estas evidencias: "son cosas muy locales"; "son meras etapas"; "son sólo algunos pocos".

EICISOFT también me acercó a altas instancias del partido, sobre todo al Departamento de Industrias y en menor escala al de Ciencias. Me sentí orgulloso cuando pude conocer a Pedro Miret y más aún cuando éste ya me empezó a conocer a mí, pero cuando ya de forma repetida veía que se pronunciaba sobre temas menores en foros importantes, hablaba prolongadamente sin idea central y priorizaba asuntos irrelevantes, el orgullo se torno en algo así como compasión por quien ha perdido facultades, pero en el fondo también albergaba preocupación por su influencia y poder. Tampoco Mainegra ni su aparato me infundían confianza en sus proyecciones, siempre estaban vinculados a las opiniones más retrógradas, estaban siempre muy vinculados a los personajes más oscuros de cada organismo, representantes de todo lo que a mi juicio había que rectificar. Me aliviaba el hecho de que muchos personajes de la dirección del Ministerio y hasta del MININT y las FAR tenían opiniones similares, de los mencionados y sus aparatos. El comentario era que "siempre estaban despistados". Pero ¿cómo iban a estar despistados si eran el mismísimo Partido, su Comité Central?, o ¿es que "despistado" era precisamente el Partido?

Yo mismo impulsé la creación del núcleo del Partido en EICISOFT con la idea de buscar un apoyo adicional a nuestra gestión por esa vía. EICISOFT se batía contra la administración corrupta de la UEPEM (Unión de Empresas Productoras de Equipos Médicos) y requería utilizar todas las armas a su alcance y pensé utilizar también la vía del partido en ese empeño, a pesar de que uno de los personajes más corruptos era el propio secretario organizador del núcleo de la UEPEM. Sin embargo, en cuanto cambiaron los tiempos y desapareció esa lucha, el núcleo se convirtió en un centro de conspiración en contra de mi dirección que había ganado relevancia después de la visita del Comandante. Desde antes de la formación del núcleo traté de ingresar en el partido, no sólo para lograr al menos estar de oyente y evitar así la conspiración a mis espaldas, sino porque sinceramente creía que con esto aumentaba la influencia de mis ideas. No fue posible, caminaron todo tipo de calumnias y pseudo argumentos hasta la instancia de la provincia y no lo logré.

El Partido es una organización monstruosa donde, aún contando con alguna gente buena, reina la demagogia y el oportunismo. Dentro del Partido los mecanismos son tales que se promueve lo peor, lo más mediocre, lo más oportunista o lo más demagogo. Se dice que "controla", pero esto realmente significa que autoriza, veta, quita y pone, pero nunca es responsable de los fracasos. Los aciertos son de "los factores", las deficiencias sólo de la administración. Contrario a las consignas, el "fortalecimiento de la administración" ha llevado a un debilitamiento de la autoridad de la misma. Conozco directores que, como yo, llevan a cabo su tarea "toreando" los obstáculos que genera esta situación, pero sin ver, o tratando de no ver, que no se puede vencer en esa lucha sin derrotar "al Partido".

Sin embargo, el movimiento hacia la verdad es caótico. Conocer a Carlos Lage fortaleció mi fe como nunca antes. Era alguien sumamente inteligente, con una modestia ejemplar, una capacidad de trabajo pasmosa, con una asombrosa —rayana en lo circense—, capacidad para sintetizar. Era capaz de resumir en unas frases una conversación de par de horas sin que hubiese omitido nada importante y con absoluta fidelidad a la esencia.

Tenía también algunas características de ésas que se pueden encontrar entre los religiosos más devotos, en el sentido de encontrar cierta realización en el autoflagelamiento. Compartió con nosotros el trabajo de la construcción del centro, se mezclaba entre los constructores del contingente como uno más. Pero el problema es que no era uno más, y los menos escrupulosos se le acercaban a pedirle que les resolviera toda suerte de problemas personales. Estos problemas eran canalizados satisfactoriamente en su mayoría, lo que le procuraba una leyenda "buena gente".

Carlos Lage parecía compartir todas mis preocupaciones y criticaba con ácida ironía a ministros, viceministros y cuadros administrativos y políticos de todas las instancias. Sin embargo, era absolutamente irracional con todo lo que se relacionaba con Fidel. Era capaz de desplegar la más profunda capacidad de análisis en relación a cualquier problema de implementación de una tarea, pero defendía a ultranza, sin permitirse la menor duda, y, por tanto, sin análisis, un planteamiento de Fidel. Era como un monje que adoraba a su dios. Cualquier cosa podía ser discutida mientras no entrara en contradicción con dios, lo que descartaba todo tema fundamental o sea de carácter no operativo.

Las actividades alrededor del llamamiento al Cuarto Congreso constituyeron una luz de esperanza a los que aún teníamos fe y en EICISOFT había algunos. En la asamblea, de forma ingenua, algunos compañeros se proyectaron como pensaban, algunos meses más tarde los planteamientos hechos llegaron a Carlos Lage, que apareció en EICISOFT con toda una delegación del Comité Central como una nueva edición de "Torquemada" y logró que los compañeros se "retractaran" de sus opiniones. Realmente todos valoramos que esa atención de la más alta dirección del país nos distinguía y hasta nos honraba, pero al mismo tiempo con ella se nos escapaban las ilusas esperanzas de democracia y de una verdadera rectificación que se generaron con el "llamamiento".

A partir de ese momento me pregunté cuántas cosas no habría aceptado como un acto de fe y empecé a reconsiderar todo aquello que había calificado como válido y a escuchar opiniones que antes censuraba sin escuchar. Con sorpresa pude comprobar como muchos compañeros que siempre habían compartido mi fe, ya también en mayor o menor medida la habían perdido. Me preguntaba si esto había sido así siempre y no me había dado cuenta o que todos estábamos atravesando los mismos conflictos de conciencia.

Una vez perdida la ilusión viene el cuestionamiento

En un proceso de desilusión se entran a cuestionar opiniones y criterios. Se descubre que muchos "teoremas" eran realmente axiomas que representaban más a la fe que a la razón.

La fe en el hombre

Uno de los principios en que más se apoyaba mi fe es el de creer que efectivamente el hombre podía modificar su naturaleza hasta hacerla afín al comunismo. Es decir alguien que trabaje sólo por el gusto de trabajar, que no aspire más que satisfacer sus necesidades y que trabaje con voluntad aún teniéndolas satisfechas, que ponga los intereses sociales por sobre los individuales.

Curiosamente lo más cercano que conocí a este tipo de hombre no era de origen socialista, sino que fue el japonés. En efecto es un rasgo común entre los japoneses el culto al honor y la honestidad, hombres que se consagran a una obra y se apasionan por su trabajo, nadie tiene que vigilar que se trabaje con intensidad y calidad. En Japón se utilizan muchos métodos del socialismo, como las emulaciones, los estímulos morales a la inventiva en el puesto de trabajo, movimientos por la calidad total y hasta asambleas de producción. Lo contradictorio es que allí es donde único he visto funcionar a estos métodos y en el socialismo nadie los ha podido hacer funcionar.

Creo que hay dos elementos: la posibilidad de progreso material y el sentimiento de inseguridad en la retención del bienestar logrado, que cuando se suprimen, el estímulo para el trabajo y la creatividad, a la corta o la larga, se suprimen también junto con los primeros. En el socialismo nadie puede progresar indefinidamente con su buen trabajo y el trabajo mediocre nunca es motivo para perder lo alcanzado. El desarrollo de algunas sociedades hace que estos móviles, que son muy evidentes y directos en las más atrasadas, se intelectualicen y se oculten detrás de patrones de comportamiento complejos. Pero pienso hoy que aún en la sociedad japonesa, si desaparecieran la posibilidad de progreso y ese lejano riesgo de democión o cesantía, desaparecería toda esa eficiencia, creatividad y calidad que hoy la caracteriza.

Me pregunto ¿por qué el hombre va a tener intrínsecamente esas características que en nada hubieran contribuido a su supervivencia como especie? ¿Por qué se insiste en plantear que el hombre es "bueno" por naturaleza y que es la sociedad capitalista en la que se desarrolla la que lo deforma y lo hace "malo" cuando no se ha logrado hacerlo ni un poquito mejor después de generaciones en el socialismo?

El hombre en el socialismo es como el animal de zoológico. Tiene sus problemas de supervivencia resueltos pero no es feliz y si le abren la reja escapa, por otra parte esa seguridad le ha hecho perder facultades y es posible que ya no pueda vivir en libertad, no obstante escapa si se lo permiten, aunque lo haga hacia la muerte. La felicidad no la determina el bienestar sino su velocidad de cambio, el acto de prosperar.

Pienso que el socialismo requiere de características en el hombre que son contrarias a su naturaleza. No es que el hombre sea malo por naturaleza, el león tampoco lo es, simplemente son como son.

Territorio libre

Nada era más trabajoso para el mantenimiento de la fe que convencerme que vivía, a pesar de todo lo que diariamente me demostraba lo contrario, como un hombre libre.

Se es libre para "estar de acuerdo"; informarse de lo que se quiere que se esté informado; cumplir con lo obligatorio. Se es libre, en ocasiones, de abandonar el país, pero renunciando a todos sus bienes y a no regresar jamás. Se es libre de ejercer el voto secreto y directo por el "delegado de la circunscripción", que es el cargo público con el poder político más cercano a cero del mundo. No obstante, ni siquiera ese riesgo puede correrse y se garantiza en asamblea pública que el candidato sea lo más anodino posible, como sólo se puede divulgar una biografía de unas 500 palabras (que no puede incluir opiniones ni programa) el voto se produce con desconocimiento de las proyecciones y los criterios del candidato.

La sensación más evidente de opresión se siente cuando se viaja, primero ese alivio interior que se siente cuando uno pasa ese último chequeo de aduana donde cualquier detalle estúpido puede impedir el viaje, y le preguntan a uno que si lleva divisas y que si está autorizado a sacar discos de computadora, eso después de que inmigración chequeó y contrachequeó ese pasaporte recién actualizado y que perderá su validez en cuanto vuelva a entrar al país; a continuación la tranquilidad que se siente y que la fe le impide reconocer de forma explícita, cuando se llega a un aeropuerto de país no socialista y los trámites son mínimos y expeditos, donde uno no se siente un delincuente perseguido a pesar de portar un pasaporte "enemigo". Por último, cuando se regresa, después de haber sido persona por un tiempito y se choca de nuevo después de una larga espera de maletas y de una larga cola, con una aduana que le revisa hasta los calzoncillos sucios, le confisca periódicos, revistas, cintas no vírgenes de cualquier cosa y que lo hace sentir a uno como un contrabandista encubierto.

La libertad de asociación es un chiste y la de expresión está acotada en marcos muy estrechos. Uno tiene la libertad de tener una opinión contraria, pero sólo si se la guarda para sí y no trasciende fuera de sus círculos de mayor confianza, porque aunque se proclama que hay libertad de expresión, una, no ya contrarrevolucionaria, sino a partir de la cual pueda inferirse algún descontento, inconformidad o malestar, es suficiente para que se pierda el derecho a estudiar en la Universidad y hasta en el Pre o Tecnológico medio. Se exige la ideología para trabajar en un centro docente, de investigación o cualquier otro que se estime como "especial". El hecho es que sólo se puede ejercer la libertad de expresión cuando se trabaja de peón en la construcción, la agricultura o cualquier otro escalón igualmente bajo en la escala laboral. En ocasiones, hasta la no expresión compromete, uno se ve obligado a expresarse a favor de alguna declaración oficial en uno de esos "mítines" orientados, o en los llamados "círculos de estudio", donde le meten el dedo hasta lo más profundo para ver si uno se proyecta, o para no señalarse tiene que dejarse arrastrar en un acto de condena o repudio.

No existe, y así se declara de manera explícita, la libertad de prensa, y el control sobre la información que se divulga por los medios masivos es absoluto, uno aceptaba esto por aquello del país poderoso que maneja los medios de difusión etc., pero uno se preguntaba en el fondo que si hay tanto control: ¿cómo es que se le arman esos escándalos a los gobiernos? Además, lo tonto de ese mecanismo simplista es que un periódico sólo publica la opinión del dueño.

Por otra parte en Cuba la autorización para trasmitir por radio está muy controlada, pero el colmo es que la recepción esté regulada también. Se prohíbe tener una parábola para recibir TV e información de satélite, cosa que hoy muchos tienen en el mundo. Pero no sólo a un particular, sino que es altamente difícil que se autorice a una empresa estatal aún cuando pueda justificarlo funcionalmente. Hasta las películas de video que se graban por las corporaciones deben ser aprobadas por el partido a nivel central. ¿A qué se le tiene tanto miedo si se está convencido de que se tiene la razón y de que se cuenta con el apoyo del pueblo? Si "nuestra ideología" es la más fuerte, ¿por qué evade la confrontación?

La libertad de culto es algo que después de haber estado largamente bajo una velada represión, se ha puesto de moda después de que las organizaciones cristianas han hecho manifestaciones de apoyo. Aquí se fue especialmente radical en eso, se entendió hasta hace muy poco que un creyente no debía ser maestro; que haberse casado por la iglesia o haber bautizado un hijo era una mancha en el expediente de un "revolucionario" y que Cuba fue el único país socialista donde se suprimieron las fiestas navideñas, Reyes y Semana Santa, aún cuando éstas fueran más tradicionales que religiosas, por lo que la aceptación ahora de religiosos hasta en las filas del partido apesta a oportunismo.

El fomento del turismo en presencia de una moneda nacional no convertible y casi totalmente devaluada hace que el acceso de los nacionales a los centros turísticos no pueda tener un control económico, como en todos lados y tenga que ser por prohibición directa. Los mejores hoteles, supermercados y centros de recreo son lugares a donde un cubano no tiene acceso a no ser que un extranjero lo lleve. Un cubano residente es un ciudadano de quinta categoría en su propio país, no le está permitido tener un pasaporte ordinario habilitado sin perder los pocos derechos que le quedan, ni puede tener dinero convertible o un arma para su defensa, tampoco puede sin un permiso especial, para lo que hay que ser "muy de confianza", salir a pescar en un bote, dedicarse a la caza en tierra o submarina.

Al cubano que le toca por su trabajo atender a algún extranjero choca con esa realidad de forma dolorosa. El atendido es el que tiene que procurar el acceso del "anfitrión" cuando éste debe acompañarlo a alguno de los lugares con acceso prohibido a cubanos. No puede tener una atención personal, es decir no puede corresponder, de manera no oficial, a ninguna atención. Es que no hay tal igualdad, un extranjero en Cuba es más que un cubano aunque el primero sea un mensajero y el cubano un ejecutivo.

Pasa un mal rato también ante las preguntas de ¿para qué están esos policías en las embajadas? ¿Cuánto ganas?, ¡Eh!, ¿pero eso viene siendo unos 10 US$ al cambio extraoficial? ¿Cómo explicar la libreta de treinta y tantos años? ¡y menos mal que no llega a saber de las brigadas de acción rápida y de que existen sólo para encubrir la acción de agentes del MININT expertos en artes marciales vestidos de civil!

A principios de la Revolución se "abrieron las playas para el pueblo", esto quiso decir para los entonces desposeídos. Hoy se vuelven a cerrar, esta vez para todos los cubanos. Si justificamos hoy esa restricción a la libertad como necesaria para el desarrollo, entonces aquellas primeras leyes que cambiaron de un plumazo toda la superestructura vigente, sin producir los cambios indispensables en la base económica, eran pura demagogia.

En Cuba se cerraron los prostíbulos, se proscribió la pornografía, al punto que puede ser penada la mera tenencia y cuando "La Ofensiva" el puritanismo fue total: la ley seca, cerrados los clubs, cabarets, hasta las posadas. En el socialismo el hombre no tendría la libertad de tener esos "vicios". Sin embargo, hoy hay tolerancia para que las "jineteras" y "putos" atiendan a los turistas. El socialismo ya no prohíbe prostituirse, sólo les prohíbe a los cubanos acceder a la prostitución, eso es sólo para ciudadanos de cuarta en adelante.

La libertad ha llegado incluso a ser un término evadido en la jerga oficial, solo se oye hablar de libertad a la oposición, pero cuando el discurso requiere de su empleo, a ésta al igual que al término democracia se les antepone el adjetivo de "verdadera" y uno se pregunta "¿de qué soy libre?", o sea "¿qué tengo derecho a hacer sin que medie la autorización o tolerancia de alguien?", ¿qué puedo hacer por el simple hecho de ser un ciudadano, no por ser "muy de confianza"?

¿Dictadura del Proletariado?

Algo que ocurría desde que en Cuba oímos hablar de comunismo por primera vez, pero que sólo después del derrumbe del campo socialista se hizo evidente, era que en cada país socialista, invariablemente, había un dictador vitalicio. La persona que en el socialismo afincara el poder tenía todas las facilidades para no soltarlo jamás y en Corea del Norte se va a ir algo más allá de la dictadura vitalicia, pues el "Gran Padre y Guía", ya convertido en "abuelo", ha decidido pasar el poder a su hijo "El Querido Dirigente" . A medida que iba cayendo el socialismo en los distintos países nos enterábamos de las vulgares corruptelas y de las prácticas dictatoriales del depuesto.

El régimen socialista es centralista por esencia y tiende a concentrar el poder sobre una figura, el poder de ésta llega a ser tal que su voluntad es votada por unanimidad en todos los foros. Todos se le acercan con buenas noticias y no recibe la menor realimentación del resultado de sus directivas.

La tal "dictadura del proletariado" no era más que una dictadura vulgar pero con el agravante de que el dictador controlaba todos los medios de producción, transporte y comunicación. En estas dictaduras se daba por primera vez el caso que no se aplicaba el destierro, tan usado por otros estilos de dictadura, al revés, aparecía el concepto de "salida ilegal del país" y las personas quedaban presas dentro del mismo. Parecían eternas, pero resulta que las dictaduras son improductivas y las molió un elemento, ese que según Marx es determinante en última instancia, la economía.

Ahora, se pregunta uno: ¿y nuestro carismático líder no estará sucio también? Si algún día saliera todo a la luz, como en Bulgaria, Alemania, Rumanía, etc., ¿no aparecerían pruebas de cosas sorprendentes como de que, sí estaba al tanto de lo de las drogas?, que lo de Ochoa era otra cosa, de que el Ché se fue porque discrepaba con Fidel, o que se permitía lujos e inmoralidades que después en público criticaba o cosas aún peores. Con semejante control sobre los medios de difusión todas estas cosas pudieran ser ciertas y no trascender hasta después de la caída como ha sucedido con los otros dictadores depuestos.

Todas las dictaduras son malas, el jefe de estado, por genial y carismático que resulte, tiene que serlo sólo por un período corto y después cambiar. Camilo José Cela, premio Nobel de literatura, a una pregunta de un periodista sobre su opinión de Fidel Castro dijo, "a los gobernantes les debía estar prohibido el carisma para poder evaluar su ejecutoria con objetividad". A una persona tan preclara le era difícil evaluar a un hombre tan carismático de forma objetiva. Una constitución tiene que impedir con el establecimiento de períodos límites para los mandatos que una personalidad con carisma pueda convertirse en un caudillo, que a la larga siempre degenera en vulgar dictador. Si algo bueno tiene la constitución del "Imperio" es que sus presidentes los son sólo por cuatro años y reelegibles una sola vez.

¿Democracia Socialista?

La "democracia de la unanimidad", es curioso que en este tipo de "democracia" todos los acuerdos se logren por unanimidad. Todas las modificaciones a la constitución o nuevas leyes que se presentan a la Asamblea Nacional son aprobadas por unanimidad de todos los diputados.

La unanimidad es tan increíble como lo fueron aquellos "100%" de promoción de los estudiantes en el sistema nacional de enseñanza. La unanimidad en una votación, significa terror o ausencia de opciones. Es sinónimo, en cualquier caso, de dictadura no de democracia.

Nunca engañaremos al pueblo...

Así lo ha dicho Fidel Castro en reiteradas veces cada vez que se ve obligado a dar una información que requiere de su explicación. Él es el único que tiene libertad para dar información por los medios. Ya son muchas las veces que se entera uno de lo que desde hace días ocupa las primeras planas de los periódicos del mundo, cuando Fidel habla. Entonces da una información mínima de la misma antes de pronunciarse o da alguna respuesta pública preparada y el peso del discurso cae en su respuesta.

Pero se va más allá de la mera omisión, la información suele ser tendenciosa y llamar a engaño. La revista Juventud Técnica tenía la directiva (cuando existía y existían los países socialistas) de publicar el 80% de Cuba y de los países socialistas y el resto podía ser del resto del mundo. El propósitco de esa idea era evidente: desinformar a la juventud sobre el estado de desarrollo tecnológico comparativo entre los dos sistemas. Esto es sólo un ejemplo del que tuve información directa, puedo imaginar que no son distintos los procederes en el resto de los medios masivos.

Tuve la oportunidad de estar en México durante el encuentro de Guadalajara y pude ver como el consenso de las opiniones sobre Cuba y Fidel eran de que si bien EEUU debía abandonar su política agresiva contra Cuba y que ésta debía formar parte de Iberoamérica, a pesar de las evidentes diferencias con el resto de los países, debía por su parte abandonar ese empecinamiento en un sistema económico fracasado y que se imponía una apertura democrática. Fidel fue calificado por Mario Soares de "dinosaurio político perteneciente a una especie extinta de dirigentes". Sin embargo, en Cuba se reflejó que Fidel había sido el centro de la reunión y que no se cosecharon más que victorias para sus posiciones políticas. Esto no es omisión, no es tendenciosidad, es simplemente engaño.

Realmente el prestigio de que Fidel goza en el mundo se lo debe al desprestigio de los americanos. EEUU no ha podido jugar peor esta partida. El bloqueo económico sólo ha servido para encubrir la ineficiencia del sistema, no sé qué sentido puede tener el bloquear económicamente a quien no tiene capacidad de compra. Fidel ha gozado de la simpatía que se siente de forma natural hacia el chiquito valiente que enfrenta al grande. Ha ganado popularidad denunciando las fechorías de los americanos en Latino América; se ha destacado señalando las inconsistencias de las posiciones de EEUU en foros internacionales y hasta dentro de su propio territorio. Es en buena medida la pésima actuación de las administraciones de EEUU lo que más oscurece el carácter tiránico de su régimen y esto explica también en buena medida el apoyo que aún encuentra en el mundo entre personas amantes del progreso y la libertad. Quedan así preparadas las condiciones para que cuando estas personas visiten Cuba estén preparados para creer todo los que se les diga y que ni siquiera sospechen lo que se les oculta.

Internacionalismo o intervención

Ante la petición de ayuda del gobierno de Angola, Cuba envió sus tropas para evitar que Sudafrica ocupara Luanda y promoviera la elección de Savimbi o de Holden Roberto, que eran los guerrilleros no socialistas. Veinte mil muertos más tarde, los cubanos se van de Angola y Savimbi es aclamado a su regreso a Luanda donde se postulará como candidato a la presidencia y es muy posible que triunfe en su empeño. ¿Representaba aquel gobierno de Angola la voluntad popular?, ¿Qué papel jugamos en aquel país? Si no fue beneficioso para Angola y Cuba tampoco dice haberse beneficiado, entonces, ¿para qué?

Tampoco entiendo lo de Etiopía. Ahora resulta que Mengistu, el que nos pidió ayuda militar, era impopular y huye del país al ser derrocado y como vulgar dictadorzuelo se refugia en Zimbabwe a disfrutar de lo robado.

¿Para qué fueron estas guerras?, ¿Qué las diferencia de aquellas que llamamos intervenciones y que condenamos?, ¿Fueron acaso el precio que pagamos por la subvención soviética a nuestra ineficiente economía o fue quizá un buen escenario bélico para que nuestro estratega, nuestro "invencible comandante", ejercitara sus dotes?

¡Qué confianza tan grande tenía yo en la revolución que sin saber nada de lo que acontecía en esos países estuve dispuesto y di mi conformidad de ir a pelear allá!, sin dudar por un momento en que era lo justo. No fui pero me erizo de pensar lo que pudo haber sido, me pregunto entonces, ¿y los que fueron, los que vieron morir, los que tuvieron que matar, que sentirán hoy?

Me hago muchas más preguntas

- ¿Qué hago yo al frente de una institución lo que, dadas las reglas del juego en Cuba, implica que comparto la ideología oficial?

- ¿Qué hago yo participando en reuniones del Partido Provincial donde se dilucidan los métodos más efectivos para reprimir cualquier manifestación de inconformidad, evitar las deserciones, etc.?

- ¿Qué hacer cuando tengo que participar en las recepciones del Consejo de Estado?

- ¿Qué hacer cuando la Prensa o los medios me entrevistan?

- ¿Qué aconsejo a mis hijos, o no aconsejo?

- ¿Cómo puedo escapar de esto sin provocar represalias, dada mi connotación, contra EICISOFT, mi familia y mi persona?

- ¿Cómo hacer para no herir a mis amigos de revolución y familiares que no dejo de querer y respetar aún cuando no compartan mi desilusión, y aún cuando no me reciproquen con la misma tolerancia ideológica?

- ¿Cómo, quien ha sido optimista toda su vida, puede vivir sin objetivos, sin aspiraciones, sin fé en un futuro mejor?

- ¿Cómo vivir cuando se tienen las ilusiones perdidas?

Encuentros

1999

Hoy, 25 de Septiembre de 1999, presencié un encuentro que tardaré en olvidar, después de 37 años mi Madre y mi Padre volvieron a coincidir en el mismo recinto. Mi Madre se presentó ante él y después de algunas frases contextuales y otras anecdóticas, hizo un breve pero elocuente silencio mientras lo miraba...finalmente se le acercó y lo acarició con la cara, este fue el resumen de casi 40 años de historia. Cuánto dolor había en aquella caricia al frío mármol de su tumba, cuánto no habrá soñado mi Padre con esa caricia.

Mi Padre abandonó Cuba por motivos políticos en 1962 dejando por detrás a mi madre, a mi hermana y a mí. Pensando quizá, como muchos, que aquella Revolución no podía durar o que eventualmente se reencontraría con su familia. Pero ya sabemos que nada de eso ocurrió. Ella no tuvo más nunca otro hombre, se concentró en su trabajo y en la Revolución. Él jamás rehízo su vida, no pudo soportar el régimen de Cuba pero tampoco logró encajar en la dinámica de los Estados Unidos; vivió añorando su antigua vida, sus hijos y su esposa hasta que en medio de una terrible depresión se suicidó en 1978.

Mi Madre, gente optimista, emprendedora y activa, líder natural, no le faltaron éxitos antes de la Revolución y hasta logró éxitos después de la misma sin ser jamás miembro del Partido Comunista ni tener oficialmente un cargo de dirigente en lugar alguno. Mi Padre era hombre de una gran bondad pero gente de acordes menores. Su felicidad fue el optimismo y las ganas de vivir de mi Madre. No obtuvo éxitos materiales en el país de las oportunidades, pero sin embargo cosechó algo aún más difícil: amor. A los 20 años de su muerte, una prima tercera le dio una misa a la que asistieron decenas de personas. El sacerdote en su sermón dijo "Muchas misas he dado a muchos difuntos recientes pero nunca a alguien ya desaparecido hace tanto tiempo, ¿cuánto amor tiene que haber sembrado este hombre que nunca conocí para que hoy, 20 años después, todavía coseche este cariño?".

En 1972, habiendo heredado el carácter de mi Madre, logro una beca en Suecia, mi Padre se entera, reúne sus pocos quilitos y me va a visitar a Upsala. Sin calcular el nivel de represión a que estaban sometidos los cubanos en el exterior, cae en indiscreciones y el Partido de la embajada Cubana se entera antes que yo de que está ahí para verme. Rápidamente se me instruye que se me prohíbe reunirme con él y que mi deseo natural de verlo después de once años de separación constituía una debilidad ideológica, que lo que demostraba era que no estaba preparado para salir del país. Tuve que llamarlo por teléfono bajo vigilancia y decirle que no lo veía. Lo oí llorar al teléfono y lloré yo también. El motivo que aludí para rechazar el encuentro fue algo que en parte era cierto, le dije que lo normal era que las personas sufrieran la muerte de su Padre una sólo vez, que ya yo la había sufrido cuando él se fue y que no quería volverla a sufrir. Eso último era la parte que no era verdad, con tal de volverlo a ver una vez más, si! si!, estaba dispuesto a sufrir la separación otra vez, pero eso no lo podía decir.

El remordimiento y las ganas de verlo pudieron más que el miedo y aquella madrugada del día antes de su partida logré escapar y me reuní con él en cuarto de su hotel. Pero ese furtivo encuentro no fue suficiente para compensar las tristezas de los días anteriores. Además vio a un joven confundido y atemorizado que no supo estar a la altura de su cariño. Por su parte él nunca supo del castigo que recibí por aquel triste encuentro, no sé si el saberlo lo hubiera confortado de conocer del riesgo que tomé en aquella oportunidad o si esto lo hubiera hecho sentir culpable y peor aún. Se me negó el permiso para defender mi doctorado en Suecia, más tarde se me negó hasta defenderlo en Cuba y finalmente perdí mi cátedra en la

Universidad de la Habana. No me permitieron salir más de Cuba hasta 4 años después de conocerse de su muerte.

Mi madre aún no se permite el no creer en la Revolución por la que una vez sacrificó su familia y fue su influencia intelectual uno de los factores que retardaron 30 años mi rompimiento con el Castrato. No fue hasta que por la casualidad y algunos éxitos en el trabajo me vi entre las altas esferas y conocí personalmente al dios del proceso, que logré concientizar lo mucho que detestaba aquello. Me enredé en acciones disidentes y comprometedores escritos, pero pude escapar del país en 1992.

Siete años después de la fuga, mi madre logró una visa para visitarme en los Estados Unidos. Ella fue recibida sin rencores por este exilio que aunque dolido e intransigente, son también las personas que quisieron a mi Padre, no caben rencores con la que él reconocía había sido la mujer de su vida. Tampoco quedaba rencor en mi madre y encuentro tras encuentro sólo afloraron aquellos buenos tiempos vividos y todos le trasmitieron su tristeza por el lamentable destino de mi padre, todo amor, que faltándole aquella mujer, la alegría de vida que se le quedó en Cuba, no logró sobrevivir hasta este encuentro de hoy que resume toda esta historia de amor que deja a Romeo y Julieta al nivel de comedia.

Tributo

16 junio de 2002

Hoy es el día de los padres en los Estados Unidos, como lo era en Cuba, y con ese motivo visité la tumba del mío. Así lo vengo haciendo desde que encontré a mi familia por parte de padre y por ellos supe dónde estaban sus restos. Cada vez que me paro ante su tumba, invoco mi lejana memoria y traigo al consciente viejos recuerdos que siempre me unieron a él. Es una forma de oración.

Mi padre está en un nicho dentro de un Mausoleo de varios pisos y nunca resulta fácil encontrar el de Rufino A. Rodriguez, ya que siempre se nos queda en la casa el papel con el numerito. Le comenté a mi esposa que, demoras más o menos, siempre lo encontramos, a lo que ella contestó, "lo encuentras tú, que tienes ese sentido de orientación, yo aquí, si me sueltas, no sé ni salir". En ese momento me dio por retomar eso que otras veces he pensado, de que ése, entre otros talentos básicos, son los que me han permitido mis éxitos profesionales, pero que no son fruto de ningún esfuerzo propio del que pueda sentirme orgulloso sino que, más bien, son un legado genético de mis padres.

Mi madre se graduó en la universidad y, aún sin ejercer la carrera que estudió, triunfó en un medio tan competitivo como la televisión en Cuba que fue, en su tiempo, una de las mejores del mundo. Mi padre no tuvo títulos, fue un simple empleado de oficina de una compañía americana en Cuba y su trabajo de ocho a cinco quedaba totalmente oscurecido por el glamour de los éxitos de mi madre. Es por el simplismo de esas apariencias que hasta hoy atribuía mis talentos absoluta pero injustamente a mi madre.

Hoy, además de los habituales recuerdos infantiles, hice una revalorización de mi padre, recordaba que fue hijo de un oficial de baja graduación, veterano de la guerra de independencia y de origen campesino. Nació en Los Arabos pero vivía en Guanajay, un pueblo de campo no muy lejos de La Habana cuando conoce a mi madre. Mi madre era de una familia pudiente, de la élite que vivía frente al parque, hija de un dueño de farmacia y que había sido hasta alcalde del pueblo. Mi padre, aunque lucía bien, no era ese super-buen-tipo, ni gran bailador; tampoco pertenecía a su esfera social ¿qué le vio mi madre para que fuera su único novio? No puede haber sido tan gris.

Empezó como obrero de camisa azul en la fábrica de cemento del Mariel (cerca de Guanajay), pero a la vuelta de no muchos años terminó trabajando de cuello y corbata en la presidencia de la compañía en La Habana. ¿Cuántos de los miles de obreros que trabajaron en la fábrica lograron eso? No puede haber sido tan mediocre.

Lo recuerdo cuando iba a la escuela nocturna a estudiar inglés y yo terminé estudiando una escuela americana donde aprendí no sólo a hablar inglés sino a proyectarme como un hombre del primer mundo. ¿Casualidad o visión?

Viene la Revolución cubana y una vez pasados los románticos primeros meses, tuvo la entereza de enfrentarse a la mayor parte de su familia y ponerse en contra de Fidel Castro. El evitaba hablar de política conmigo, pero recuerdo una vez que me comentó mientras me llevaba a algún lugar en el carro y pasábamos ante una valla recién puesta sobre la Victoria de Girón: "los mismos métodos de Hitler, la propaganda". Yo me horroricé de la comparación y él no insistió más. Cuando se fue del país, mi madre, disculpándolo, decía que mi padre había sido víctima de malas influencias que lo habían apartado de ella y de la Revolución. En su descargo, y sin la intención de disminuir su imagen, mi madre me dibujaba a mi padre como un hombre flojo de carácter y en extremo influenciable por su círculo de allegados. Sin embargo, aquí en Estados Unidos tuve la oportunidad de conocer a la principal de aquellas "influencias" y me dijo que mi padre era el ideólogo de aquel grupo que llegó hasta intentar irse ilegal de Cuba. No puede haber sido tan gris.

En abril de 1998, a los 20 años de su suicidio, algunos miembros de la familia le ofrecieron una misa en la capilla del mausoleo. El cura en su sermón dijo: "yo no tuve el honor de haber conocido a Armando y lo lamento, pues tiene que haber sido una persona extraordinaria para que a veinte años de su muerte y en esta comunidad tan atareada, se llene de personas esta capilla, lo que resulta raro de ver hasta en muertes recientes".

Hoy, cuando me alejaba de su tumba, me propuse que esta vez no sería sólo una oración invocando memorias, sino que le escribiría algo para rendirle un más que merecido tributo a quién me legó no sólo esas bellas memorias de mi infancia sino, en buena medida, el talento que me permite tener el éxito profesional de que hoy disfruto.

Catarsis

1998

Hace unos días almorcé con un cliente. Era la primera vez que nos tratábamos fuera del contexto del trabajo. Compartieron nuestra mesa otros dos técnicos que hacían otros trabajos. El cliente era peruano, y los otros dos de Colombia y México.

Reinaba la cordialidad cuando viene la pregunta de: "¿Cuánto tiempo llevas en Estados Unidos?" El casi ausente acento español al hablar inglés hace pensar que llevo mucho tiempo aquí, cuando realmente es debido a la escuela cubano americana en la que hice mi primaria y secundaria antes del triunfo de la Revolución. A partir de ahí viene la larga explicación de cómo llegué, por qué me fui y todas las usuales preguntas con las que acribillan a cualquier cubano que "se fue". Esto se repite más a menudo de lo que desearía y es estresante repetir esa historia.

Fue en medio de este tema que el peruano hace una especie de declaración de principios: "Yo no comulgo con el comunismo y sé que el personaje (Fidel Castro) no es un ángel pero no se le puede negar lo que ha logrado", al enumerar los logros, menciona la medicina gratuita, que aún reconociendo que no hay medicinas pero explicando que es producto del bloqueo, concluye que no cabe le cabe duda que es un logro social y que eso explica que aún la gente lo apoye.

Ante aquello sólo atiné a decirle que, sí, que era gratis, pero que uno no obtenía más de lo que pagaba. Me concentré en debatir el pésimo servicio que recibía aquel que era hijo de nadie, amigo de nadie o un marginado por desafecto. Eso se estrelló contra el argumento del bloqueo.

Fue un mal enfoque. Era la peor de las respuestas que podía haberle dado. Podía haberle preguntado: "¿Gratis? Usted dice que es gratis algo que justifica que el estado le pague el equivalente de un máximo de $20 al mes (sueldo de ministro) en una moneda que solo tiene valor dentro de Cuba; pero que además usted tenga que abstenerse de decidir lo que quiere hacer con esa miseria, pues el benévolo estado comunista le raciona todo y ese dinero solo le sirve para pagar lo que le toca. Que usted no pueda aspirar jamás a tener una casa, no ya una casa propia, una casa en cualquier modalidad. Que usted no pueda decidir que su hijo se eduque bajo una religión, ni siquiera tiene derecho a que se le eduque sin el adoctrinamiento oficial. Que usted no tiene derecho a escoger el maestro, el médico, nada, todo es lo que le toque. No tiene usted derecho no ya a oponerse, ni siquiera a ser apático so pena de perder el trabajo con el único empleador. Si eso es "gratis"… estaría mejor usted aún pagando el 50% de sus ingresos en un seguro médico (que es mucho más que lo que vale el más lujoso y caro de los seguros médicos). Pero no es el porciento de los ingresos lo peor: el cubano paga esos míseros servicios con su libertad y la libertad es un precio demasiado elevado para pagar por medicina o educación aunque estos servicios fueran inmejorables, sería como vivir en un zoológico".

Lo que hace más difícil la comprensión de la situación por parte de nuestros hermanos latinoamericanos es la existencia del bloqueo. El bloqueo, que por más que aquí se le llame embargo, y que sea realmente eso lo que es, todo el resto del mundo lo entiende como bloqueo. Esto hace que el problema cubano se simplifique en sus mentes como una batalla entre Cuba y Estados Unidos, no la de un tirano contra su propio pueblo. El bloqueo es la explicación salvadora del carismático comandante que con gusto muchos aceptan para la miseria de Cuba. La mercancía que Fidel vendió barata —y que por todos los motivos equivocados muchos compraron—, de Cuba como el burdel de los americanos y que Batista mató a 20,000 cubanos (su ejército nunca pasó de 3,000 hombres incluyendo los clandestinos,(¿de dónde salió tanto muerto?), justificó ante esos compradores, su Revolución con todos sus excesos. Nadie más recordó que Cuba fue el primer país después de los Estados Unidos en tener televisión, cuando la revolución triunfó habían 4 canales y uno de ellos trasmitía ya en color; el servicio de teléfonos era moderno para su época, a La Habana entraba un cable internacional; en Cuba había un sistema de clínicas mutualistas (predecesoras del HMO) que por tres pesos al mes, se tenía medicina "gratis"; tenía una Universidad bicentenaria donde se formaron profesionales que eran competitivos a los más altos niveles, sino véase su éxito profesional en el exilio. No, amigos latinoamericanos, Cuba no era, el burdel de Estados Unidos, ahora sí que es el burdel de España, Italia y Canadá, donde de manera casi masiva las muchachas en edades escolares se prostituyen para mantener a su familia.

Claro, de nuevo, el bloqueo tiene la culpa de todo... La realidad ha sido que el bloqueo no impidió nunca el acceso a ningún producto, siempre estaban las alternativas canadiense, japonesa y europea a cualquier demanda. Mientras tuvo el dinero soviético, se compró de todo en todos lados. Incluso, si hacía falta algo americano, se conseguía también a un precio algo mayor. Ya más recientemente sin el dinero soviético, para la industria turística, se importa desde Coca Cola y cigarros americanos hasta las frutas y la carne que debían producirse localmente, pero que el socialismo no deja producir. El bloqueo nunca afectó verdaderamente a la economía, pero aunque sí la hubiera afectado, ningún bloqueo puede hacer saltar del poder sin primero matar a todo el pueblo. Como arma para combatir un tirano un bloqueo es totalmente inservible.

Por el contrario el bloqueo le sirve a Fidel Castro para hacerse de autoridad y simpatía ante la izquierda y el mundo que no necesita conocer con profundidad el caso cubano para el diario de sus necesidades. Le sirve para justificar las medidas de guerra que ya duran 40 años y que privan al cubano de las libertades más elementales. Fidel, no puede subsistir sin el bloqueo, sin el antagonismo con Estados Unidos y si éste le quitara mañana el bloqueo, inmediatamente proclamaría su victoria frente a Estados Unidos y sería aplaudido por toda la izquierda del mundo, acto seguido haría la ofensa justamente calibrada para obligar a la administración de turno a algún tipo de sanción similar, cuidando siempre que la provocación no llegue a justificar una acción militar.

(Nota: La especulación se tornó en realidad. Unos años después de escribir esta "Catarsis", el régimen de Castro tumbó las avionetas de Hermanos al Rescate para evitar que la Administración de Clinton vetara la Ley Helms-Burtton).

En mi opinión, el bloqueo es una medida desafortunada que lejos de coadyuvar al fin del régimen castrista, lo alimentó y le dio vida. Ahora Estados Unidos se encuentra ante un callejón sin salida y está apostando a que la muerte no le demore demasiado a Castro.

Es tanto lo que hay que explicar a alguien como mi estimado cliente peruano, para que comience a comprender la tragedia de Cuba, que uno se siente impotente y frustrado. Esta frustración continúa muchos días después de cada encuentro como éste y en busca de alivio hago catarsis escribiendo.

Glosario

Anotar vez al bate: Es una alegoría a los *averages* del beisbol. Un *average* de 500 quiere decir que el bateador conecta de hit una de dos veces al bate en promedio. Cuando el jugador va al bate y no conecta, se dice que le anotan vez al bate y esto le baja su promedio.

Aquello: Cubanismo del exilio cubano para referirse al régimen de Fidel Castro.

Asilo derivativo: Término legal que se aplica a las personas que obtienen el asilo por pertenecer a familia inmediata de un asilado.

Antropomórfico: Dícese de los robot que asemejan las articulaciones de un brazo humano: tronco; brazo; antebrazo, muñeca y mano.

CAAIM: Centro creado por Marcos Lage como solución al refugio de Villo (Antonio Evidio Díaz González) y su *staff*. Su rol sería el de expandir el uso del CAD-CAM (Computer Aided Design and Manufacture) por el SIME

Calificador de Cargos: Documento normativo de plazas y salarios que pretende listar y normar la remuneración a todas las posibles ocupaciones en un país socialista.

CDR: Comité de Defensa de la Revolución.

CECE: Comité Estatal para la Colaboración Económica.

Chivato: Delator.

Chivo: Acción o resultado de utilizar, por parte del trabajador, medios, insumos y materiales destinados a la producción para la confección o reparación de útiles personales.

CID: Centro de Investigación Digital. Operaba bajo la Facultad de Tecnología de la Universidad de la Habana.

CNIC: Centro Nacional de Investigaciones Científicas.

Comandante de la Sierra: Dícese de aquellos que bajaron de la Sierra Maestra al triunfo de la revolución con grados de comandante.

Comité de Base: Organización de base de la Juventud Comunista. En cada centro de trabajo está establecido que exista uno de estos Comité de Base.

CP/M: Sistema operativo para computadoras personales desarrollado por la firma Digital Research. Fue el antecesor del MS-DOS de Microsoft.

CTC: Central de Trabajadores de Cuba

dBase II: Los dBase I, II o III fueron los primeros gestores de Base de Datos para computadoras personales. Fueron desarrollados por Ashton Tate, una firma de Pasadena, California que ya hace algún tiempo dejó de existir.

Decreto 58: Recurso legal para despedir, por razones casi siempre políticas, a trabajadores no profesionales. Después de esto al sancionado le quedan muy pocas y horribles opciones laborales… o la balsa.

Desmayar: Jerga cubana para expresar el acto de desistir, descontinuar o abandonar algún proyecto.

DIE: Dirección de Instrumentación Electrónica del CNIC (Centro Nacional de Investigaciones Científicas).

Director de cuadros: En todos los centros de trabajo existía un departamento de "cuadros" encargado de llevar los oscuros expedientes de aquellos con algún cargo de dirección o simplemente de alguna importancia táctico-técnica.

Dirigento-militancia: Conjunto que unifica la dirigencia administrativa con la del partido. El cubano de la calle no suele distinguir las sutiles diferencias que puedan realmente existir entre estos cuerpos de gobierno.

DOR: Dirección de Orientación Revolucionaria

Echar pa'lante: Acepción 1: Enfrentar alguna tarea con coraje; Acepción 2: Denunciar a alguien o algo ante la autoridad.

EDAI: Empresa del Ministerio del Azúcar que desarrollaba soluciones electrónicas para resolver problemas en los centrales azucareros.

EICI: Empresa de Control e Instrumentación Industrial.

El Aparato: Término usado en Cuba para referirse a los órganos represivos del régimen cubano como el Departamento de Seguridad del Estado, contrainteligencia, policía, etc.

Fiesta del Guatao: El Guatao es un poblado al norte de la provincia de La Habana donde a finales del siglo XIX, hubo una fiesta que acabó tan mal, que desde entonces se usa como referencia para todo aquello que no termina bien.

FIFO: Término utilizado por los cubanos cuando no se quieren mencionar a Fidel Castro por su nombre.

FMC: Federación de Mujeres Cubanas.

Frente de Proyectos: El régimen de Fidel Castro no ha dejado nunca de estar en pie de guerra, por eso usa la terminología militar para casi todo. En la época de esta historia usó la palabra "Frentes" para designar esfuerzos de desarrollo en distintos sectores, el de "Proyectos" se refería a proyectos de ingeniería civil.

Grupo de Apoyo del Comandante en Jefe: Fidel Castro creó este grupo para tener un control directo sobre algunos centros, planes o proyectos que quería supervisar directamente. Los miembros de este grupo tenían un gran poder en la época de esta historia. Sus atribuciones entraban en conflicto con la jerarquía establecida a través de los ministerios.

Hacerle una cama: Dícese de la acción de preparar un escenario para que una víctima caiga en algún tipo de trampa. Existe una traducción perfecta al inglés americano- *to frame someone*.

I8251 Universal Serial Asynchronous Receiver/Transmitter: Circuito integrado de la serie 82 de la firma INTEL, periféricos de microprocesadores. Los primeros microprocesadores fueron de la serie 80, como el 8008, el famoso 8080, 8085, el 8086 ya de 16 bits.

ICID: Instituto Central de Investigación Digital. Operaba bajo el INSAC y era el que debía producir y desarrollar la industria cubana de computadoras.

INSAC: Instituto Nacional de Sistemas Automatizados y Computación. Organismo rector de todo lo que tuviera que ver, hasta remotamente, con las computadoras.

Jeva: Término vulgar para miembros del sexo femenino en edad de merecer. Por antonomasia, puede también significar novia. Por ejemplo: "tengo que marcarle a la jeva" significa acudir a una cita (marcarle es una alegoría al reloj de entrada a la fábrica u oficina) con la novia.

La Eternidad por Fin Comienza un Lunes: Título de una novela de Eliseo Alberto Diego publicada en 1992, el mismo año de mi deserción.

Jineteras: Prostitutas, pero de la época socialista. Se distinguen de las otrora llamadas putas o fleteras en lo siguiente:

- Las putas de antaño atendían mayormente el mercado doméstico y cobraban en moneda nacional; las Jineteras sólo ofrecen sus servicios a extranjeros y cobran en moneda libremente convertible, aunque algunas pudieran contentarse con algún regalo o hasta un plato de comida.

- Las putas operaban sólo en algunas zonas de tolerancia, esas que la Revolución no toleró por ser la prostitución una lacra del pasado incompatible con sus elevados principios. Las Jineteras hoy operan en todos lados, incluso aquellos a los que los cubanos no pueden acceder, de esa manera se hace más atractiva la oferta turística de la Revolución.

- Las putas por lo general eran mujeres con pocas luces y menos instrucción. Las Jineteras suelen ser políglotas y pudieran ser hasta graduadas universitarias.

JUCEPLAN: Junta Central de Planificación

Maleconazo o Maleconaso: Término usado por el exilio cubano y la prensa de Miami para referirse a las masivas manifestaciones callejeros del 5 de Agosto de 1994 en la Habana.

Microbrigada: Colectivo de constructores improvisados. Idea de Fidel Castro consistente en obligar al desposeído de casa a construírsela él mismo y a pagar las herramientas y materiales construyendo para otros.

MIT: Massachusetts Institute of Technology

Moneda convertible: Divisas; moneda de libre cambio; de área dólar; Moneda fuerte; Típico proceder de los regímenes comunistas era el de crear una moneda sin respaldo internacional, sólo válida para la circulación interna en el país. Esto iba acompañado de una tasa de cambio arbitraria y de la ilegalización de sacar esa moneda del país. Se utilizan estos términos para distinguir el dinero real, del socialista.

Morder el Cordobán: Se dice cuando alguien se ve obligado a hacer algo que le molesta, cansa o desagrada, tal vez la expresión haya sido originada por lo amargo de las hojas de cordobán, una planta común en Cuba de color verde oscuro en la cara superior y morado púrpura en el inferior.

Nananina: Originalmente fue un personaje de un programa radial humorístico de los años 50, "La Tremenda Corte", pero pasó al argot popular como una forma enfática de decir que no.

NEC: Nippon Electric Company. Era a la sazón la mayor productora de computadoras personales para el mercado japonés.

Noria: Una noria es una bomba de agua primitiva que consistía en una rueda con cubetas que sacaba agua de un lugar y lo vertía en otro. La prensa hizo la analogía de este dispositivo con aquella flota de barcos que, en el 80 cuando el Mariel, cargaban gente en la Habana y las descargaban en Miami para regresar a repetir la operación.

Opción Cero: Fase dentro del llamado "periodo especial en tiempos de paz", en la que se contemplaba la posibilidad de llegar a recibir cero petróleo de Rusia.

Panel o panelito: Vehículo cerrado para el transporte de carga ligera. En inglés se denomina "van"

Permiso de salida: Esto es algo que a los que viven en libertad les cuesta entender, por lo que merece una explicación algo más extensa. Para que un ciudadano cubano pueda abandonar el territorio nacional, tiene que tener, además de dinero convertible, pasaporte, visa y pasaje, un "permiso de salida". Este es una tarjeta blanca que emite el Ministerio del Interior (MININT), popularmente conocida también como "Carta de Libertad", haciendo una analogía con aquella de los tiempos de la esclavitud. El concepto de "salida" tuvo cierta evolución después de la caída del comunismo en la URSS y Europa del Este, pero en la época de esta historia se contemplaban sólo dos tipos de salida: la temporal y la definitiva. La temporal se otorgaba para viajes de trabajo o estudio, para lo que se usaba el término militar de "misiones". La solicitud del permiso de salida tenía que ser aprobada por el ministro del ramo, pero el MININT tenía siempre la última palabra. Era reciente la aprobación de permisos para visitas a familiares en el extranjero, que también debían contar con el visto bueno de los ministros para que fuera otorgada. La salida definitiva, era solicitada directamente por el individuo, pero para ser otorgada no bastaba con la aceptación del país a que se emigraba, sino:

- El ministro del los centros donde había laborado el solicitante debía certificar que este no estaba en posesión de secretos de estado, sólo que en Cuba... cualquier cosa podía ser considerada como tal.

- Al momento de la solicitud, todas sus propiedades (casa, carro, joyas y hasta la ropa de cama) serían inventariadas y a la vuelta de meses y hasta años que pudiera demorar la aprobación del permiso, el solicitante tendría que entregarlas todas en perfecto estado de apariencia y funcionamiento.

- Al convertirse en solicitante, éste automáticamente era despedido de su trabajo y debía esperar el permiso trabajando en el campo o la construcción, en parajes generalmente bien alejados de su lugar de domicilio.

Aún con permiso de salida a nadie le era permitido llevar consigo joyas, obras de arte o efectivo. Un artista plástico pudiera requerir de un permiso especial para sacar algo hecho por el mismo.

Alguien que en una "misión" decida no regresar se considera que ha desertado, para lo que existe la figura delictiva "abandono de funciones", con lo que se procede al decomiso de sus propiedades y cualquier solicitud de permiso de salida por parte de sus familiares, será denegado por al menos cinco años.

Ponina: Colecta. Viene de una acepción cubana a algunas conjugaciones del verbo poner. "Ponerse con algo" significa contribuir a una colecta o "ponina".

Prisión predelictiva: Aporte cubano al totalitarismo, también conocido como "Ley de la Peligrosidad". Ésta permite condenar a prisión a alguien por estimarse que es propenso a delinquir, aún cuando todavía no haya cometido el delito al que se le supone propenso.

Promocionismo: Tendencia académica que, con el propósito de ofrecer mejores porcientos de promoción, examina por debajo del estándar y/o aprueba alumnos que debieron haber suspendido.

Robot antropomórfico: Dícese de los robots que asemejan las articulaciones de un brazo humano: tronco; brazo; antebrazo y mano. Otros tipos de robots, como el SCARA, no son antropomórficos por no mostrar esa analogía.

Sakura: Fabricante Japonés de autoclaves.

Salir al Paso: Frase de la jerga del Partido para significar el deber de todo militante de intervenir ante cualquier crítica a la Revolución. Cualquiera que se atreva a disentir tiene debe ser inmediatamente aplastado, de lo contrario el militante puede ser acusado de "falta de combatividad".

Seguroso: Término peyorativo para referirse no sólo a los miembros de la seguridad del estado sino a cualquier agente encubierto de los cuerpos represivos.

Servo control: Sistema de control basado en la realimentación. En estos sistemas siempre hay un sensor que mide la variable a controlar, la señal de este se compara con el valor requerido para la misma generando una señal de discordancia, por último, ésta se aplica al actuador de para que éste corrija su valor. Este principio se usa para el control de temperatura en hornos y sistemas de aire acondicionado, también para el control de posicionamiento en robots y máquinas herramienta.

SIME: Ministerio de la Industria Sidero-Mecánica que durante el período cubierto por esta historia incluyó también la industria electrónica.

TCAA: Tropas Coheteriles Antiaéreas

TECUN: Tecnologías Universales de la Corporación CIMEX, un grupo empresarial privado, de capital estatal cubano

Trabajadores de avanzada: Periódicamente, en todos los centros de trabajo, la "Sección Sindical" tiene por norma celebrar asambleas para elegir al trabajador que más se haya destacado en el desempeño de sus labores. No hay que confundir las asambleas de "avanzada" con las de "ejemplares" que son menos frecuentes y convocadas por el Partido Comunista para elegir la "cantera" de donde seleccionará sus futuros miembros. Ser trabajador de "Avanzada" es un paso muy conveniente para ser elegido "Ejemplar" y de ahí escalar hacia la nomenclatura. Cuando el Partido se propone traer a las "filas" a alguien, presiona a las asambleas para que sea elegido de "avanzada".

Tronar: Destituir de algún cargo. Cuando en *Granma*, el periódico del Partido Comunista, sale que alguien "pasó a acometer otras tareas de la Revolución", en la calle se traduce como "lo tronaron" o "lo cogió el truene".

Villa Marista: Antiguo colegio de los Hermanos Maristas devenido en sede de la tenebrosa Seguridad del Estado. Por estar situada en la avenida Camagüey, era el decir popular de "fue completo Camagüey" para referirse a que alguien había sido detenido por esa policía política.

Acerca del autor

Cuando se graduó en 1970, Armando había acumulado 6 años de experiencia reparando y manteniendo equipamiento de cohetería antiaérea, y llevaba casi un año trabajando en un laboratorio de la propia Universidad de la Habana, en el tema de los circuitos integrados.

En Cuba, un estigma político puede enterrar a una persona de por vida. Eso le pasó a Armando en 1981, cuando le negaron su doctorado y lo forzaron a dejar su cátedra en la Universidad de la Habana. El motivo de esa decisión o castigo –como se le quiera llamar-, entre otras cosas fue por defender el uso de libros norteamericanos, como la serie de la Universidad de Berkeley y las conferencias de Física de Richard Feynman, en contra de los aburridos y poco imaginativos textos soviéticos.

No obstante, ya en 1986 se había vuelto a levantar. Desde un oscuro almacén de viandas en las afueras de la Habana que le permitieron usar, logró reunir a un conjunto de mentes brillantes, que como él, habían sido desechadas por el sistema. Ese grupo, usando aquellas primitivas computadoras personales, logró desarrollar tanto productos electrónicos como software para procesar imágenes médicas y hacer controles con visón técnica para robots y máquinas herramientas. Tan sonado fueron esos éxitos que le llegó la noticia a Fidel Castro. A finales de 1987, aquel irreverente grupo, con el nombre original de EICISOFT, se mudó del almacén de viandas al edificio que les fue construido en El Vedado, y Armando pasó a ser el único director de un centro nacional que viajó por una quincena de países sin ser, ni llegar a ser nunca, militante del partido comunista.

Lo elevado de su posición no pudo cambiar su naturaleza libertaria por lo que las confrontaciones con el Partido Comunista se fueron multiplicando y agudizando. Al no poder compartir abiertamente su frustración con el sistema establecido en Cuba por la Revolución, Armando hacía catarsis garrapateando - más bien tecleando- sus ideas. Los escritos encontraron resonancia entre sus allegados y pronto perdió el control sobre la circulación de los mismos. Esto lo obligó en 1992 a escapar y buscar refugio en los Estados Unidos, dejando más de veinte años de sólido prestigio para empezar de cero a los 47 años.

En los Estados Unidos consultó para JVC, inventó métodos para calcular campos de antena de TV con ITELCO, hizo efectos de video para "The BOX", hasta lograr su propia compañía "#include Software" que comercializaría un conmutador telefónico digital que había venido desarrollando. El nombre del producto era Omnibox, pero se conocía como "The Armando Box"... de manera que llegó a ser un nombre en esa industria.

Pero en el 2004 las comunicaciones por Internet acabaron con los pequeños operadores internacionales -que constituían la clientela de Armando-, y tuvo que reinventarse de nuevo. Esta vez fueron las imágenes y gráficos vectoriales en tercera dimensión, pero al final regresó a su hábitat natural: el laboratorio, y desde el 2005 trabaja desarrollando equipos de prueba para la industria aeroespacial.

Aún en medio de su intensa vida profesional, y ya sin necesitarlo como refugio de frustraciones, Armando encontraba placer en seguir escribiendo ensayos y memorias, sólo que ya no tiene que preocuparse por limitar su circulación.

Para comunicar con el autor:
http://robotsfidelcastro.wordpress.com/
e-mail: armando@includesoft.com